实用主义与美国思想文化译丛

丛书主编　陈亚军

Reasoning and the Logic of Things
The Cambridge Conferences Lectures of 1898
Charles Sanders Peirce

推理及万物逻辑
皮尔士1898年剑桥讲坛系列演讲

［美］查尔斯·桑德斯·皮尔士　著
［美］凯尼斯·莱恩·凯特纳　编
张留华　译

复旦大学出版社

国家出版基金
上海市新闻出版专项资金
资助出版

作者介绍

查尔斯·桑德斯·皮尔士（Charles Sanders Peirce，1839—1914），美国最具独创性的哲学家之一，物理学家，数学家，实用主义创始人。主要作品有 Collected Papers of C.S.Peirce, Writings of C.S.Peirce: A Chronological Edition 等等。

编者介绍

凯尼斯·莱恩·凯特纳（Kenneth Laine Ketner），美国德克萨斯理工大学皮尔士讲席哲学教授，前国际皮尔士学会主席，著有《他的镜像本质：皮尔士自传》，还曾与人共同编辑出版《皮尔士已发表作品全集》（微缩版）、《皮尔士〈国家〉杂志供稿集》（四卷本）。

译者介绍

张留华，华东师范大学哲学系教授、博导，复旦大学杜威中心兼职研究员，著有《皮尔士哲学的逻辑面向》（2012）等。

内容提要

《推理及万物逻辑》原为查尔斯·桑德斯·皮尔士1898年"剑桥讲坛"系列演讲的讲稿结集。在好友詹姆斯的极力劝说下,皮尔士一反常态,尽量采用那些未受逻辑和哲学训练的普通大众所能理解的术语,来呈现自己的思想。本书可以视作皮尔士对自身哲学工作完整而融贯的阐述,同时也是对其成熟时期思想清楚而透彻的介绍。另外,凯特纳和普特南的详尽导论亦有助于读者对全书内容的深入理解。

全书先从解释哲学的本性开始,继而阐明皮尔士自己的主张:数学提供了逻辑和形而上学的根基。此处,我们可以看到19世纪60年代以来皮尔士思想中以下观点的最明晰表述,这种观点认为:推理区分为归纳、演绎和溯因三种类型。随后,皮尔士介绍了他主要的逻辑学说,还试图提供一套科学分类法、一种范畴理论以及一种科学理论。结尾处,皮尔士从"推理"转向"万物逻辑",提出进化宇宙论来解释法则的实在性,并描绘了他在发展此种宇宙论时运用到的推理类型。

总　序

陈亚军

　　二十世纪七十年代以来,实用主义在西方思想学术界强劲复活,引起人们的广泛重视。它的影响正越过学院的围墙,深入到美国社会、文化的各个层面。实用主义和美国思想文化互为表里,形成了紧密的关联与互动,以至于要了解当今的美国思想文化之精髓,不能不了解实用主义;反过来,要理解实用主义,也不能不研究美国思想文化。

　　研究的第一要事是翻译。没有对研究对象的全面系统的翻译,深入的研究便是一句空话。说得更加极端一些,翻译本身就是研究的一部分。套用康德的话说:"没有翻译的研究是空洞的,没有研究的翻译是盲目的。"出于这一考虑,在主持"实用主义与美国思想文化研究"系列丛书的同时,我们也主持翻译了这套译丛。希望二者可以相互支撑,形成互补。

　　多年来,我国学术界对于实用主义尤其是古典实用主义经典的移译取得了令人瞩目的成就。新近《杜威全集》(38卷)中文版的问世,是这些成就最为醒目的标志。然而,我们也应该看到,相对而言,在实用主义的庞大家族中,我们对于皮尔士、罗伊斯、米德、席勒这些实用主义者的重视还远远不够,对于过渡期的实用主义者如刘易斯、莫里斯等人还缺少关注,对于新实用主义者的最近成果的追踪也不够及时,而对于相关的实用主义与美国思想文化的相互影响,更是难见一瞥。所有这些不足,都是本译丛立志要改变的。

　　本丛书的译者多是相关领域的专家学者、青年才俊。我们会尽自己的最大努力,为读者提供可靠的优秀翻译成果。但翻译从来就是一项艰苦的事业,由于能力水平的局限,出现错误是可以想见的,我们将努力减少错误,同时也衷心期待来自各位方家的批评指正。学术乃天下之公器,对此,学术共同体的每一个成员都责无旁贷。

最后,我要衷心感谢复旦大学出版社和复旦大学哲学学院,感谢你们对于本丛书的大力支持!

剑桥讲坛最新通告*

报告人：查尔斯·桑德斯·皮尔士先生
　　　　（宾夕法尼亚州米尔福德）
题　目：推理及万物逻辑（共八讲）
地　点：布瑞托街168号表演厅,剑桥讲坛
时　间：1898年2月至3月每周一、周四晚八点

具体议题及日程如下：
2月10日,哲学与生活处事
2月14日,推理类型
2月21日,逻辑学第一法则
2月24日,推理训练
2月28日,因果与力
3月3日, 习惯
3月7日, 连续性逻辑

＊ 皮尔士剑桥讲坛系列演讲广告。获哈佛大学霍顿图书馆许可公布。

上述课程对于哲学系学生及教师特别有意义和价值。希望更多人珍惜这次聆听机会!

为了能让所有渴望听讲的人都有机会前来聆听,报名价格低于通常的课程费用:

全部费用　1美元50美分
单次费用　25美分

有意报名申请者,请联系研讨会主席刘易斯·G.简斯博士。地址:马萨诸塞州剑桥市布瑞托街168号表演厅。

致　谢

感谢哈佛大学哲学系允许我们出版霍顿图书馆（Houghton Library）馆藏的皮尔士文稿。本书引用的许多皮尔士书信出自威廉·詹姆斯（William James）文稿，该文稿同样也存于霍顿图书馆，为此我们要感谢亚历山大·R. 詹姆斯（Alexander R. James）先生允许我们使用。

贝尔蒂·凯特纳（Berti Ketner）在校稿过程中给予了重要协助，斯图尔特（Arthur Stewart）帮助了我们查找手稿。感谢马萨诸塞州剑桥市的玛格丽特·维滕堡（Margaret Wittenborg）女士提供的友善帮助。艾西尔（Carolyn Eisele）和菲什（Max Fisch）一直以来为我们提供慷慨的建议、指导和鼓励，没有他们的帮助，该项目不可能取得进展。

也要感谢霍顿图书馆阅览室的职员为我们提供手稿方面的协助，感谢麦戈伊（David McGaughey）提供的计算机技术支持，感谢阿特金森（Elaine Atkinson）、伯奇（Robert Burch）、科林斯（Curtis Collins）、乔治（Edward George）、豪泽（Nathan Houser）、克勒泽尔（Christian Kloesel）、麦克伦登（Wendell McClendon）、麦克劳克林（Thomas McLaughlin）和彼得斯（Randall Peters）在文本问题上提供帮助。

我们在该项目上的合作主要源于我们共同准备了1989年9月5日至10日受皮尔士学会、哈佛大学和德克萨斯理工大学赞助在哈佛大学召开的皮尔士诞辰150周年国际大会。上述机构以及国家人文科学捐赠基金会、拉伯克市的拉欣先生（W. B. Rushing）、拉伯克市拉姆齐（Mary Baker Rumsey）基金会、皮尔士基金会、美国哲学促进学会所提供的资金支持,为这次振奋人心的大型会议提供了财政基础。本书在一定程度上就是那次会议的产物。

最后,对于布里奇斯(Claude Ventry Bridges)纪念基金会对德克萨斯理工大学实用主义研究中心的长期支持表示感谢。

K. L. 凯特纳

H. 普特南

目 录

编辑说明　　　　　　　　　　　　　　　　　　　001
缩略语　　　　　　　　　　　　　　　　　　　　001

导论：数学之后承　　　　　　　　　　　　　　　001
讲稿评注　　　　　　　　　　　　　　　　　　　065

第一讲　哲学与生活处事　　　　　　　　　　　　121
第二讲　推理类型　　　　　　　　　　　　　　　140
［第三讲绪言］　　　　　　　　　　　　　　　　164
第三讲　关系项逻辑　　　　　　　　　　　　　　167
第四讲　逻辑学第一规则　　　　　　　　　　　　188
第五讲　推理训练　　　　　　　　　　　　　　　204
第六讲　因果与力　　　　　　　　　　　　　　　222
第七讲　习惯　　　　　　　　　　　　　　　　　244
第八讲　连续性逻辑　　　　　　　　　　　　　　270

注释　　　　　　　　　　　　　　　　　　　　　299
索引　　　　　　　　　　　　　　　　　　　　　316
译后记　　　　　　　　　　　　　　　　　　　　337

编辑说明

本书文本出自哈佛大学霍顿图书馆的皮尔士文稿和詹姆斯文稿。文本编辑基于德克萨斯理工大学实用主义研究中心收藏的皮尔士文稿归档复本。正是从这些资源出发，皮尔士的演讲稿得以重构。皮尔士与詹姆斯之间的通信是首要的辅助资源，其中的相关部分由本书引用。

演讲手稿内部带有大量参考文献。这强有力地支持了一种假说，即这些特定的文本差不多就是实际演讲时使用的稿子。另外，在许多手稿页上都有计时标记，这表明皮尔士曾对照钟表朗读稿子，以确定是否能在一小时之内完成一次演讲。不过，本书没有复制这些标记。

本书旨在提供一个研习版本，而非批判性文本。因此，本书尽量少利用编辑手法。编辑过程中，主要遵循的约定有如下几点。方括号"[ ]"内的材料系编者加入，之所以增加这些材料，主要是因为皮尔士时有明显的忽略。由于当时是系列讲稿，皮尔士没有给出脚注。编辑按语作为按数字排列的注释，归集在书末。编者没有去恢复并显示皮尔士所有的删节部分，只加了那些重要的删节；它们在尾注中以尖括号"〈 〉"标明。编辑特别加入了某些较长的被删部分，因为它们能提供有益补充。有些讲稿存在不同的草稿，我们从那些认为有用的草稿中摘录了一部分，附在尾注。我们将那些可疑或有误的字词放在双问号之间，譬如"?? 某词??"，誊录时，"&"改成了"and"。阿拉伯数字未改为文字形式。编辑沿用了皮尔士的拼写和标点符号使用习惯，未将其改为现代形式，只对某些明显的错误拼写直接做了改正。

缩略语

对于皮尔士文献的标准版本，我们采用了下列普遍认可的缩略语。

"CP"代表 *Collected Papers of Charles Sanders Peirce*（《皮尔士文集》），edited by C. Hartshorne, P. Weiss（volumes 1－6），and A. Burks（volumes 7－8）（Cambridge：Harvard University Press，1931－1958）（一般在"CP"后紧跟卷号和节号）。

"HP"代表 *Historical Perspectives on Peirce's Logic of Science: A History of Science*（《历史观点下的皮尔士科学逻辑：科学史》），edited by Carolyn Eisele，2 volumes（Berlin：Mouton-DeGruyter，1985）（一般在"HP"后紧跟卷号和页码）。

"MS"代表"Peirce Manuscripts"（哈佛大学霍顿图书馆的皮尔士手稿），其后所跟的卷号和页码是根据罗宾的《皮尔士手稿目录》。参看 Richard R. Robin，*Annotated Catalogue of the Papers of Charles S. Peirce*（Amherst：University of Massachusetts Press，1967）以及 Richard R. Robin，"The Peirce Papers：A Supplementary Catalogue," *Transactions of the Charles Sanders Peirce Society*，7（1971）：37－57。

"N"代表 *Charles Sanders Peirce: Contributions to the Nation*（皮尔士发表在《国家》杂志上的文章），edited by Kenneth Laine Ketner and James Edward Cook，4 volumes（Lubbock：Texas Tech University Press，1975－1987）（一般在"N"后紧跟卷号和页码）。

"NEM"代表 *The New Elements of Mathematics by Charles S. Peirce*（《皮尔士的新数学原理》），edited by Carolyn Eisele，4 volumes in 5 books（The Hague：Mouton，1976）（一般在"NEM"后紧跟卷号和页码）。

"PW"代表 *Semiotic and Significs：The Correspondence between Charles S. Peirce and Victoria Lady Welby*（《符号学与意义学：皮尔士与韦尔比夫人通信集》），edited by Charles S. Hardwick（Bloomington：Indiana University Press，1977）（一般在"PW"后紧跟页码）。

"W"代表 *Writings of Charles S. Peirce：A Chronological Edition*（《皮尔士编年作品集》），edited by Max H. Fisch et al.（Bloomington：Indiana University Press，1982– ）（一般在"W"后紧跟卷号和页码）。

除此之外，对于皮尔士生前发表的文献作品，按照《皮尔士发表作品完整书目》（*A Comprehensive Bibliography of the Published Works of Charles Sanders Peirce*，by Kenneth Laine Ketner，second revised edition，Bowling Green：Philosophy Documentation Center，1986）中的标注体系来引用。譬如，皮尔士1880年的文章《论逻辑代数》，记为P 167。

导论

数学之后承

K. L. 凯特纳　H. 普特南

皮尔士1898年剑桥讲坛系列演讲的总标题为"推理及万物逻辑"（*Reasoning and the Logic of Things*）。如果我们有权变动题目的话，出于几个方面的考虑，我们有充分理由将其改为"数学之后承"（*The Consequences of Mathematics*）。

第一个理由是：最初，当皮尔士第一次应邀准备一组剑桥讲坛演讲时，他就想用他当时一直在撰写的材料——一项关于"事件逻辑"（logic of events）的研究课题。这个项目与最终的演讲略有不同。对它来说，我们提出的这个标题将是理想的。

早在剑桥之邀以前，皮尔士已经为这另外的项目准备了许多临时讲稿，还有其他一些相关论题的草稿。这些最后都没能在1898年得以报告。这个遭受废弃的"事件逻辑"项目，其中有几处摘录被放到了《皮尔士文集》（以下简称CP）的多个分散章节下。另外，第一讲（"哲学与生活处事"）中的一部分以及一些早期草稿，在1931年以"至关重要的论题"（Vitally Important Topics）这个不精确的标题作为CP的一章（1.616-677）出版了。CP的编者们还推测皮尔士曾作过题为"至关重要的论题"的一些演讲，但（我们将看到）他并没有。这些段落以如此杂乱无序的方式呈现于CP，它们已产生了相当影响——这些影响中有的是负面的，因为常常有CP的研习者发现该章的资料令人困惑不解。这种疑惑是可以理解的，因为编者们疏漏了极其重要的部分。皮尔士1898年剑桥讲坛系列演讲的草稿或讲稿中，有一些以摘录的形式发表在 CP 6.1 – 5、6.185 – 213、6.214 – 221、6.222 – 237 及 7.468 – 517 中。同时，将他那些在实际讲稿成形之前的未被采用的草稿以一种精确形式单独发表，再附上资料说明它们如何与他的剑桥讲坛项目整体关联，那将是一件非常有益的事情。将这些内容公之于众，能解答 CP 中由于对未采用草稿的删节而无意产生的一些疑问。

皮尔士之所以废弃这些草稿，跟我们愿意称（如果我们可以的话）该系列演讲为"数学之后承"的第二个理由有关。当威廉·詹姆斯（William James）第一次提议做这些演讲时，皮尔士想要呈现一组有点技术性的论题——"事件逻辑"，对此他计划大量利用数学和数理逻辑。那样做很符合他的主张，因为他最具原创性的思想贡献，他的"特种业务"（special business）就是"要把数学的严格性，[意思是指]近代数学的精确性，引入到哲学，并在哲学中运用数学观念"[1]。但詹姆斯极力主张要牺牲数学和复杂的逻辑以便有更多的听众参加。然而，尽管或（更可能是）由于詹姆斯的建议，剑桥讲坛系列演讲成了皮尔士"特种业务"——应用数学于哲学之中——的一次绝好的通俗介绍。尽管如此，皮尔士的这位朋友仍建议他尽可能将自己的表达非技术化。因此，我们倾向于这一理想标题的第二个理由就是，皮尔士的哲学是他数学的一个后承，而这些演讲则向人们提供了一种途径以了解他对于该论题的思考方式。

第三点则是，"数学之后承"用语具有一种更为深刻的意义。皮尔士指出，至少从认识论上来看，数学是一门具有观察性、实验性、假说证实性、归纳性的科学，它的工作只涉及纯粹的假说而不关心它们在"真实"生活中的应用。因为它通过对示意图进行实验去探索纯粹假说的后承，数学是实用主义准则的灵感泉源，是指号学方法论分部的瑰宝，是皮尔士思想的显著特征。他经常说起，实用主义准则几乎就是对于实验室中实验设计程序——推演出假说的可观察后承——的一种概述。[2] 而对于皮尔士来说，最简单、最为基本的实验室就是人们在数学中发现的那种对于图表（diagram）进行实验的实验室。（他在广义上来理解"图表"一词，包括用来对一组被研究关系进行建模的可视化的、可触知的或声音类实体。）数学作为一种关于纯粹假说的研究，是对于后承的研究，这一研究的方法被皮尔士用于其他科学中，最突出的是哲学，从而发展出无数更为广阔的后承。因而，我们之所以认为该标题理想，第三层含义可理解为：那些演讲是"数学家所使用的一些研究后承的方法"，尤其是，它们乃最简单和最纯粹形式的实验室方法的模本。[3]

本书首次将这一组演讲全部面世。我们很幸运能够最终见到它们，因为它们提供了对于皮尔士整个后期哲学的一种精确而且稍微通俗的介绍（在詹姆斯所运用的意义上）。就我们所知，在皮尔士著作中，还没有任何其他单篇作品能够让我们这样去说。

皮尔士在国际上被视为最杰出的美国思想者之一，却不为一般大众所知晓，而且很多学者对他的了解也很有限。这一点很奇怪。我们同意沃克·珀西（Walker Percy）的简明预言："大多数人还未曾听说过他，但他们会的。"[4] 这组演讲向专家和普通人提供了一条极为方便而完整的途径，以便了解皮尔士哲学中那些与无数当代问题密切相关的观念和洞见。

我们的目标是要设计出这组演讲的一个研习版本，以使得不论专家与否都能同样发现它们的用处和可读性。

皮尔士简介

皮尔士家族是处于最辉煌的商业航海时代之巅的清教徒城市塞勒姆（Salem）最为显赫和最为富有的家族之一。后来几代的皮尔士家族人士，就像那个时代许多杰出家族如卡伯特家族（the Cabots）和洛厄尔家族（the Lowells）一样，从联邦的各地迁往首都地区。查尔斯

(Charles)的祖父本杰明·皮尔士(Benjamin Peirce，1778—1831)曾是马萨诸塞州参议员，而对这段家族史更为重要的是，他从1826年直到逝世都在做哈佛大学图书馆管理员。他还写过一部哈佛大学史，死后得以出版。随着他从塞勒姆搬往剑桥和哈佛，这所大学和皮尔士家族之间开始了一段长期联系。正如俗话所说，皮尔士家族开始拥有"像哈佛色一样深红的血液"。

小本杰明·皮尔士(Benjamin Peirce, Jr., 1809—1880)在其49年职业生涯中的大多数时间都是哈佛校园的一位杰出人士。作为天文学和数学珀金斯讲席教授，他对美国及世界上整个科学和政治界都产生过影响。如果在19世纪中叶存在总统的科学顾问这一职位的话，小本杰明·皮尔士一定会担当此任。他的妻子莎拉·亨特·米尔斯·皮尔士(Sarah Hunt Mills Peirce)是美国参议员伊莱贾·亨特·米尔斯(Elijah Hunt Mills)的女儿，米尔斯是一个著名法学院(Northampton Law School，1823)的创办人，美国第十四任总统富兰克林·皮尔斯(Franklin Pierce)是该法学院校友。

查尔斯·桑德斯(Charles Sanders)在小本杰明·皮尔士的五个孩子中排行第二。他的哥哥詹姆斯·米尔斯(James Mills)长期担任哈佛大学研究生院院长和数学教授。弟弟本杰明·米尔斯(Benjamin Mills)在26岁时去世。剩下一位弟弟赫伯特·亨利·戴维斯(Herbert Henry Davis)，在跟一家富有的新英格兰人联姻后谋得一份高贵的职业，做了美国外交官。女儿海伦·亨廷顿·皮尔士·埃利斯(Helen Huntington Peirce Ellis)在这个满是进取男性的家庭中备受宠爱。

查理(Charley，这是他一开始被人叫的名字)1839年9月10日出生于梅森大街(Mason Street)的一所房子里。这所房子至今仍在。皮尔士家距离哈佛园(Harvard Yard)只有几分钟路程，与后来成为拉德克利夫园(Radcliffe Yard)的地方距离更近。大约在1844年哈佛大学用大学财产在昆西大街(Quincy Street)为皮尔士教授特别建造了一栋房子，位置在塞佛尔会堂(Sever Hall)现在坐落的位置。在此,查理的父亲开办过一次令人激动的沙龙,沙龙非正式的成员名单可以构成当时主要的政治、思想和文学界人物的名人录(Who's Who)。皮尔士在晚年反思他在此环境中的成长时说,他少年时极少见到"平常的人"。

查理的天才很早便被家庭和周围的人认识到了。小本杰明本人特别关心他这个儿子的教育,强调独立自主的学习,有时会让儿子坚持通宵达旦做练习以培养他的专注力。尽管如此训练(或最好说是,面对当时死记硬背式的教学风格,正因为这一点),皮尔士的学校成绩有好有坏。他读过各种私立学校、剑桥高中和哈佛大学,二十岁时从哈佛大学1859届毕业。

因为担任其父亲在美国海岸测量局(United States Coast Survey)的项目助手,查理避开了内战。这是一场皮尔士家族普遍反对的战争,虽然他们在剑桥的邻里们看法正好相反。1867年,小本杰明成为测量局的主管,查理获得了名低实高的助理职位,负责重力测量。皮尔士同梅露西娜·费伊(Melusina Fay,一个同在剑桥长大的伙伴,她的家族在创建拉德克利夫中起了很大作用)结了婚。在整个19世纪60年代晚期和70年代里,他有时兼职在大学演讲,有时在美国境内和欧洲为测量局做重力研究,有时参加高层次的国际物理学会议,后来还获得一个兼职职位,作为位于巴尔的摩的约翰·霍普金斯大学的逻辑讲师。19世纪70年代早期,皮尔士同一个非正式的研讨小组的成员们有着一种特别重要的联系。这个研讨小组由他的哈佛同学构成:威廉·詹姆斯、小霍尔姆斯(O. W. Holmes, Jr.)、约翰·菲斯克(John Fiske)、弗兰克·阿博特(Frank Abbot)、尼古拉斯·圣约翰·格林(Nicholas St. John Green)、约瑟夫·班斯·沃纳(Joseph Bangs Warner),还有他们的"舞蹈教练"和留校师兄昌西·赖特(Chauncey Wright)。詹姆斯称皮尔士在这个"形而上学俱乐部"(一种半戏谑的叫法)活动期间创造了实用主义哲学。也有人指出这些讨论对于后来成为法官的霍尔姆斯的法律哲学有着类似的影响。

尤其是在1870年代后期,皮尔士就像沃克·珀西所说的"列车上的人"。他是一个具有维多利亚时代特点、追逐升迁的科学人,他在两份全身心投入的工作之间穿梭,身体已经透支:一边继续在华盛顿及其他各地为美国海岸测量局工作,一边同约翰·霍普金斯大学的同事和一小群富有才华的学生一道工作,是当时符号逻辑学发展的中坚力量。

或许由于他的过度工作,皮尔士的婚姻(这原本就是一个相当实际和传统的结合)和健康状况都开始受损。最终梅露西娜离开了他。紧接着一次灾难性打击袭来,就像是一出希腊悲剧。一位敌视皮尔士的人告诉霍普金斯大学的一位董事说,皮尔士在与梅露西娜分居但尚未离婚时就与朱丽叶(Juliette Froissy)同居。而且,皮尔士年长朱丽叶约25岁,这也带来了问题。他虽然已经处在了获得一个终身逻辑学教授职位的机会边缘,却在1884年1月被校长吉尔曼(Gilman)突然辞去。这一事件在美国大学管理层中广为流传;再加上那个时期多数大学有着教会基础,这很可能就是皮尔士从未再获得其他长期学术职位的主要原因。另一个因素是他"难以适应"社会的性格(人人都知道他讲话不客气、容易发怒、个人主义)。于是便发生了这样的事情:这位美国最伟大的精神导师,虽具有完美无瑕的学术天资和传承,却被美国学界排斥在外。甚至哈佛也不能接受他,尽管有詹姆斯和其他人的努力。当然,之所以这样,也受到了查尔斯·艾略特(Charles Eliot)校长对皮尔士父亲持有的不友好态度的影响。

查理离开巴尔的摩后,回到华盛顿及其他偏僻的实验基地,专注于他的重力研究。虽然最终他与朱丽叶结婚了,但他在各个领域的事业发展都遭受打击,以至于渐渐走到了尽头。1880年父亲的逝世,不仅让他失去了父爱,也让他失去了一位支持者和保护者。在结束重力测量工作之后,他于1891年从测量局辞职。他在整个1890年代想尽各种办法创取一份独立收入,以便为他所渴望的贵族生活方式提供经济基础。但由于他几乎不具有任何经营能力,所有这些尝试都归于失败。凭借一份家族遗产,他和朱丽叶在宾夕法尼亚州白克县(Pike County, Pennsylvania)的米尔福德(Milford)——特拉华河(the Delaware River)畔的一个度假区——购买了一处宅邸。他仍旧在纽约、剑桥、米尔福德和其他各地来回穿梭,而此时已在走下坡路了。在那些岁月中,他来回跑,做各种临时工作,或是一些无报酬的大公司职务,或是参加国家科学院会议,偶尔也在洛厄尔学院(Lowell Institute)之类的高等场所演讲;他还一直想"再多试一次"以获得学术职位。其间,他从朋友那里寻求借贷或其他形式的帮助,但只够维持生计。真希望他生活在100年之后!在他这个生命阶段,一位30年工龄的世界级科学家应该能依靠退休金生活了。

在1910年威廉·詹姆斯去世前,这样的艰难生活一直继续着。皮尔士的这位密友(还有无数仰慕者的帮助)为他提供了一份差不多算是养老金的资金,以维持他的最低生活(作为对詹姆斯帮助的感激,皮尔士在晚年生活中非正式地在其名字前增加了"Santiago"——代表"Saint James")。

然而,对我们来说最为重要的事情是,历经所有这些不管是美好的还是悲惨的岁月之后,他一生仍坚持写作,从未停下。他最为钟爱的论题是哲学、逻辑学、数学和科学:正如刘易斯·芒福德(Lewis Mumford)所言,在米尔福德附近美丽乡间的书房里,一位大师在平静而秘密地成就自身。

在皮尔士的著作中,有许多重大主题,但中心主题可能是他对于一种统一的科学方法理论的追求。皮尔士在非常广泛的意义上理解科学,他把他所追求的科学等同于逻辑学(同样是一个广义概念)。正因为出于对统一性的追求,他专心于几种科学分支的积极研究:他希望站在一个立场,从通晓科学实践的人的观点出发,深入思考科学之本质。就这一点而言,他属于卓越的少数伟大哲学家之一。他是当代形式逻辑的奠基人之一，令他感到非常骄傲的一件事是：正是他在该领域的成就，为他入选国家科学院奠定了基础。至今仍然活跃的威拉德·奎因（Willard Quine）是仅有的另一位被给予同样荣誉的人。

1914年皮尔士因癌症过世后，他为数不多的在世门生之一乔赛亚·罗伊斯（Josiah Royce）安排将他卷帙浩繁的书稿运往哈佛。这些书稿最后存放在霍顿图书馆，由图书馆和哲学系负责维护。皮尔士发表过近1万页的作品，手稿多达约8万张。在很多时候，他一定是在不停地写作；或许这可以至少部分地解释他难以相处的个性。

但是，由于他热情地投入对真理的无私追求中，因此，我们在钦佩他的成就的同时，可以试着原谅他的过失。

皮尔士作为一位重要思想家的名声在他去世以后日渐高涨，我们相信这份声誉将更为卓著。1989年9月5日至10日，哈佛举办了一次国际会议，以纪念皮尔士诞辰150周年。当时，来自众多领域和全球各地的重要思想家，在几乎没有会议方任何资金支持的情况下，聚集在桑德斯大剧院（该剧院是以皮尔士家族的一个亲戚的名字来命名的），推动对皮尔士作品内部资源的探究，发掘其研究工作中与当代热点问题相关的方方面面。

讲稿的形成过程

1897年，朗文公司（Longmans, Green and Company）出版了威廉·詹姆斯的《相信的意志》（*The Will to Believe and Other Essays in Popular Philosophy*）一书。书中的题献页写着：

献给
我的故友，
查尔斯·桑德斯·皮尔士

> 他在过去岁月的哲学挚情
> 以及他在新近几年的作品
> 给予了我无法表达或回报的
> 激励与帮助。

1897年3月12日晚,住在阿瑞斯堡[5]的皮尔士收到了该书的一件复本。第二天,他在一封长信中表达了对詹姆斯的谢意。信的一开始是这样写的:"你不会相信你的信件、题献和这本书给了我多少的喜悦。"在接下来的几句美言之后,[6] 皮尔士借机向詹姆斯讲起了自己的私事。

> 最近几年我在哲学上悟出了很多东西,因为我这些年一直很痛苦,很失败——其可怕程度超出经历平凡之人所能理解或想象。我有了假若肩负日常工作便不可能拥有的大量闲暇时间,没有了图书,没有了实验室,没有了一切;如此一来,再没有什么东西能阻碍我详细阐述我的思想,我还花了很大力气去厘清和整理。除此之外,我看到了一个我过去一无所知的新世界,这个世界就是悲惨世界。我发现,虽然很多人曾写过这方面的东西,但他们真正了解的并不多。写得最不算离谱的是雨果(Hugo),但要说他真正对它有什么了解,那就很可笑。我想要写一本关于悲惨的生理学。到底有多少天(我本人现在是接近连续三天了),雨果的生活中曾经没有一口食物,也不知道该从哪里弄到食物,而这些对那些称得上悲惨的体验来说真的不算什么吗?这些年,我对生活和这个世界学到了很多,对哲学有强烈的感悟。无疑,它逐步让人更加看重精神上的(spiritual)东西,但并非一种抽象的灵性(spirituality)。一想到那些名人尽力帮助"穷苦人",尤其是一味帮助那些"值得帮助的穷苦人",有人就觉得难受。但它却让人在看待乔达摩佛

陀（Gautama Booda）时怀有了更多的敬畏感。这并不像乍看起来那样远离你书中的主题，因为它表示：我开始前所未有地高度评价个体行为，将其视为概念之中唯一真实的意义，而与此同时我也前所未有地敏锐认识到，重要的并非行为中纯粹任性的力量，而是它所给予观念的生命。至于"信念"（belief）和"下定决心"（making up one's mind），如果它们的意思并不限于我们有了一个做事计划而且根据这一计划我们会尝试已描述好的那件事，则我就倾向于认为它们弊多利少。"信仰"（faith），如果它是说一个人要固守既定的行事路线，它在具体做事时是极为必要的。但是，如果它意味着你不再注意到那些指示着你该改变策略的时刻的话，我认为它在实践中是有害的。如果有机会同一个人做生意，而生意成功与否取决于他是否诚实，那么，如果我决定做这项交易，我的决定必定是基于一种假说，即他是一个诚实的人。在两条行动路线之间犹豫不决，那是毫无意义的。但这并不妨碍我快速而全力地收集进一步证据，因为证据可能显示我该立即改变计划。这就是看起来有用的那种"信仰"。我们所采用的假说不一定就是很有可能的假说。若不是试用了那些不大可能的假说，楔形文字碑铭永远不会被译解。你必须先有个一致的做事计划，你所要试用的假说就是根据该计划接下来需要被试用的那个假说。这证明了在你接受实在论之前先对唯名论作公正测试是合理的；因为它是一个简单理论，如果它不行的话，它也会显示哪一种实在论应被优先试用。我不是说不应该把概率（probability）考虑进来，在一项深思熟虑的研究计划中，那是一个很重要的因素。但在关乎"至上利益"（supreme interest）之事时，概率显得荒唐而无意义，任何基于概率理由来决定如此问题的做法都是不合逻辑的。那么，不合逻辑之处在哪里呢？就在于把一切利益都视为至上的了。没有谁会合乎逻辑,如果他将其个人幸福视为压倒一切的重要事情的话。

我认为自杀并非源自悲观哲学。悲观主义是富贵者的疾病。穷苦人愿意承认这世界整体上正变得越来越好,这是所能设想的最好世界,要远强于一个"最好的可能世界"。而人们自杀是因为他们个人感到气馁,似乎他们活着对于任何人都毫无益处。伦特(Lunt)夫人在井中自溺而亡。在她打算做出那样的决定时,我经常劝说她。她认为不能容忍的不是这个世界,而是她自己的特定状况。

我想象不出有什么对于未来状态的信念能令任何一个人都高兴。无论怎样,我十分确信它通常是恐惧之源。"活人的幽灵"[7]对于相信它的人来说,一定极大增加了它本身的恐怖性。旧式的天国,作为一种受到贬损的存在而言,比起它实际的坏处,连一半还不及。

宗教本身在我看来是野蛮人的迷信。至于你说到的基督教,或者我们应该称之为佛教,[8]因为比起观福音书[9]中对于神迹的贩卖,印度王子绝对是它更加完美的化身(如果那可以称为宗教的话)——它的标志性特征就是它教导人们要贬抑所有那些抚慰超人力量的技艺(这一点,我认为就是宗教的定义),在我看来那在本质上属于最深刻的哲学,具有生活(living)之美德。好的教士们都没有过多关注宗教。他们教给人们的是生活行动,而且整体上是以一种高尚和尊贵的方式在教导人们。

至于道德,它不是一个坏东西,如果是在真正的进化论意义上来看待它的话。但并不是进化产生的所有一切都是好的。进化会产生两种结果。一种是对于潜在观念的实现,这是好的。另一种是品种的变异,这是无关紧要的。如果说个体能够对于前一种进化结果产生任意影响的话,就不存在严格意义上的真正进化。假若能够的话,这将充分证实拿破仑对于约瑟芬说过的话:"夫人,道德规则并不适用于像我这样的人。"即使从实际上来看,道德之中仍有真理可言。哲学家已经在很大程度上从道德的束缚中解脱了出来。譬如,我经常对自己说:"你对打猎这项运动的厌恶,其实正与传统道德相反。对于一个你还未研究过的复杂问题,你不会比种族经验更聪明,是吗?"但我认为佛陀完全会宽恕这样的道德法则。

对于你很看重"偶成论"(Tychism),我大受鼓舞。但偶成论只是连续主义(Synechism)一般原理的一个部分和推论。那是我这近15年来一直在研究的东西。它似乎完全迎合了你的看法,为此我变得更加兴奋和有信心。亲爱的威廉,你将书题献于我,这真是一件愉快的事情。

C. S. 皮尔士

五天后,于当月18日皮尔士再次写信,对于这本新书又多聊了几句(参见 CP 8.306-312)。在这第二封信的结尾处是一个附记,包含了某种暗示(在 CP 中被略去):

如果我再写这么多冗长而空洞的信,你会认为早知道不要把书题献给我了。

顺便问一下,我想知道我是否曾告诉过你,艾略特当时写信给我说,正在准备一个安排我在剑桥工作一年的计划,从他的语气可以感到,似乎促使他做出如此决定的只是有人提出了这个问题并告诉了远方的他(可能他是说通过电报)。

我知道我要讲的可靠逻辑有多么必要,但居然没有一个大学能安排讲课,这在我看来是一个遗憾。我想心灵研究领域的人可能会愿意给我一次教学机会。

当月 27 日,詹姆斯回了一封信。

亲爱的查斯(Chas.)——你的两封启迪人心的信件已及时收到,"有关内容也已记下"。但是,你得原谅我,我写信比较懒,而且当我面对各种各样的东西时往往会思维错乱,因此,我不愿意现在就对信件内容作出详细评论。我这里的问题就是意识"狭地"(contracted field)——这很明显是一种病症,它迫使我在想要关注一件事时必须完全丢弃另一件事情。给你写一封像样的信件要求我彻底抛开我当天的讲课,而这"是不行的"!因此,我只好得罪你了,无疑这需要你的宽慰。我很高兴你能如此认真地看待我的书。你读过席勒(Schiller)的《斯芬克斯之谜》(*Riddles of the Sphinx*,Swan Sonnenschein 1891)吧?散漫,还有点草率,但充满了基于多元主义的大胆建构。它是我长久以来读过的最令人耳目一新的著作之一。

我真的很抱歉,你可悲的生活状况还未得到缓解。你写信时说自己彻底感受了悲惨。实在令人难以置信。你明年会在这里作一个演讲课程,或长或短。我知道这可以做到,而且我会关注此事的。我们所有人都希望听到你讲课,而且我们的研究生也**应该**听听。但为何你的第一卷竟成了纯粹可能性的王国呢?我认为订购之事进展得很顺利。你深度数学化的心灵将我非数学的心灵拒于远处。但我们有如此多的范畴是相同的,你的存在和哲学工作给了我最大的安慰。

你永远忠诚的,
Wm. 詹姆斯

29日附记——我一直在尽力找一本雷诺维叶（Renouvier，一译勒努维耶）的《逻辑学》送给你，但现在停印了。我把自己的一本拿出来，以快件（邮资已付）寄给了你，但请你在今夏过完之前归还给我，因为它尽管在内容和风格上存在严重缺陷，我却很看重这本书。我认为他的一些短文极其精彩。

信中提到的"你的书"是指皮尔士计划中的多卷本著作《哲学原理》。1894年，他打算通过一个订购计划出版此书。该书的海报已经印刷并发行，但整项计划最后还是成为了泡影。[10]

哲学原理
统一视角下的十九世纪逻辑学、物理学和心理学
C. S. 皮尔士（国家科学院成员）

第一卷：《十九世纪主要思潮述评》（接近完稿）。本卷对包含在政治经济学、机械与现代发明、工会组织、社会主义、科学协会、建国百年纪念、国家主义、移民、诸种唯心论、黑格尔客观逻辑、历史学方法、现代数学及其中的虚数、热理论与能量守恒、统计研究方法、气体动力学理论、达尔文主义等之中的本质思想以及它们之中所孕育的观点作出界定。这些分析不仅能得出一些结论，而且本身很有价值。接着探寻所有这些思想之间一种明显的联结，而且将表明此种联结就在于**连续性**（continuity）原则。本卷将在人类理智的历史中追溯连续性这一观念，进而能够表明它是自我实现的一种伟大观念。（作者在《北美评论》上的一些文章将在此采用。）现代科学，可以说是完全归因于该观念。各个领域的进化一直有一大部分（若不是全部的话），而且时时刻刻，都可能是因为该原则的作用。我们有足够的理由相信，通过进一步应用该原则，我们时代最迫切的那些需求有望得到满足。此种哲学的最大敌人过去一直是在历史学上，而现在是在逻辑学上，那就是不可错论，只是它有时呈现为较为温和的宗教形式，有时呈

现为更加可怕的科学主义和唯物主义幻象。

第二卷：《明证式推理》（基本完稿）。本卷第一部分是对于形式逻辑（普通逻辑和关系逻辑）的一种简单而通俗的介绍。我们对于内容作了特别处理，以适合普通年轻人使用，而且经过实验检验之后发现是成功的。在此之后是一些更为细致的展开，适合于对于这些问题具有兴趣的人，其他人可以跳过这一部分。

第三卷：《概率哲学》。在对概率之本性作出分析之后，提出微积分的原理。驳斥有关逆概率（inverse probabilities）的学说。阐述归纳推理和假设推理的理论，内容接近于约翰·霍普金斯大学"逻辑研究"，不过通过强有力的新论证强化了当时所采取的立场。皮尔士先生的归纳推理规则算得上是至今所提出的最为严格的规则。通过一些新的示例来表明那些遵循松散规则的人所陷入的谬误推理。在皮尔士先生视为有效的推理中，有几种被一些著作者否认。本卷将表明这种否认包含着矛盾之处，那些著作者对于某些问题持有一种不合理的怀疑，因为他们并不将其拓展至非常相似的其他问题。

第四卷：《柏拉图世界：解析现代数学中的一些观念》。简明分析微积分、虚数、函数理论和非欧几何中的逻辑与概念。无穷和连续性概念在此得到精确刻画。驳斥一种认为我们不能从数学上对无穷进行推理的看法。有人所讲的极限学说并不适用，但其他一些人所讲的极限学说却真的包含了有关无穷的推理。没有什么理由能让我们认为我们不能从数学上对无穷进行推理，但或许有人照样会说我们不能从数学上对虚数进行推理。

第五卷：《科学形上学》。开头是认知理论。将按照作者《通俗科学月刊》上的那些文章讨论实在的本性，但当时所采取的立场将在此得到更加明晰和充分的阐述，而且会有心理学上的一些细节。外部世界的实在性。第一性与第二性的质。关于连续性的真实存在的证据。从连续性的观点来看唯名论和实在论问题。连续性与进化。驳斥必然决定论（necessitarianism）。从连续性原则所推出的其他结论。

第六卷：《灵魂与身体》。先分析一下略微广义上的结合律。疲乏及其法则问题。评述一些心理学现象。考察感官性质上表面上的不连续。对于灵魂进行界定,内容上遵照作者在《思辨哲学杂志》上所提出的那些思想。"意识的统一性"有程度之分,在很多情况下可能很低。考察麻木这种现象。作者之前有关普遍进化的理论,即认为物质及其法则乃进化的结果,此种观点在此更为系统的得以阐述,更加富有论证。尽管如此,它当前仍被视为只是一种临时假说。解释一种推理方法,借此能从该假说严格推演出各式各样明白无误的结论。这些结论中有相当多都是可以表明为真的,没有任何一个是至今知道为假的。我们将表明,有一种对于迄今尚未为人知的事实的预言可以通过观察得到支持。其他预言都有待未来经验的检验,检验的结果将决定该理论能否成立。

第七卷:《进化的化学》。普遍进化理论在化学领域的结论将得以呈现。门捷列夫(Mendeléeff)法则。

第八卷:《心理科学和道德科学中的连续性》。数理经济学。与功利主义者用于确定个体行动的那些思考极其近似。尽管我们可以承认这一点,但马歇尔(Marshall)和瓦尔拉(Walras)的定理却得出了对于自由意志的数学式明证。驳斥那种动机理论。阐述一种真正的行动心理学。

第九卷:《比较传记研究》。数学原理在这种研究中的应用方式是新颖的。

第十卷:《教会的新生》。关于连续性的哲学很奇特,能够明确导致基督教情感。但是,仅此而已。此种形上学只是物理学的附注;它对于宗教没有讲任何正面的话。然而,它的确使人相信:宗教只能建立于可观察的实证事实之上,而且此种事实能够为它提供充分的支持。由于它一定建基于实证事实之上,因此它本身必定包含有实证内容。一连串的文字游戏不能满足一种宗教。此种哲学表明对于基督教的实证学说并不存在哲学上的异议,但是那些内容是否真实,这个问题不在其讨论范围内。

第十一卷:《哲学百科全书》。此种关于连续性的哲学导致一种客观逻辑,与黑格尔的客观逻辑以及三分范畴相似。但是,它的运行与黑格尔的辩证法不一致,因而其范畴表的形式也有着本质不同。目前,不需要也不可能达到对于它的系统完善;不过我们还是提出了类似于黑格尔百科全书的某种东西。

第十二卷:《经过分类排列的观念和术语索引表》。

皮尔士先生不保证严格遵照上述大纲,反之,他可能会随着工作推进而做

> 出修改。他仅承诺不会偏离这里的计划，而只会对其加以改进。这项成果将通过订购形式出版，每卷2.5美元。
>
> 　　联系地址：宾夕法尼亚州米尔福德市"阿瑞斯堡"C. S. 皮尔士先生。

　　4月份，皮尔士写信给詹姆斯说"雷诺维叶的书已经收到"，接着针对该书写了一长篇值得关注的专业批评。[11] 詹姆斯没有回复，或许是因为他一向懒得写信，或许是因为皮尔士的长信大量运用了数学技术。他们之间再没有往来，直到皮尔士从《一元论者》(The Monist)编者保罗·卡罗斯(Paul Carus)那里收到一封信(标注日期为5月12日)。该杂志此前已经发表了皮尔士大量的重要论文。[12] 卡罗斯在信的结尾处写道：

> 　　在我路过剑桥时，我碰到了一些人，其中有詹姆斯教授。我非常高兴地获悉他极为欣赏你的才华，他还谈起了他希望能为你在剑桥找到一个职位。我想你知道他在为你做努力，我相信他会成功的。这个职位对于你有很多好处，不仅可以给你一份固定收入，而且你的名字可以有尊严地出现于大学公众面前。我照旧送去我亲切的问候，祝你的妻子能在手术后康复，完全恢复到健康状态。
>
> 　　　　　　　　　　　　　　　　　你非常忠实的，
> 　　　　　　　　　　　　　　　　　保罗·卡罗斯

　　四月和五月的大部分时间里，皮尔士在都在忙于他妻子的手术问题。手术于4月22日在马萨诸塞州的霍利奥克(Holyoke)当地医院进行，吉尔·怀利(Gill Wylie)医生操刀。一个很大的良性腹腔瘤被成功切除。在放心地看到朱丽叶可以慢慢康复时，于4月30日——或许是想着自己在资金上的悲惨境地可能会从此结束——皮尔士满心喜悦地

向詹姆斯写信。

> 约一个月前,我在卡罗斯博士那里听说,你正努力为我在剑桥寻找某份逻辑学教职。
>
> 自那以后,我一直用心在做课程大纲,基本的东西大都已经完成了。
>
> 以我之见,被委任向数量可观的年轻人传授逻辑观念,其中责任的重大性无与伦比。因为就我对于逻辑学的理解,它的实践问题是至关重要的。然而,只要是我能做的,只要是职责所要求的,我甘愿做出任何牺牲,抓住这次益处颇多的机会。我甚至愿意不再撰写我在逻辑学上的发现(其主要部分都还未写下),尽管我认为它们对于人类具有相当的重要性。从我在巴尔的摩时期的学生来信中,我知道自己能够为青年人做很多工作;而现在我要做的远比当时所能达到的更多。
>
> 大体而言就是说,在坚持信念根本上乃实践问题这一点上,你我似乎完全一致。如果我们能一起在那里工作,我们将能在哲学界,从而在科学人中间,在教师群体中,并最终对世界思潮产生影响。所有这些都很重要。但在我心中,比起对学生个人尤其是不够聪明的那些学生所带来的好处,那些都是第二位的。并不是说我有望将那些愚笨的年轻人变得聪明;而是说对于愚笨的年轻人,我有着一种特殊的喜爱、理解和尊重,而且我理解逻辑学到底能为他们做什么。
>
> 若是我要担此重任,我应当从现在起直到十月份,分秒必争,把我课程的开头部分准备好。因此,请你让我知道这件事的可能性到底有多大……

詹姆斯写信不再懒惰了,因为他于 6 月 5 日立即回信说:

卡罗斯给你了一个错误印象，而我希望我所要说的不会让你扫兴。在此为你谋求一个**终身**职位是绝对不可能的，这一点长期以来都很明确。我对卡罗斯说的是，我们一定要在明年让你有一个短期的演讲课程，演讲的酬劳我希望是 1 000 美元。我说过，如果可以的话，我准备做到。我现在认为我能够做到，但还没有具体开始去做。要等到进入秋季，才能开始。演讲可以是逻辑学或自然哲学方面的；我自己更喜欢后一主题，因为它可以吸引更多的人来听，对于你将自己的思想整理成最终可以发表的形式也是一次很好的机会。

11 月 25 日，或许是认为詹姆斯已经忘记他所承诺的秋季为他安排系列演讲之事，皮尔士发出简短书信，顺便对雷诺维叶讲了几句，并表示想知道："能否为我在学校图书馆找一个小职位，譬如每月 50 美元左右……"再一次地，詹姆斯即刻回复，重申没有什么可能会有**任何**大学职位。但关于剑桥的演讲课程，詹姆斯报告说：事情正在进展之中。他建议"不要有太多逻辑和数学上的技术"，而且他个人希望"能展开你的天演论（cosmogony）等——'连续主义'和'偶成论'"。他结尾时建议，演讲"可能安排在二月份之后会比较好"。

其后不久，詹姆斯写信给几位共同的朋友。譬如，他（于 12 月 5 日）去信给詹姆斯·麦基恩·卡特尔（James McKeen Cattell）：

我正在筹集 1 000 美元，想为查尔斯·皮尔士安排一个演讲课程。关于他的贫困和境遇不"佳"，你可能知道。我不打算向你请求什么，只是想起了你或许可以**帮忙**，借助于你与我不同的熟人圈子。对于皮尔士来说，如果没能让自己的思想比之前更为充分地书写于纸上，那会是一种耻辱；而这样的演讲可以帮助一个人整理其思想。如果救济金可以不给游手好闲之人的话，他是第一个应该得到的。

几天之后，詹姆斯对于他努力的结果感觉很有信心，这时可以向皮尔士写信了。

> 现在，我的计划的实现之路已经明朗了。情况是这样的：
>
> 演讲，照你的意思，一周一次或两次，可以安排在下午或晚上，但很可能是晚上；听众，主要是学哲学的人；主题，随便你讲什么，但我建议是你的天演论；次数，8 到 12 次，由你来选；费用，700 到 1 000 美元之间，这要由上天决定；月份，二月，除非一月对你来说更好……
>
> 地点是奥利·布尔（Ole Bull）夫人的剑桥讲坛。我在这个讲坛上，有一个周日下午的活动项目。你的演讲是在工作日，会以单独的传单作广告。你可以讲得通俗一些，如果你愿意的话。我认为，学生听众很有可能是最适合于你的。

剑桥讲坛（Cambridge Conferences）于1896年由一位著名挪威小提琴家的遗孀莎拉·布尔（Sara Bull）创立。[13] 布尔夫人拥有一些经济资源，她在家中创立了讲坛，以纪念她的母亲阿梅莉亚·查普曼·索普（Amelia Chapman Thorp）。这栋位于剑桥市布拉托大街168号的房子具有殖民复兴的建筑风格，由亚瑟·利特尔（Arthur Little）按照布尔夫人的特殊要求设计。其中包括有挪威风格的内厅，以纪念其死于1880年的丈夫。房子大约在1890年完成。它在剑桥思想生活中的重要性，奥利·布尔的传记作家莫蒂默·史密斯（Mortimer Smith）讲得很到位。[14]

奥利去世后，莎拉成为了剑桥的知名人物。她一直都住在布拉托大街的大房子里，直至1911年去世。这栋房子是出了名的"思想"团体与事业领袖聚会地点。她在主持沙龙时，具有一种文雅、谦虚又有点忧郁的魅力。在这里，她把印度圣人辨喜（Swami Vivekananda，直译斯瓦米·维韦卡南达）及其吠檀多哲学介绍给她那些谨慎而有点多疑的剑桥朋友，有时会同威廉·詹姆斯讨论宗教……两年来，他在她的这所房子里开展他所谓的"剑桥讲坛"；那是一个铺有印度柚木镶板、突出摆设着奥利·布尔半身像以及他大量肖像的宽敞客厅，人们在此有幸可以听到詹姆斯教授、托马斯·温特沃斯·希金森（Thomas Wentworth Higginson）、乔赛亚·罗伊斯（Josiah Royce）和简·亚当斯（Jane Addams）这些人物讨论时下有争议的社会问题。在听众当中，人们能够接触到各色人等，如贵族艾丽斯·朗费罗女士（Alice Longfellow）、白璧德（Irving Babbitt）、芒斯特伯格（Munsterberg）教授以及仍然在世的朱莉娅·沃德·豪伊（Julia Ward Howe），甚至还有一位名叫格特鲁德·斯坦（Gertrude Stein）的年轻女子，她当时为拉德克利夫学院的学生。

皮尔士最终演讲时的听众组成不为人知，但罗伊斯和詹姆斯显然是在场的（我们稍后将看到这一点）。学者认为桑塔亚那（Santayana）极有可能也参加了。要更为详细地回答这一问题，有待进一步的研究。在1898年皮尔士演讲开始之前，讲坛已从这所主屋迁往一栋宽敞的副楼表演厅（Studio House）。在这个新的所在地，演讲者和听众依然都很出众。早在她创办讲坛时，布尔夫人就邀请了刘易斯·乔治·简斯（Lewis George Janes）博士担任永久主席。[15]

20

剑桥讲坛

马萨诸塞州剑桥市布拉托大街 168 号

1897 年 11 月 7 日—1898 年 5 月 8 日

讲坛主席：刘易斯·G. 简斯

我们去年在剑桥市布拉托大街 168 号做的伦理学、哲学、社会学和宗教比较研究工作开局良好。承蒙奥利·布尔夫人和 J. H. 哈特菲尔德先生（J. H. Hatfield）的好意，本季将在同一地址的表演厅继续该项研究。讲坛主席也居住在此。

现在公布的下列活动日程表是修正过的，不过难免会有新的变动。有时会有其他的课程和报告增加进来，届时会有及时的通知。

1897 年周日下午 4 点场

11 月 7 日（第一讲）："监狱对于囚犯的道德影响：基于在法国监狱和西伯利亚的个人观察"①

主讲人：英国剑桥的克鲁泡特金王子（Prince Kropotkin）

讲坛主席因故无法到场，经其本人同意，劳烦希金森上校（Col. Thomas Wentworth Higginson）主持第一讲。

11 月 14 日："慈善与进步的两难"

主讲人：哈佛大学卡明斯教授（Edward Cummings）

11 月 21 日："布列塔尼与一些布列塔尼人：阿伯拉尔、笛卡尔、拉梅内、夏多布里昂、勒南"

---

① 参加克鲁泡特金王子的演讲，非讲坛会员需交入场费。

	主讲人：剑桥市的莫舍夫人(Mrs. Angie M. Mosher)
11月22日 (周一,下午8点):	"女性在社会进化中的地位" 主讲人：伊利诺伊州莫林市的胡尔廷牧师(Rev. Ida C. Hultin)
11月28日:	"家庭生活的伦理" 主讲人：马萨诸塞州列克星敦的库克先生(George Willis Cooke)
12月5日:	"惩罚的伦理" 主讲人：纽约伦理教化学会的曼加萨里安先生(Mangasar M. Mangasarian) (周三场对所有感兴趣者开放)
12月8日(周三):	"利他主义的伦理" 主讲人：纽约州特洛伊市的神学博士萨温牧师(Rev. Theophilus Parsons Sawin)
12月12日:	"乡镇和农村的社会状况" 主讲人：国家行政工作改革协会副主席,纽约的波茨先生(William Potts)
12月15日(周三):	"与艾默生和梭罗同行" 主讲人：马萨诸塞州康科德市的桑伯恩先生(Frank B. Sanborn)
12月19日:	"商业或贸易的伦理学" 主讲人：波士顿的法学博士兼哲学博士阿特金森先生(Edward Atkinson)
12月22日(周三):	"俄国犹太人的流行诗集"(由莫里斯·罗森菲尔德先生口述自己的方言诗) 主讲人：哈佛大学的俄语讲师威纳先生(Leo Wiener)

12月26日： "二十年之后的英格兰"

主讲人：剑桥市的希金斯上校

1898年场次

1月2日： "社区伦理"

主讲人：纽约州布鲁克林布拉特学院社区定居点脑力工作者奥文顿女士(Mary White Ovington)

1月5日(周三)： "印度的女性教育"

主讲人：印度孟买市文科学士、皇家亚洲学会会员甘地先生(Virchand R. Gandhi)

1月9日： "离婚问题研究"

主讲人：美国劳工事务专员赖特阁下(Hon. Carroll D. Wright)

1月12日(周三)： "但丁的社会哲学"

主讲人：纽约州锡拉丘兹市"圆桌"俱乐部主席米歇尔夫人(Mrs. Ellen M. Mitchell)

1月16日： "公民的伦理"

主讲人：波士顿二十世纪俱乐部主席米德先生(Edwin D. Mead)

1月19日(周三)： "布鲁克农场"

主讲人：纽约的麦克丹尼尔夫人(Mrs. N. D. Macdaniel)

1月23日： "印度教女性的社会和宗教生活"

主讲人：纽约的哈尼特夫人(Mrs. B. J. Harnett)

1月26日(周三)： "西奥多·帕克"

主讲人：马萨诸塞州萨默维尔市市长佩里阁下(Hon. Albion A. Perry)

1月30日： "教育的伦理问题"

　　　　　　主讲人：纽约的斯里瑟尔牧师（Rev. Thomas R. Slicer）
2月6日：　"社会心理学的方方面面"课程第一讲
　　　　　　主讲人：哈佛大学哲学博士罗伊斯教授
2月13日：　"家政服务的伦理"
　　　　　　主讲人：纽约消费者联合会主席纳森夫人（Mrs. Frederick Nathan）
2月20日：　"社会心理学的方方面面"课程第二讲
　　　　　　主讲人：哈佛大学哲学博士罗伊斯教授
2月27日：　"贫困之作为一种社会问题"
　　　　　　主讲人：哥伦比亚大学哲学博士吉丁斯教授（Franklin H. Giddings）
3月6日：　"社会心理学的方方面面"课程第三讲
　　　　　　主讲人：哈佛大学哲学博士罗伊斯教授
3月13日：　"沙龙问题的伦理维度"
　　　　　　主讲人：布鲁克林伦理协会主席莫尔先生（Henry Hoyt Moore）
3月20日：　"酒类销售管制的挪威体制"
　　　　　　主讲人：剑桥社会联盟主席索普先生（Joseph G. Thorp）
3月27日：　"商业生活的伦理"
　　　　　　主讲人：美国统计协会财务干事克拉克先生（John S. Clark）
4月3日：　"社会心理学的方方面面"课程第四讲
　　　　　　主讲人：哈佛大学哲学博士罗伊斯教授
4月10日：　"劳动的权利与职责"
　　　　　　主讲人：纽约的金先生（Edward King）

4月17日:"社会心理学的方方面面"课程第五讲

  主讲人:哈佛大学哲学博士罗伊斯教授

4月24日:"资本的权利与职责"

  主讲人:纽约的洛根(Walter S. Logan)

5月1日:"社会心理学的方方面面"课程最后一讲

  主讲人:哈佛大学哲学博士罗伊斯教授

5月8日:"劳资调解"

  主讲人:"剑桥讲坛"主席简斯博士

讨论环节

  周日场的每次演讲之后,将有短暂的时间围绕当天话题开展非正式的讨论和对话。如果可以的话,将会提前选定一二人参与讨论。为满足那些无法在其他时间前来的听众的需求,罗伊斯教授的"社会心理学的方方面面"系列演讲安排在周日下午。

  圣人辨喜(Swami Saradananda)上一季在讲坛上的演讲受到高度评价,他可能很快就要回到印度。本季,他将围绕"吠檀多哲学"做一系列的课堂报告,时间排在11月第2周和第3周的周一、周四下午4点。

  来自马萨诸塞州列克星敦的库克先生将围绕"女性在人文史上的地位"做一个6次的演讲课程,时间排在12月和1月的周五下午场。全部课程的入场费每人3美元,单场每人50美分。

  来自印度孟买的甘地先生将围绕"有关印度耆那教及其社会状况的历史与哲学"做一系列的课堂报告,时间排在1898年1月。

  讲坛主席简斯博士将围绕"早期宗教史的分期"做6次课堂报告,时间排在2月和3月连续的每周五下午场。

  本讲坛主要面向上述各领域的学生和专业工作者,但讲坛主席希望尽可能让感兴趣的非专业会员也有机会参加。因此,在本季演讲开始之前,我们会招收一定量的准会员。准会员需要交纳10美元的年费。由于听众席的容纳力所限,我们很可能会有比往年更为严格的限制,仅邀请会员参加。专业工作者、学生以及准会员将一直属于受邀之列,除非他们另有要求。会员申请表以及准会员年费,请寄往本讲坛主席。

主席接待时间

讲坛主席的咨询时间为周一、周二、周四的下午4点至6点,地点为表演厅书房。如果没有其他事务缠身,主席也欢迎广大会员及其朋友随时来访。

讲坛主席　刘易斯·G.简斯

剑桥市布拉托大街168号表演厅

1897年11月1日

1897年12月13日,星期一,皮尔士从阿瑞斯堡去信,对詹姆斯为他所做的努力表示感激。他简要勾画了他的演讲课程,他提出把演讲称为"论事件逻辑"。他在结尾时写道:

> 我在这边的房子里很孤独,有段时间一直在静静地阅读《实物与影子》,[①]并回想起你的父亲。最近这几年的经历让我时常相信斯韦登堡(Swedenborg)。
>
> 很遗憾我不能以我所希望的方式向你表达我的谢意。

在18日从阿瑞斯堡寄给詹姆斯的信中,皮尔士更为详细地说明了

[①] 《实物与影子》(*Substance and Shadow*)是威廉·詹姆斯的父亲美国神学家亨利·詹姆斯的一本哲学著作,副标题为"与生命相关的道德与宗教:论创世物理学"。瑞典神秘主义哲学家斯韦登堡对于亨利·詹姆斯思想的影响极其深刻,在《实物与影子》一书中也有明显体现。——译者注

演讲计划。

"事件逻辑"八讲

第一讲:"逻辑图"。研究形式逻辑(包括关系逻辑)的一种新方法。它分为两个系统:实体图(Entitative Graphs)和存在图(Existential Graphs)。前者更为哲学化,后者在结果上更为简单。我在发表于《一元论者》上的一篇文章中,对此有些提示。[16]

第二讲:"从关系逻辑中学习"。指出由于当前逻辑观念在本性上属于非关系逻辑,因而是错误的。同时呈现由关系逻辑获得的逻辑概念所具有的一般性。在此我可能会讲一点邓斯·司各脱(Duns Scotus),并谈谈我对于他的解读如何不同于罗伊斯。

第三讲:"归纳和假说"。虽然并不怎么新鲜,但对于理解我所谓的客观逻辑必不可少。

第四讲:"范畴论"。质、反应、媒介或表现。

第五讲:"观念的吸引力"。大脑解剖学与之相适应的、广义上的观念联结法则。或许第四讲和第五讲可以归为一讲。

第六讲:"客观的演绎"。

第七讲:"客观的归纳和假说"。

第八讲:"创世说",或曰:世界进化的初期阶段。或许能分作两讲。

在回到纽约之前,我不可能很好地准备。屋子里的暖气启动不了了,虽然天气温和,桌子上的温度计大多时间仍显示在华氏50度以下,因此我不得不坐在火炉旁,没法写作。

(以下所给出的是)这封信的一份不完整卓稿,可能没有寄出。它显示了皮尔士生活的两个特征：(1)他作品的早期草稿往往在某些问题上比最终稿解释得更好；(2)他的境况有时要比他所表达的(譬如在詹姆斯实际收到的以上那封相对愉快的信稿)更加悲惨。

  第四讲:"范畴论"。质、反应、表现或媒介。这是我从一开始就一直反复说的主要事情,它显示了我的客观逻辑在哪些地方与黑格尔有区别。

  第五讲:"观念的引力"。广义的观念结合律。我将表明那并不仅仅是神经解剖学上的产物,恰恰相反,神经结构上的这一特征只是因为与之相适应而产生的。

  第六讲:"客观的演绎"。我将指出演绎如何在这个世界上发生作用,从其最简单的直到更为精致的作用形式。

  第七讲:"客观的归纳和假说"。这些推理模式,同样如此。

  第八讲:"创世说"。我将指出我如何设想进化初期阶段的发生,从"原始的无"开始,一直到具体科学能够解决问题的地方。

  我准备先写最后一讲。我发现我无法在单独一讲中作内容概要。如果不行,我不得不把第四讲和第五讲压缩成一讲。

  至于系统地表达我自己的思想,当然那是我生活的宏大目标。显然它无法得以完成,除非我能在我余生中全身心投入其中。或许有可能事情发生转机,那我就可以了；我将竭尽全力做好我自己能做的事情。

  有许多事情与我的习性与本性相背离,因为它们,我遭受到了如此之多的攻击、控诉和错误指责,以至于我已不怎么在乎我会变成什么样子。尽管如此,我将坚守自认为使命所向的东西,并尽我个人所能将其做好。

  那些律师让我一直处于焦虑之中,我几乎一刻都不能安静。这就是为何我身在乡下却患上重感冒的原因；在那样的情况下，我必须回到冰冷的屋子里，依靠烤箱的日常转动来维持我的生存。我用不起火炉。但是，如果我能设法活到二月份，我肯定能准备好我的讲稿。我曾写好了第一讲和最后一讲，在它们上面耗费了大量难以置信的时间，后来两份手稿竟都不见了。其他讲的大部分也已经差不多成型了，但现在却找不到了。

詹姆斯在圣诞节前第三天回了信。他试着客气地劝说皮尔士不要讲形式逻辑："我很遗憾你如此坚持于形式逻辑。我了解我们这里的研究生院，罗伊斯也了解，我们二人都认为可能只会有三个人能听懂你说的那些图和关系。"他补充道："好啦，听话一点，再想一个更加通俗一点的方案。我不希望听众少到只有三四个人……"在演讲内容建议的最后，他使用了一个短语（下文以粗体标出）。由于皮尔士后来在演讲以及相关作品中的讽刺使用，这个短语在美国思想史上占有一席之地。詹姆斯的说法是："你脑子里满是思想——这些演讲根本没必要形成一个连续的整体。**具有至关重要性的独立论题**（separate topics of a vitally important character）会是非常完美的。"接下去，信中谈到了项目资助方面的一些细节。资助人**不得而知**。朱丽叶会以每周10美元的金额收到一半的演讲酬金，而查尔斯将会按周分期收到另外一半。对于这样的安排（显然是资助人坚持要这样的），詹姆斯的意见是："还算可以接受，感谢上帝，结果不算太坏。"他又对于怎样排时间可以吸引更多听众提了一些建议，最后说道："现在就写信告诉我你接受所有这些条件，并请确保演讲内容尽可能不要数学化。"

圣诞节翌日，皮尔士回信了。信件的上头注明："我在纽约写信，但我打算直接回到白克县。"他接受了他朋友给他规定的那些条件。这一定是一件困难的事，尤其是因为对他来说没有数学的哲学就像是没有轴的车轮。他的回信反映出了一种克制的不满情绪。

26

> 我亲爱的威廉：
>
> 　　我接受你全部的条件。
>
> 　　我丝毫不怀疑你对于你们学生接受力的正确判断。这符合我对于剑桥的所有耳闻以及些许目睹，尽管说那种图表方法已被证明对于纽约人非常容易——纽约人的心灵受到纽约生活的影响，所有纽约街头的人全都远离数学世界。
>
> 　　然而，我的哲学并非什么我脑子里满溢而出的"思想"；它是一种严肃的研究，通向它没有坦途大道可走；其中与形式逻辑紧密联系的那一部分是目前来说最易理解的，也是最称不上复杂的。不能进行严格推理（唯此**才算是**推理）的人完全不能理解我的哲学——包括其过程、方法和结果。剑桥人对于逻辑学的忽视，这一点再显然不过了。而我的哲学以及所有值得关注的哲学，都完全建立于逻辑学之上。因此，要想对于我的哲学以及任何其他重要哲学做出什么本质论述，那是不可能的。
>
> 　　由于你说过你希望听我讲**连续主义**以及作为其推论的偶成论，我已先写好了第八讲。假使所有其他各讲都照原计划写成的话，那应该是最难的一讲。但只要你认为有十五六个学生前来听讲会更有价值一些，我可以重新开始，试着写出我被认为满脑子都是的、有关"至关重要的独立论题"的一些"思想"。我觉得我可能做不好，因为尽管是我自己，我也会掩饰不住对于这些"思想"的情绪；但既然是有偿做事，我会尽我所能将它做好的。毕竟，我没有理由因为我的哲学无法得到阐明而让自己焦虑。你在哈佛的哲学系学生认为严格推理是一件艰苦的事情。但，很快，你们那里的工程师们会明白：在仔细检查完必要的计算之前，最好不要去建造什么大工程。在这条道路

上，哈佛只不过是稍微领先于我国的其他地方，我们这个国家也只是稍微领先于欧洲。但日本人的到来将把我们赶走，在经过足够长的时间之后，**他们**会碰到我的哲学所回答的那些问题，而且会像我那样凭着耐心找到答案。[17] 几年前，詹姆斯·米尔斯·皮尔士找一位律师来处理有关我们白克县房产的不知什么问题，这位律师劝我们同他们那里的律师订立合约：我们可以得到少量的抵押贷款（1 000 美元），条件是我们得一直居住在这栋房子里。文件签下之后，结果发现：如果房子不论怎样有一晚上空了起来，他们将在第二天上午6点将其公开拍卖成现金，且不用发出通知或什么广告。现在他们说他们会这样做，是因为有一位客户想买这个地方。因此在找到某人为我还清这1 000 美元的抵押贷款之前，我要一直待在那里。我若没在2月12日之前找到人，就无法外出演讲。我在那处房产的花费很大，这个风险的代价非常沉重。况且，在一间气温显示只有30至40华氏度的书房里，我也很难"满溢而出"什么思想来。那里从来也没有超过50度。

　　我完全不在乎演讲的次数和时间。我就是陶工手中的泥巴。但愿需要我做的是唱滑稽歌和跳舞，尽管我**在这方面**做得很差。我不是清教徒，不能够理解如此闲谈一些"至关重要性论题"有什么乐趣。我在想，听众最好回家祷告一下吧。

　　到了这里，我们保留下来的通信似乎有一处缺口；从皮尔士1898年1月4日给詹姆斯的信来判断，可能有一封詹姆斯的来信丢失了。因为皮尔士在那封信开头便说："你对于我的去信的每一种解读都不正确。"他报告，他开始全部从头做起，已经重写了一讲，另一讲也重写了一半。皮尔士还说他在"留意着校方（the Corporation）"。他的意思可能是指：他在这些演讲草稿中谈到了哈佛教育政策。这种猜测似乎可以从他未经采用的演讲稿对哈佛的严厉抨击中得到证实。他继续写道:"但是,你知道,因为我能'出色地'将反讽与严肃糅合在一起——我指的是同样的事情说出来既反讽又严肃。即便我说了,我想校方可能也看不出其中的意思。"接下去,皮尔士重新开始抱怨,说他被迫抛开那些他感觉应该探讨的话题。

> 我无法把这门演讲课程"写在纸上",因为我的思路太过纠缠于数学枝节问题中最为棘手的细节。这就是我的方法。但是我会尽量为你着想,尽我所能地多讲些我的哲学。而为了做到通俗,大多数时候一定无法给出论证,仅仅勾勒一下假若我能涉及细节的话将会说些什么。
>
> 我打算把这门演讲课程命名为"涉及至关重要论题的一些彼此独立的思想"。第一讲中说的是至关重要性论题,我将表明:只要它们是至关重要的,其中就几乎不存在什么哲学,而如果说一般化的东西(不论是认知上的还是情感上的)是高尚的,至关重要性论题在我看来不过是"大山的轮廓,在其之上我们可以看见还要更高的银色山顶"。
>
> 第二讲中说的是彼此孤立的思考,意在表明:虽然人们在工作之外做连贯思考的时间会很少,但最好还是尽可能连贯起来思考,不规避那些彼此孤立的思想,但要寻求对于它们的透彻理解。如此我可以讲一些唯名论和实在论的事情以及我自身哲学工作中的一些东西。
>
> 第三讲中说的是逻辑学的最高准则——它指的是:逻辑学上唯一真正不可或缺的前提条件是,探究者得愿意去弄清真相。
>
> 在另一讲中,我决定说点时间和因果方面的事情,试图表明:将宇宙设想成超越时间的东西,并非如一直所认为的那样

不可能，甚至也没有那样困难。

至于我会在其他各讲中说些什么，我还不知道。我相信我会想到些什么的。

大约在同一时间，皮尔士向朱丽叶写信说，他仍旧只能够在书房中维持最少量的供暖，那里如此之冷，他不能进行写作。但他结尾的一句话是"我的讲稿进展得很顺利"，对此我们可以认为他指的是"知识方面"。在大约同时的第二封信中，皮尔士告诉朱丽叶，他仍旧冷得不能写东西，同时他准备安排一个人在他外出演讲期间照看阿瑞斯堡的房子。他还提到："你希望我成为一位大人物。"在这一时期写给朱丽叶的第三封信中，皮尔士抱怨头痛，但是"尽管头痛我的讲稿进展顺利"。最后他说："我今天照了镜子。我看起来像是一位老隐士，苍白又野蛮。"

1月15日，皮尔士再次向詹姆斯报告进度，同时请求给予特别帮助，以便在足够长的时期内摆脱贫困，保证讲稿的完成。

我亲爱的威廉：

在我给你写上封信时我就想过"如此会显得冷淡而又不领情"，但那是因为我身体几乎就要冻僵了。我当时对自己说"我明天再来写信"；但第二天我专心于讲稿的写作，而且自那以后一直如此。我现在寄给你的是已经完成了的四讲。如果你想粗略看一下，看看讲稿是否过于技术化，你就可以先看着了。我倒不愿**要求**你做这样的事情，毕竟你付出了太多时间，已经够麻烦了。我认为第一讲不好，如果可能的话，应该重写。第二讲和第三讲依我看可能算是平均水平。第三讲是整个课程中最为技术化的。第四讲，我相信是正好符合要求的。它内容上单薄而且老套，但它的清晰和真挚却能补偿这些缺陷。我**希望能要回这些手稿**，以便进行修改。

但驱使我现在就给你写信并提起敏感的报酬问题的,是我妻子的一封来信。是她要我这样做的,她还给出了充分理由。到了这地步,我想说(而我妻子丝毫不知道我的这些感受):对于这样一些演讲,每讲50美元似乎是合理的价格,因此,既然你说会有350美元付给我,我们将做7场演讲。在此附上各讲的题目。[题目清单还没有找到。]至于每周10美元共45周付给我妻子的钱,我只好认为这是我们全然不熟的那些人送来的救济。很显然,那不是给予我演讲的报酬。我不会告诉我妻子我如何看待这件事,因为我们真的非常穷困,而且她病了,如果她愿意接受的话,我保证会好好利用这笔钱去减少她的痛苦。这些事就不再讲了。

不过,现在她希望我请求你预付100美元。如果你答应预付的话,这100美元可被视作这里所附四讲的一半酬劳。或者,要是你愿意将钱寄至纽约西89街108号C. S. 皮尔士夫人,我们今后也能弄清楚这些钱应归在哪里。我不想她因为接受这100美元而违背自己的原则,让她无法谢绝那450美元(如果她希望那样做的话)。我只是不希望在这件事上自找烦恼。

我现在就来说说,她要我请求你预付酬劳的理由。

第一,我病了(只是小问题),而且我们不能让另一家人住到房子里来,但除非我有钱请得起照看房子的人,我就得被迫这样做。事实上,如果请不到看管房子的人,我连一天也不能离开这里。因为根据宾州法律等方面的特殊要求,若是我这样做的话,在我一回头的功夫,就会有一家人(他们表示想在冬季拍卖时买下这块地)把房子买走,**而不必预先通知我们**。很明显,这家人会那样做的。我在此孤独一人,每三天才能弄到一块维也纳面包,就靠这个度日。

第二，重要的是我要待在纽约。安排我在那里做大都会大学(the Cosmopolitan Univesity)教授的事眼看就要定下，谈判却又破裂了。我继续留在此地，会使最终的决定不利于我。此外，我在这里挣不到一分钱，我的妻子正遭受身体上的痛苦，而我在那里或许能挣到一点钱。

第三，这里屋顶有漏洞，我想我必须先准备好钱才能去找人修补。当然，这会毁掉这所房子的。更糟糕的是，有两个人正准备来查看房子，一个人是想要买房子，另一个人目的是要把三小笔抵押贷款（总共是 2 500 美元）统一合并，说这样对于我们极为有利和安全。而倘若不去修补漏洞，或许会使得这两个机会全都落空——更不用说如果房子受潮会有什么结果。

第四，她希望我穿体面一些的衣服去演讲，而假使我能拿到钱，我也愿意去这样做。还有，鉴于目前的形势，我既不能离开这里，也没有钱去剑桥，或者即使我去了那里，我也可能会由于病得太厉害而不能作演讲。

我所要表达的意思就这些。对于你所付出的时间和精力，我表示最热忱的谢意。同时，我也想对罗伊斯表达谢意。

接下去，围绕之前宣布的演讲方案，皮尔士取得了显著进展。一月中旬写给妻子的一封信可以证实这一点。一切似乎都在按照皮尔士提出的计划进行。詹姆斯回复，他已经将皮尔士提供的各讲题目送去了布拉托大街 168 号的简斯博士（讲坛主席）处，总标题为"涉及至关重要论题的一些彼此独立的思想"，说还可能要增加第八讲。詹姆斯对于计划中似乎没有偶成论和连续主义而感到失望。他报告说，他已经送去了 100 美元的支票。最为重要的是，他指出："演讲稿已收到，但我一直没机会去看，由于我现在很忙（而且也很累），我将粗略看一下并在几天后把它们还给你。"

皮尔士在1月20日写信确认收到了支票,并建议把2月3日或7日作为首讲日期。他同时请詹姆斯想办法为他找一个临时住处。21日,皮尔士给詹姆斯写信对他要求讲稿中出现的偶成论内容作了注解:

> 关于我讲稿中涉及的偶成论和连续主义,我希望不要再对前者多讲些什么,因为我想要被人清晰地理解:我是一位彻底的连续主义者,而只是因为偶成论乃连续主义的推论,我才算是一位偶成论者。
>
> 关于连续主义,只要有人想听,我讲多少场都很乐意。但是,首先一点,将这种学说或任何哲学视作"至关重要性"问题,都是违背我的根本原则的,因此,如果要能插入一讲或几讲,我很愿意,不过要将称其为本次演讲课程的"附录"。其次,连续性是一个非常棘手的概念,是所有概念中最棘手的**那一个**。迄今为止,最易于理解的处理方式是借助于几何学。我可以花上一讲或多讲来谈连续性本身以及如何对其进行推理、如何将此种推理模式应用于形而上学(这绝对是新东西,很值得每一位哲学家去考虑)。即便是完全的初学者,我也有能力让他从中受益。只是他必须不能厌恶数学化内容。

在21日的另外一封信中,皮尔士告诉妻子说,他就要在当晚完成他的第五讲了。他似乎也显示了一种准备庆祝的心情,因为他问道:

> 在你拿到这100美元后,请送给我**雪茄**和**茶叶**,好吗?我的工作进展得很顺利,我想目前还是不要想着来改正我的习惯。因为那样带来的不快会毁掉我在做的事情。在突然获得那一大笔钱之后,你寄给了我2美元,还有5美元。我昨天饱享了一份哈扑(Happ's)肉馅饼和一块美国干酪。我甚至想到

要来一点威士忌。自从到此以来，我只在最近痛饮过一回威士忌。那是在上个星期天，来这里买这块地的人请我喝了一回。但是我当时就决定我不能陷于这种奢侈。

皮尔士欢乐的幸福感持续到了第二天，他又向朱丽叶寄出了一封信："你猜昨天发生了什么？我洗脸了。我现在经常洗手，而且梳头很勤，有时同一周内梳两次头。"

但是，詹姆斯23日的一封来信让事情猛地一变，使得皮尔士对于经济状况的兴奋与整理头发带来的光彩突然中断。这封信只有一部分保存了下来。

我昨天向你寄去了第一讲，但一直太过于"发奋努力"，直到现在才想起写点什么。我将在明天星期一把其他三讲以快件寄出。

演讲只要不在2月7日开始就好，或者下周四或五开始演讲，也好。

在快速读完稿子之后，我急着想说上几句——怀着恐惧，胆战心惊，犹如在一位脾气暴躁的名人面前。

1. 在我看来第四讲堪称样板，通俗演讲就应该是这样子。只是有点单薄了（如你所言）。它以一种热诚友善的方式确立你的思想"风格"，联系到了众人已经熟知的许多东西。假若能将其作为第一讲，它定会吸引所有听众（无法抗拒地）接着来听后面的演讲。

因此，我想说的是：我双膝跪地向你哀求，第一讲务必**先讲这篇**，而不要讲你写的那一篇。后者满是对于听众的"不逊之辞"，处处都显得似是而非，我有点担心它会产生相反的效果。

所以，我不明白为何你不能重新回到以前的题目"事件的逻辑"。至于原来第一讲中一些比较重要的部分，你可以放在其他地方去讲。我认为你在情感类（Sentiment）论题和思想类论题之间的区分很有意思——虽然这听起来有点奇怪。

信件在此处遗失了某些部分，幸好结论部分尚存：

我得说，你的视界如此宏伟，令人眩晕！祝你事业好运！

皮尔士于 26 日回信，心情好得令人惊讶。但他婉言拒绝（以戏谑的方式）重新回到原来的题目。

亲爱的威廉：
你 23 日的信件被邮局误投了。我今天早上才收到。
你想要的所有修改，我将尽可能去实现。很难说有什么东西是关于"事件逻辑"的。这个演讲课程或许可称为"通往事件逻辑的一些线索"，因为在课程中有许多东西都是不经意地渗透进来的。我认为第四讲作为第一讲之后得重写。这必须有神迹出现才行。旧的第一讲可以重新来写，安排在课程结尾处的某个地方。我将尽力减少其中让人感觉奇怪的地方——虽然它不应该被认为是奇怪的。增补的两讲可以是"连续性法则"和"事件逻辑"。
这个课程或许可采用这样的标题：
"事件逻辑及相关论题"；
"事件逻辑前言"；
"论事件逻辑的边缘问题"。
切记，总共有八讲，我们将在 2 月 9 日到达为我们安排的寄宿处。

你喜欢的那一讲，我之所以说它"单薄"，是因为实质上其中的内容全部涵盖在柏拉图那里了。至于"众人已经熟知的许多东西"，或许你是在暗指莫里森演说。我曾对莫里森演说提出过建议。

当然，"推理训练"一讲不像是事件逻辑。不过，"时间与因果"却是在谈事件逻辑。它是所有之中最纯粹的部分。毫无疑问，它谈得也太过于集中了。我将尽力把还未写好的四讲（包括之前写的第四讲）做得完美一些。

我必须争取所有可能的时间。我准备写信给简斯博士约定2月10日作为第一讲日期，告诉他是你说可以这样安排的。

他提到的莫里森演说是指皮尔士的朋友和商业伙伴乔治·沙特克·莫里森（George Shattuck Morison，1842—1903，哈佛1863届毕业生）在哈佛发表的1896年斐·贝塔·卡帕（Phi Beta Kappa）演说。毕业后，莫里森先是进入法律行业，不久又转向土木工程。在那个时候，他可算得上世界一流的桥梁设计专家。在1896年6月2日写给皮尔士的一封信（MS L 300：41）中，莫里森提到："今年我要在剑桥进行斐·贝塔·卡帕演说。一位工程师要做这样的事，或许相当显得奇怪。如果我在谈到大学时窃用了你的一些想法，我希望你能原谅我。"皮尔士为《世纪词典》写过"大学"词条，该词条不同寻常地把大学描述为"为着研究之目的的人的联合体"。这种定义及皮尔士有关大学的其他思想，我们确实能在莫里森演说中清晰地看到。[18]

大约在给詹姆斯写完信的第二天，皮尔士给妻子去信，袒露了他对其朋友暗藏的态度。

我最可爱的妻子：我送给你那份电报，是由于昨天收到一封信说演讲必须在 2 月 3 日开始。但那辆送出电报的马车今天早上带来了另一封信,说演讲不必在 10 日前开始。因此,既然我极为需要时间,我便将演讲推后了一周。我在第六讲上费了好大劲,不过今晚就可以完成了。今天这封信把我演讲的主题完全改掉了,这迫使我去重新写出三讲(其中之一是第一讲),它们全都得改!你听到过像这样的事情吗?昨晚下了一场很大的雪,而且我必须趁热打铁完成那棘手的第六讲,这些使得我不能外出。我也没有时间去读你刚寄来的两封信。你明白这些演讲至关重要,我整日整夜地都在忙这件事;但等今晚第六讲完稿之后,我将去处理个人的事情,然后再去写第一讲。这个差事要比你所想的更加艰巨。

29 日,皮尔士先后寄去两封给詹姆斯的短信,提到了对于妻子(她仍在纽约)的焦虑,请求威廉寄来 50 美元充抵演讲所得,而且依旧担心不能找到人来照看米尔福德的房子。然后,他对于讲稿的准备情况作了一次进度报告。

我发现我可能无法严格照你渴望的去做。但是,我正在重写第一讲,已经完成了一半。这次明显没有了奇怪感觉,相反,非常的清晰,也没有讥讽任何的人或机构。总而言之,是按照你的意见写的。

别忘记了寄钱[给朱丽叶]。因为我写好了演讲课程的四分之三。五讲已经完成,一讲做了一半,还有二讲已经付出了大量工作,可以相当于半讲。

30 日,皮尔士似乎已经开始看到了曙光。因为就在那一天,他愉快地向詹姆斯报告了以下内容。

亲爱的威廉：

我现在已写好了我的第一讲,我确信当你听到时你会承认它远比"逻辑学的第一规则"那一讲要好。任何的个人抱怨以及对校方现状的指责,全都被删去了。至于数学教育方面的建议,我所说的全部不过是5个单词组成的一句话"这里有教训"(There is a lesson there)。

至于那些让人感觉奇怪的地方,由于学说本身保持不变,它们实际上并未被触及；不过,我已经将它们说成了著名哲学家众所周知的学说,它们让人感觉矛盾的那些特征几乎完全掩盖了,因此我认为整体上并不显得奇怪。

我对于演讲主题的处理方式有着很大不同。我认为它将被发现极为有意思,同时又显得新颖、有独创性。它总是能把思想落实到具体历史上。

我原曾想刻意地迎合你。但你看到演讲课程的逻辑被弄得错乱不堪,不会高兴的。此种逻辑对于开头的这一讲提出了强制性要求,而若开头要讲其他的,演讲主题的处理方式必须得彻底改变,我很可能无法做到。

我现在有六讲写完了,其中第二讲和第三讲是最差的。

整个课程已得到了极大改进,我上次对于演讲主题的修改赋予了演讲统一性。虽然它还没有具备我最初打算使其具有的那种系统性,我确信,比起我最初希望的那种完整的统一性,如今的演讲更适合听众……

我在第一讲中加入了一段话：演讲主题曾变动过,而这造成了我时而偏离当前主题。

讲稿还在进展中。因为,31日,查尔斯给他的妻子写信说他完成了第一讲以及第七讲的大约四分之一。在这个时候,演讲课程的正式通告已经发出了。

2月早些时间,皮尔士从米尔福德离开,大概是已经解决了房子照看人的问题。到达剑桥后,他收到了在詹姆斯家共进晚餐的邀请:

> 昨晚回到家中。我得知你也到达了——独自一人。请今晚过来共进晚餐,如果你能在6:30到,我会邀请罗伊斯。

11日,在剑桥贝克莱大街3号的住处,皮尔士去信告知朱丽叶他的第一讲"昨晚讲得很出彩"。很明显,整个系列接下来也很好,结局很开心,因为查尔斯在3月6日向朱丽叶报告说:

> 我的演讲现在只剩下一讲未完成了。前面的演讲很受欢迎。第七讲似乎最能激起大家的兴趣。他们安排了一个哲学家聚会来接待我,但最早只能排在下周五晚。

有关演讲的这些观点和评价,在第二天詹姆斯写给皮尔士夫人的一封信中得到了反映。

> 整个系列的演讲今晚结束时很得体,带有一种非常有品格和打动人的结束语。从他人的好评来看,演讲非常成功,每一个人谈起它们时都带着高度赞赏;它们应该以某种形式被及早出版。我刚刚同罗伊斯一道步行回家,他充满了格外欣赏的眼光。

詹姆斯并非只是在向皮尔士夫人讲一些社交性的恭维话。他对于皮尔士的赞赏,显现在他3月18日写给保罗·卡罗斯的一封信中。

查尔斯·皮尔士刚刚在这里开过一个演讲课程,大获成功——某些部分深奥难懂,但总有些东西通俗而又鼓舞人心,整体上给你一种感觉,仿佛你就置身于思想创生之地。它们无论如何应该以某种形式得到发表。我确信其中有的内容可以改成几篇文章,在《一元论者》上刊发。故此,我建议你留意一下。我附上了一份皮尔士的计划给你……

1898 年 8 月 26 日,詹姆斯在加利福尼亚州的伯克利发表了论实用主义的著名演讲[19],这标志着皮尔士 19 世纪 70 年代早期在剑桥形而上学俱乐部内创始的学说开始为公众所知。[20] 罗伊斯在 1898 年之后的著作开始倒向皮尔士思想,这一路径在《基督教问题》(1918)中达到顶点。有人不禁要问:在詹姆斯和罗伊斯职业生涯以及实用主义本身的进程中的这些事件,是否并未受到皮尔士 1898 年剑桥工作的影响。我们持有的假说是,皮尔士在剑桥讲坛的演讲的确曾产生了这种效果。

现在,全部演讲首次得以出版。詹姆斯希望它们得到准确无误发表的愿望,终于得以实现。我们希望,此书可以推进对于我们上述历史假说的研究。此外,包含于这些演讲之中的思想观念现在有机会得到考察了,由此它们在思想史上的地位可能会稳步提高。

皮尔士的连续性

本节试图解释一个概念,它不仅对理解本书这些演讲很重要,而且对理解皮尔士基本上所有的宏大形上学规划也很重要。这就是连续性(continuity)概念。

在本书这些演讲中,皮尔士说过,他希望称其形而上学为连续主义(Synechism),因为"它建基于对连续性的研究"(第八讲)。他还在第七讲中提到:"过去十五年中我所做的全部工作"就是"试图将宇宙间的全部行为"归并于这一个连续性原则之下。然而,如果有人对于连续性的理解就像今天在数学意义上理解它那样,只是有关某种函数、弧和线的一个经过充分阐释、明确界定的属性,那么他就完全误读了皮尔士的说法。确实,皮尔士自己的连续性概念开始于对于线的"连续性"的一种形而上学—数学分析,但终究是对于"线"之连续性概念的一种重要概括,其用法完全出乎20世纪读者的意料。根据皮尔士的理解,所谓连续性的形而上学,并非仅仅或主要是指:这种形而上学坚持认为在自然界中存在无数重要的连续统,或在物理学中存在无数重要的连续性函数;作为一种形而上学,它认为理想化的连续性就是不可穷尽的创造可能性。我们希望解释一下有关连续性的分析何以使得皮尔士有这样的认识。

如果以下解释与你的期望相比显得太过于数学化,这至少有一种理由,即皮尔士本人当初在剑桥讲坛演讲时本来就希望可以更加技术化一些。无论如何,我们希望下列讨论是皮尔士本人乐于看到的那一类东西。

皮尔士的"形而上学猜想"(metaphysical speculations),如他所称,其特征是不仅在义理上富有原创性和深刻性,同时也带有精确的技术细节。如果不重构那些细节,我们就无法理解其形而上学。可以设想,我们的大多数读者并非数学家。由于有些人可能对上学时学过的数学知识已经"生疏",一开始先简要回顾一下我们在初等数学中学过的连续统,也就是线。

线与实数同构。这种关于线的观点形成于19世纪,在20世纪时基本上已成为数学上的唯一观点,或者至少可以说,在所谓"非标准分析"的那种东西在最近出现之前都一直是唯一观点。因此,让我们来回忆一下何谓实数。

首先,我们一定都记得什么是有理数。有理数就是日常语言中我们所谓的分数,如2/3或-31/10。实数就是有理数再加上所有可表示为有理数序列之极限的数。遵循19世纪数学家卡尔·西奥多·维尔斯特拉斯(Karl Theodor Weierstrass)的做法,我们可以解释何谓收敛的有理数序列,而不采用实数概念;就是说,我们可以根据有理数序列本身的内在属性来界定收敛概念。我们不说"实数乃有理数收敛序列的**极限**(limits)",而是把实数等同于具有适当等价关系的、有理数收敛序列的**等价类**(equivalence classes)。《数学原理》之类的形式化数学系统中,就是这样做的。譬如,2的平方根是序列"1,1 + 4/10,1 + 41/100,1 + 414/1 000……"的极限,因而是一个实数。所有能以小数形式表示的数都可以这样,无论小数点后的数位是有穷还是无穷。

笛卡尔教我们使用字母表中的字母如 x、y、z 来表示线段长度,无论长度是否为有理数。或许正是由于这样,逐渐产生出一种假说,即在线上之点的系统和实数的系统之间存在着完全的同构。实际上,数学家们经常称实数系统为"实线"(the real line)。然而,对于几何线(此处应该这样称呼)与实数系统同构这一观点,皮尔士坚决反对。接下来,我们将讨论皮尔士的几何线概念。但是,讨论过程中需要我们同时涉及皮尔士的集合论以及他关于可能性的形而上学。

库尔特·哥德尔(Kurt Gödel)是我们时代当中一位伟大的哲学逻辑学家。我们不敢断定他的观点与皮尔士相同,但这里可以指出的是:他曾说过,[21] 至少在直觉上,如果你在某一点处将几何线分开,你总是相信线的两半会互为镜像。然而如果几何线与实数同构的话,就不是这样了。

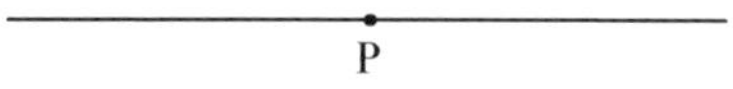

图 1.1

在 P 点处将实数划分为两部分,譬如说左半部分 L 和右半部分 R,这被称为"戴德金分割线"(Dedekind Cut)。(这一称法也适用于对具有下列四种属性的有理数划分。)既然认为这跟线的划分相符合,所以它具有这样一些属性:(1)L 和 R 非空;(2)如果一个数属于 L,那么每一个更小的数都属于 L;(3)如果一个数属于 R,那么每一个更大的数都属于 R;(4)每一个数都正好属于这两半之中的一个。有个定理可称为"戴德金分割线定理",它是说:无论戴德金分割线如何做出,总归是**要么**左半部分 L 有一个最大数,**要么**右半部分 R 有一个最小数(但是显然不能二者同时为真,因为那样的话,两部分都不可能包含处于 L 中最大数和 R 中最小数之间的那些数了)。戴德金分割线——对于实数的一次任意"划分"——所产生的两半部分并非互为镜像。因为如果它们互为镜像的话,那么若 L 没有最大数则 R 也将不会有最小数(根据戴德金分割线定理,而这是不可能的),并且若 L 有最大数则 R 也会有最小数(正如刚刚所指出的,这也是不可能的)。倘若几何线与实数系统同构,那么当我们在 P 处划分线时,我们必定要么将点 P 自身包括进了右半部分(而不能同时是左半部分,由于"划分"是一种**排他性**事情),要么将点 P 自身包括进了左半部分(而不能同时是右半部分)。于是,基于此种划分所产生的"半截线",其中之一会有端点,而另一个会成为一条"开放"的半截线,一条没有端点的半截线,而且这两条半截线不会互为镜像。

但是,哥德尔何以会想到几何线可能并不遵守戴德金分割线定理呢?我们不能确定地回答,但有一种非常古老的观点,它一定为哥德尔所知道,很有可能处于他的推理背景之中。这就是亚里士多德观点,即认为点不过就是线在义理上的分部。

初看上去,似乎皮尔士不可能具有亚里士多德式的线的概念,因为他的确在至少一个地方说道:线就是"点的集合"。我们后文将论证,除术语之外,皮尔士的观点在广义上属于亚里士多德式的,尽管其中许多要素还未出现在亚里士多德那里。同时我们将论证:皮尔士之所以可能将亚里士多德原理结合到自己观点中去,是由于他所具有的一种特定的"集合"(collections)概念。但这超出了我们当前的讲述进度。现在,我们继续来谈亚里士多德。如果我们采用他的观点,线就是一个不可还原的几何对象,而非由什么更基本对象得来的一种集合体。如果一条线被分为两部分,其结果也就是这样:线被分为两部分。而且这两个部分互为镜像。根据亚里士多德观点,去问划分点属于哪一半,这是毫无意义的。(当然,这里是站在亚里士多德的立场来回答一个现代问题;亚里士多德本人并未考虑过这样的问题。)对他来说,点并**不属于**线,尽管位于线之上;换句话说,点就是线的分部(就线段和带有端点的弧线来说,同时还是线的终结)。为了在阐述亚里士多德观点能够便于同皮尔士观点进行比较,我们这里考察的不是直线,而是直线区间(图 1.2a):

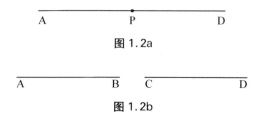

图 1.2a

图 1.2b

假设我们在点 P 处划分直线区间,然后将右半部分右移一小段距离,把断开的两半分离开来(图 1.2b)。对于线段如此右移,一定不能根据现代观点当然地认为那是由一点集向另一点集的一对一映射,而是要将其视为一种原初的、不可化归的几何变形,大概就像欧几里得那样。在图 1.2a 中,端点 A 和 D 不能被视为线段 AD 的**元素**(members),它们不过是因为"我们所构造的对象**在那终止**"这一事实而标出的位置。图 1.2b,又怎样呢?原线段 AD(还未被移动时的)的左半部分仍旧有两个端点。在亚里士多德看来,没有诸如"开放的"直线区间之类的东西;直线区间作为直线区间而存在,单凭这一事实好像能"界定"其端点。它们是直线区间本身的抽象属性,谈论没有端点的直线区间是毫无意义的。我们再来看原线段 AD 的右半部分。它现在已变为右边的线段 CD。此线段的端点同样是线段自身的抽象属性,而并非线的"元素"。C

是从哪里来的呢？C 最初是 AD 两部分的划分点，也就是说，C 最初为 P。而 B，左半部分的右端点，现在是最初那个 P。经过划分并分离线段，造成点 P 也被分为两个点，或者也可以说，经过进行此种几何变形，造成原来的点 P"被映射"到了两个点上：在这种变形之下，它是自身的镜像，而同样也可说它的镜像是 C。按照皮尔士在第三讲中对于此种构设所采用的说法，点 P"变成了"（become）两个点 B、C。（皮尔士例子的不同仅仅在于：他当时考虑断开的是一条封闭曲线而非线段。）

虽然皮尔士对此类情形的论述可以根据亚里士多德观点得到理解，但皮尔士在第三讲中所考虑的另一情形似乎并不能根据这样的观点来理解。（同样地，皮尔士考虑的是曲线而不是直线，但像"直"这样的"仿射"属性跟现在的讨论并不相干。）设想以下情形：我们由一直线区间开始，不是要在中间把线分开，而只是抓住右端点将其向右移动一小段距离，如此便得到：

图 1.3

如此构造，在皮尔士那里是可以理解的，但对于持亚里士多德观点的人来说似乎并无意义，因为它不把点处理为线的抽象属性，而是将其处理为线的一个真实的几何部分。但对于皮尔士来说，这种情况同样还是一点"变成两点"。不过，现在我们还是让皮尔士自己来说吧。

第三讲中，皮尔士说了许多从今天的数学思维来看显得十分古怪的东西。然后，皮尔士要那些认为他不理智的人来证明他如何实际上自相矛盾。更糟糕的是，非常容易就能看出他确实自相矛盾了。

根据皮尔士的观点，如果图 1.2a、1.2b 中显示的变形颠倒过来，那么 B、C 两个点就会再变成"单独的一个点"。任何一位持亚里士多德观点的人基本上也都会这样说。但持亚里士多德观点的人不会说 B、C 在重新"变成单独一个点"后**保持原有的次序**。皮尔士说，一个点——

可爆发出任一离散量的任意多个点,而它们在裂变以前一直是同一个点。点会飞逸而出,它们的数量和次序就像 0 和 1 之间所有实无理量那样;**也许**(might)它们整体上会呈现出直线上的那种演替次序。人们会说这是自相矛盾。可情况并非如此。如果是这样的话,就得证明一下。关系逻辑是证明任何自相矛盾的东西确实为自相矛盾的极好工具,但这一工具不仅没有表明这是自相矛盾的,而且反过来证明了情况并非如此。

我们假设"裂变"中只有两个点飞逸而出。令"在裂变前为同一点"的这两个点为 B、C。可以想象,会有这样的裂变发生,譬如,就在图 1.2b 描述的变形情况下,一个点已"变成两个点"。裂变后的 B、C 次序是:B 在 C 之左,而 C 却不在 B 之左。假设 B、C 在飞逸而出以前(这时它们"一直都是同一点")具有"直线上的那种演替次序"。这等于也假定了 B、C 即使在图 1.2a 中(这时 B、C"一直"处在同一点 P 上)也具有这种次序。于是,在这种情形下,就有了如下事实（xLy 读作"x 位于 y 之左"）:

$$BLC \ \& \ -CLB \ \& \ C = B$$

但这在带等词的谓词演算(它显然是皮尔士关系逻辑的一部分)中**确实是**一种矛盾。难道皮尔士在 1898 年丧失理智了吗?

然而,首先一条,对于符号化的此种推理,即如果 C、B"处于同一点"那么此时的情形就是 C = B,我们应该表示怀疑。因为,不妨想想以下说法:印度比巴基斯坦大,巴基斯坦并不比印度大,当它们仍旧是同一国家时巴基斯坦和印度就处于这样的关系之中。如果我们对于此命题(或者,我们可能认为的它的一个后承)作如下符号化处理(i 读作"印度",p 读作"巴基斯坦","xLy"读作"x 比 y 大"):

$$iLp \,\&\, -pLi \,\&\, i = p$$

那么,我们就产生了关系逻辑中的一个矛盾式。但是,在 1940 年,我们现在所谓的印度和巴基斯坦真的是同一国家,而且当时印度还比巴基斯坦大。在这样的句子中,所谓"A、B 是同一国家"意思是指:A、B 同为一个国家的部分。这是一个等价(equivalence)关系,但并不是同一(identity)关系。一旦我们认识到"印度和巴基斯坦在 1940 年为同一国家"(在此种用法下)并非是指印度和巴基斯坦在 1940 年是同一的,那么我们就能明白关于印度和巴基斯坦的那些命题是协调的。

同样,假若认为我们通常所谓的"点"在某种意义上可以具有**部分**——我们这里将论证:这正是皮尔士所相信的,那么,皮尔士那些说法之间的"矛盾"也就消失了。B、C 是独立的**点部**(point parts)。它们之所以变成彼此独立的点,是由于移动了线段 CD。根据这里提出的对于皮尔士观点的解读,在线段移动之前,它们乃我们通常所谓同一个点的部分,但它们已具有这样的次序:B 位于 C 之左,而反之却不行。

顺便提一下,需要注意:在皮尔士表述此种悖论时,他说的是"这些点一直**处在**同一点",而"="并非自然就是对"处在同一点"(being at one point)的符号化,尽管它对于刻画皮尔士用到的另一说法"一直是同一点"(having been one point),的确显得很自然,明显可以互换使用。当然,还有另一个问题。在皮尔士的讲话中,多个事物似乎可以在某一时间具有同一关系却在另一时间不具有同一关系。然而,在关系逻辑中,正如在今天的谓词演算中,同一是作为一个无时态的关系来处理的。不过,假若即使是多个点"处在同一点",它们也并非同一关系,那么这个问题就消失了。

皮尔士并没有明确使用任何"点部"之类的概念,我们有什么理由将其强塞给皮尔士呢?

皮尔士在这一组演讲中虽未明确这一点,但我们可以从他别的著作[22] 获知他相信无穷小的存在。实际上,就在这些演讲中,他多处谈及一些内容,直接暗示无穷小的存在。其中包括几何上的无穷小,即有一些直线区间,其长度不为零,却小于任意的正实数长度。譬如,在第五讲中,皮尔士非常清楚地表示他相信无穷小的存在,他提到:一种常见的谬误形式就是把每一集合都看作好像是有穷的一样。紧接其后,他继续说:

> 这种谬误有着更加精致的形式,包括欧几里得的假定,即每一整体都大于其部分,还包括有关极限学说的一种推理:它认为,有一个量,倘若不为零,暂且令其值为 E,如果我们进而能表明该量的值小于 E,那么,我们便可以证明这个量为零。这里真正得到证明的一点是:该量的值小于任意被选量 E(通常为一个有穷量)的值。这个真正得以证明的命题,言之**过轻**;而那个被认为得以证明的命题,却言之**过重**。

皮尔士在此称之为谬误的那个推理是:从证明一个量小于任何有穷量,便得出结论说,此量为零。此推理出现谬误的唯一情况就是:有可能存在小于每一有穷量的量,但却并不为零,也就是说,有可能存在无穷小。

实际上,无穷小曾经在数学中很流行,但在 19 世纪逐渐停止使用。在亚伯拉罕·罗宾逊(Abraham Robinson)[23] 等人的影响下,它们已经得到复兴。现在,我们有了一种形态完备的理论,叫做非标准分析,它可用于构建其中真正存在无穷小的数学模型。

为了理解无穷小的存在与我们一直都在讨论的问题的相关性,不妨假设直线上某处存在一个无穷小线段,就是说,一个带有端点的线段 AB,其长度为无穷小。令 P 为直线上任意的另一点。根据欧氏几何学公理,我们可以找到两个点 P′ 和 P″,使得:P′ 位于 P 之左,P″ 位于 P 之右,而且,区间 P′P 和 PP″ 都与区间 AB 叠合。简言之,假若直线上即便只有一个无穷小线段，那么就会有起始于任意点的多个无穷小线段。直线的所有部分，都具有相同的结构。在非标准分析下，我们说两个距离为无穷小的点 P、Q 是"同模的无穷小"（identical modulo the infinitesimals），我们用波状等号将此符号化为：$P \approx Q$。如果 P 是一个点，所有使得 $P \approx Q$ 的点 Q 的集合被称为 P 的**单子**(monad)。可以证明（忽略距离无穷大的点，[24] 如果有的话）：每一个点都一定存在于一"标准"点的单子里。所谓标准点指的是：与原点相距（假定我们已经任意地挑选好了原点和长度单位）一个（标准）实数的点。为了认清这一点，令 P 为直线上并非标准点的任意一点。我们将直线上的全部**标准**点分成两部分：位于 P 之左的(L)和位于 P 之右的(R)。根据戴德金分割线定理，要么 L 具有一最大元素，要么 R 具有一最小元素，而由于 L、R 是对**标准**点的划分，具有这些特征的点本身也都是标准的；姑且称之为 P°。在 P 和 P°之间不存在任何**标准**点；因为如果 P°是 L 中最大元素，那么任何位于 P 之左的标准点都处于 L 之内因而是位于 P°之左或与其同一（同样地，假若 P°为 R 中最小分子，而且有某个标准点处于 P 和 P°之间，我们也会得到矛盾）。但是，每一个有穷长度的区间都包含着标准点。因此，区间 PP°必定具有小于有穷的长度，就是说，它必定是无穷小。所以，如果存在任何非标准点的话，它们必定全都在标准点的单子内。

现在我们可以对皮尔士第三讲中表面上不理智的文字提出这样的解读。假设皮尔士那里所讲的观点是：我们通常所谓的"点"实际上都是单子。虽然这并不能解释皮尔士在第三讲中所提到的全部内容，但它确实能消除皮尔士本人所提到的那种表面上的"自相矛盾"。根据对于皮尔士意思的此种假设，在本节余下部分，我们将把直线上个体的点称作"点部"，而"点"这个词将用来指单子。按照此种语言用法，皮尔士所要告诉我们的是：在单个点之内，我们可以找到至少 c 个不同的点部（这里 c 是实数集的幂）。这是对的，因为假若即便只存在一个无穷小区间 AB，那么，对于每一个正实数 r 来说，都有一个无穷小区间，其长度是 AB 长度的 r 倍。（当然，对此证明需要某种几何学上的假定。）不难表明，在一个单子范围内，我们可以找到一组点（点部），其次序完全如 0 和 1 之间的实数次序一样——根据我们所提出的解读，这正是皮尔士所主张的观点！

于是，皮尔士的做法是：首先想象一次变形，经过如此变形之后，那些点部飞逸而出，但它们的相对次序并不改变，即它们可以映射到具有 0、1 间实数那样次序的离散点（离散的单子）之上。皮尔士认为，甚至在变形以前——就是说，甚至当那些点部为单个点的部分（"位于"单个点）时——它们就已经有着同样一种次序。根据我们这里所做的重构，他说这种观点毫无矛盾，那是非常正确的。

如果有人想知道我们何以知道皮尔士的确相信**几何上的**无穷小的存在，一种恰当的回答似乎是：第三讲本身就明确暗示它们的存在，尽管皮尔士当时并未为他的非专业听众得出这样的结论。因为皮尔士在这一讲中**的确曾**强调过：直线上点的基数远比 c 要大；也就是说，他声称：直线上的点是比实数更高一层的无穷。这意味着在直线上存在非标准点，因而存在无穷小。

皮尔士提到了乔治·康托尔（George Cantor）的无穷基数。（他指出：1890 年之后，康托尔的工作才开始普遍为人所知。）遵循康托尔的做法，皮尔士界定了何谓两集体（collections）①具有相同基数（势），并给出了康托尔证明：任一给定集合的全部子集所组成的集合，与该集合本身相比，具有更高的势。他还借用康托尔的术语"denumerable"（可列的）来表示一个无穷集体"具有与全体整数集合相同的势"。康托尔的研究工作还告诉我们：全体实数集合所具有的势，等同于由所有整数集体所

---

① 皮尔士集合论中，经常采用"collection"来表示"集合"这个基本概念，与通常所谓的"set"类似但不尽相同。为在译文中显示此种区分，本书把"collection"译为"集体"，而"set"译为"集合"。——译者注

组成的那个集合的势；于是，根据康托尔证明，全体实数集合是nondenumerable（不可列的），或如皮尔士所说，"abnumerable"（非可数的）。①

皮尔士在第三讲和第八讲中非正式提出的集合论，与恩斯特·策梅罗（Ernst Zermelo）和约翰·冯·诺伊曼（John von Neumann）两人的集合论有相似之处。就像这二人的集合论一样，在它所设想的集合世界中，集合的排列方式似乎[25]为累积性的类型。之所以称之为"累积性的"（cumulative），是因为与罗素（Betrand Russel）的类型不同，在策梅罗-弗兰克尔-冯·诺伊曼集合论（Zermelo-Frankel-von Neumann set theory）中，每一类型（type）——冯·诺伊曼的用词为"阶"（rank）——都包括进了全部的下级类型。为了理解皮尔士的演讲，我们可以设想这个世界上的个体为有穷基数（finite cardinal numbers）——皮尔士的用词为"有穷量"（finite multitudes）。不妨把全体有穷量的集体称作 N，并设 N 为 0 阶。接下来，由 N 全体子集组成的集合——即全体有穷量集体的集体——再并上 N 自身，就是 1 阶集；而由全体 n（n>0）阶子集组成的集合，则是 n+1 阶。0 阶是可列集，而 1 阶集的势，为上文所说的 c，或如康托尔所说，为 $2^{n阶势}$。皮尔士（非正式提出的）集合论与冯·诺伊曼集合论的一个相似点是：除包括这里所谓的"集合（set）"——皮尔士的用词为"离散个体的集体"（collections of discrete individuals）——以外，皮

---

① 现代汉语中所谓的"可数集"在历史上乃至今天一直有其他不同的英文拼写形式，譬如，"countable（set）""enumerable（set）""denumerable（set）"，等等；相应地，"不可数集"有时也在英文中记为"uncountable（set）""nonenumerable（set）""nondenumerable（set）"，等等。在当代数学中，通常把凡是与自然数集的某一子集等势（即具有相同基数）的集合称作"可数集"（英文拼写多为 countable），否则就称为"不可数集"（英文拼写多为 uncountable）。根据这种定义，可数集可以说无穷的，也可以是有穷的。但有时"可数集"（countable set）专门用来指能和自然数集本身一一对应的集合，即仅限于无穷可数集。这里普特南提到的康托尔所用的"denumerable"，就是这样的用法。为区别起见，我们把通常含糊所指的"countable"译为"可数的"，而把康托尔的那种与自然数集等势的"denumerable"译为"可列的"；与之对应，康托尔的"nondenumerable"译为"不可列的"，而皮尔士自己有别于康托尔"nondenumerable"的那种拼写法"abnumerable"则译为"非可数的"。——译者注

尔士还允许有集合之集体(collections of sets),它们本身并不出现在集合分层中;譬如,所有各阶集的并集(称为V)是一个集体,但并不是"离散个体的集体"。在冯·诺伊曼那里,存在着远比皮尔士那里更多的阶,因为冯·诺伊曼有一系列的阶:0阶、1阶、2阶等等,直至超穷阶。但跟在皮尔士那里一样,对于冯·诺伊曼来说,其集合论所认可的所有各阶集的并集是一种特殊的集体:冯·诺伊曼称之为"真类"(proper class)。"真类"指的是所有那些其本身并非集合的集合体,也就是说,它们本身并不属于任何一阶。

由离散个体集体所构成的全体域(本节这里称为V),其基数被皮尔士看作是一种特殊的基数(称为Ω):这个基数本身不是集合,而只是V中基数的一种理想极限。

47　　事实上,在皮尔士非正式地提出的集合论中,他曾说过:直线上点的数目(multitude)不仅比c大;它比任何集合的基数都要大。其实,它类似于全体域中集合("离散个体的集体")的数目。倘若我们把集合全体域的基数称作Ω,直线上就有Ω个点!

而假如直线上有超过c个点,那么,直线上几乎所有的点都是"非标准的"。但是,正如我们已经指出的,每一个非标准点一定位于标准点的"单子"内。因而,我们至少可以暂时认为,皮尔士的连续统(continuum)包括各个标准点以及它们单子中所有的非标准点。实际上,在每一个标准点的单子之中必定有Ω个非标准点!

我们这里对于皮尔士连续统观点的重构,仍然还不完整。

为了确定皮尔士的观点是什么,我们还得看看他何以如此接近之前所说的亚里士多德观点。首先,需要对之前的评述作出几处修正:虽然我们为解释皮尔士的直线概念而运用到了当代非标准分析的术语,但这样的术语在某种意义上很容易误导人。当一个人进行非标准分析时,他的做法是:先通过增加无限接近于标准实数(以及无穷非标准实数)的非标准实数来扩充实数系,然后假定非标准的几何线与非标准实数同构。但这根本不是皮尔士的观点。皮尔士没有说过要将非标准数增加到实数系统中。他提出的只是：在几何线上存在非标准点。这意味着：去问某一单子中哪一个点才是**那个**标准点，在皮尔士那里是毫无意义的。根据他的(本节所重构出来的)观点，在我们日常谈论直线上的点时，我们所指的都是单子(而有时是单子之部分，譬如当一个点"变成两个点"时)，而根本不是点(本节这里被称为点部)。初看上去，实数提供给我们的确实全都是点。但是，当我们开始划分这些点从而构造出非标准的点部时，就不是那样了。

但这超出了我们的论证。当前，关键是要指出：我们应该认为组成直线的是可以与实数建立一一对应关系的单子，它们每一个都包含 Ω 个潜在的点部。(我们很快可以清楚看到：称它们为**潜在的**点部，是什么意思。)在某一指定单子范围内，没有哪一点部比单子中的其他点部更为"标准"。这种观点与我们今天在非标准分析中持有的单子观念很不同。对应于"$x = 2$ 的平方根"的单子可以分成 Ω 个点部，但这些点部中没有一个是**那个**"$= 2$ 的平方根"的点 x。

讲这些东西并不是要对皮尔士作进一步解读，而是要从我们早前的说明中**除去**由于使用非标准分析观念而引入的某些无关成分。

现在，我们回到图 1.2a、1.2b 中的亚里士多德式例子。对于熟悉非标准分析的某个人来说，引入无穷小似乎并不会使我们更接近亚里士多德观点。因为，在今天所建构的非标准分析中，转移原则(the Transfer Principle)成立。这个原则说：所有没有明确含有"标准"和"非标准"用语的普通数学(带有普通的连续统概念)定理，在我们把非标准成分增加到直线上或实数系统后，都继续成立。换句话说，无论数学家是用标准分析方法还是用非标准分析方法来证明定理，这并没什么差别；如果一个定理可用非标准分析得到证明，那么，即使有人并不相信真的有无穷小，该定理仍会是有效的。然而，皮尔士在任何地方都未表示过接受这个转移原则。我们之所以要讨论转移原则，其理由是：如果转移原则是真的,那么,戴德金分割线定理必定既适用于标准直线,又适用于非标准直线;就是说,即使我们引入无穷小,情况依然是:当我们划分直线时,分成的两半不会彼此互为镜像。现在,皮尔士并未明确说他接受了这个亚里士多德的直觉,即分成的两半彼此互为镜像,但我们似乎没有理由**怀疑**他就是这样想的,因为他确曾认为(图 1.2b 中的)AB 和 CD 二者都有端点。

有鉴于皮尔士的观点,这时,我们可以作出以下合理的猜想。假设当我们在点 P 处划分直线时我们实际上所做的就是把 P 的单子分为两半。位于 P 之左半单子内的点变成了左半部分直线的新"端点"(在图 1.2b 中变成了点 B),而位于 P 之右半单子内的点(如果经过变形将直线这半部分右移,则是那些点的映像)变成了半部分直线的新"端点"(变成了点 C)。于是,正如皮尔士所断定的那样,AB 和 CD 将仍旧具有两个端点;而且(尽管这肯定与转移原则不相容),还有可能 AB 与 CD 是彼此互为镜像的。

不过,仍存在一个问题:即使有某些直线划分所产生的两半互为镜像,但怎么可能**每一次**直线划分都具有这种性质呢?为何直线的划分法不能是:将 P 之单子以及 P 右侧间隔某有穷量的每一个点置于划分后的右半部分,而将所有其他点(P 左侧间隔某有穷量的点)置于划分后的左半部分?如此划分直线,似乎便能明确产生出两段,使得左边部分不包含最大"点",就是说,它不含有最大单子。这不仅违背了亚里士多德的直觉,也违背了我们所看到的皮尔士本人明确承诺下的许多东西,即如果我们划分直线或直线区间从而区分出两个线段,那么左半部分会有一个右端点。我们相信我们知道如何回答这个问题,但不足为奇,这要求我们在当前的论述中更加深入地触及皮尔士的形而上学,因为我们至此所讲的东西实际上并未涉及皮尔士的很多形而上学。我们只是提到了他相信直线上的点有着非常庞大的基数。特别是,我们至今还没有解释皮尔士的一种神秘观念,即当一个数目达到如此庞大之时,其个体就

丧失了独立身份(lose their distinct identities)。

让我们暂时回到亚里士多德式的观点。根据亚里士多德式的观点（同时也是根据皮尔士观点），我们可以认为图 1.2a、1.2b 中所示的变形造成两个点由单个点产生出来。不过，让我们来看图 1.1 所示的更简单情况。假设我们问一位持亚里士多德观点的人：是否在他划分直线之前就存在有点 P。当然，这位持亚里士多德观点的人会说："存在"（existence）这个概念是模糊的；他会说：在我们划分直线之前，P **潜在地**存在，但只有在我们如此具体作图之后，它才**实际地**存在。这接近于皮尔士在第三讲中的说法：

> 而线只是一个概念。它不过是它所显示的东西；因此，可以得出：倘若不存在任何不连续性，那里也就不会有独立点**存在**，也就是说，没有任何一点能绝对同所有其他点区分开来。

这表示：皮尔士与持亚里士多德观点的人一样，他们认为，点在某种程度上就是数学或概念处理（譬如划分一条直线，或标明一条曲线具有末端）的结果。确实，他也谈到了线是点的集体，但他在同一节中说："这条线上没有一个点具有独立身份，没有一个点能绝对同任何其他点区别开来。"我们曾暂时将这里的意思解读为：我们通常所谓的点实际上是单子，或点部的庞大聚合体(aggregate)。但何谓"庞大聚合体"呢？

在第八讲，皮尔士再三地将无穷集看作**潜在**的聚合体。譬如，他说道：

> 我们有一个全体整数集体的概念。它是一个潜在的集体，尚未确定，然而却是可以确定的。我们还看到：全体整数集体的数目比任何一个整数都大。

这些话意味着：皮尔士事实上具有了普特南（Hilary Putnam）在别处所说的"集合论的模态逻辑观"（modal logical view of set theory）。[26] 皮尔士显然没有将集合（或者"集体"）视为数学"对象"。他的语言暗示：我们**可能**（could）——当然不是在物理上或精神上，而是在逻辑的或"形上学"意义上的可能性——把自然数聚合起来，而且当我们考虑自然数集体时，我们所想到的就是这种可能性，而不是一个对象。在这一方面，皮尔士的想法就像直觉主义逻辑和数学奠基人布劳威尔（L. E. J. Brouwer）一样，但有一个非常重要的差别。皮尔士将线上的点和集合都同样看作概念构造过程的结果：或者是列出对象从而组成一个聚合体，或者是划分一条直线或曲线，或者是确定一条线段或曲线具有末端从而确立一个点。但差别在于这里：对于布劳威尔来说，**我们的有穷性**是无论何时都需要考虑到的条件。对于布劳威尔来说，设想完成一项无穷步骤的操作，这甚至不具有**数学**意义。皮尔士却没有这样的顾虑。对于皮尔士来说，完成无穷过程，这是完全可以设想的，只要此过程步骤的基数小于皮尔士的理想极限基数（本节所谓的 Ω）。

作为对于皮尔士的解读，这并非如看起来那样全只是推测。因为，紧接着刚刚上面引述的那段话，皮尔士说过：

> 同样地，有所有非可数量组成的那个潜在聚合体［皮尔士在此并不是指全体不可列基数的集合，他所涉及的一种观念是"这样的独立个体之集体：由那些数目中每一个所构成之集体的聚合体"——就是说，他指的是由具有各种不同非可列基数的集合所组成的并集］，在数目上要大于其中的任何一个数量。这个潜在聚合体不可能是某个独立个体数目，就像全体整数的聚合体无法全部数完一样。尽管如此，它却是一个独立的一般概念——一个潜在性概念。

此种说法与一种观点非常吻合,这种观点就是:线条上的点的集体(它与非可数量的潜在聚合体同势),就像非可数量的集体一样,是"潜在性概念"。

于是,线条在一种意义上是点的集体,在另一种意义上却不是。从内涵上看,线条是一个完全确定的关系:事实上,从内涵上看,线条上的序列关系就是线条。因为皮尔士在第八讲中告诉我们:对于我们一直在讨论的这一种集体,即基数为 Ω 的集体,该集体中的元素永远不会因各个均具有自身的个体**性质**从而彼此得以区分开来。皮尔士澄清:线条上各点之间的差别完全是关系上的差别;而且,依照其典型做法,他认为这里的基本关系是三元的。然而,这种关系并不是存在于任一可能世界中的个体之间所具有的一种关系。通过在线上实际地构造出**阿列夫零**、c、2^c 或 n 个点,线上点之间的不确定关系可能在某一可能世界中变得局部确定。但我们不可能把直线上**所有可能的**点都构造出,因为并不存在任何可能世界,其中实际上有 Ω 个"独立个体"。线条是缺少独立个体性之点所构成的集体,之所以这样说是因为:它是一个**可能性**(possibilia)的集体,而可能性对于皮尔士来说属于并非完全确定的对象。说"线条是可能性的集体",等于是在说"我们可以构造出处于特定三元关系中的东西",这个关系就是:"从 A 向右前进,你在达到 C 之前,要先到达 B"这样的关系。**对应于我们的连续统概念的就是一种反复再分的可能性:这种再分在任何可能世界都不会穷尽,即便是在一个能在其中实现非可数无穷过程的可能世界中,也不会的**。这就是我们所认为的皮尔士大胆的形而上学假说。

为了完成对于皮尔士观点的重构,还剩下一件事情要做,那就是,讲讲如何才能构造一个无穷小距离。但没必要再费力气。目前为止我们所谈到的那些例子,几乎就是全部所需了。如果我们先完成图 1.2a、1.2b 中所呈现的变形,然后反过来变形,我们就在概念上将原来不确定的一个点 P 划分成为了 B、C 两个部分:它们之间一定相隔无穷小距离。可以认为,如此便构造了一个无穷小的区间。在 B、C 之间,存在点部吗？正如我们已经看到的那样,**从潜在性上看**,的确存在。点在实际被构造出之前。这是它们唯一的存在方式。无穷小线段 BC 的中点(当然在右边线段"移回来"时,这时指的就是 C)本身就在 B、C 之间。一旦我们有了一个无穷小区间,我们也就能将此区间再分为 n(n 为任何自然数)个相等的子区间。对于已经构造出的那些点所作的**划分**,我们也应该视之为一种构造：它往往**同时**产生左半部分的右端点与右半部分的左端点。而倘若我们在所生活的可能世界中能够完成无穷的过程,所有这些构造都可以被非可数多次地实现。譬如,在 c 个步骤之内,我们能实际地构造出与全体实数相应的单子。这里的"可能世界"用语可以视作一种表达方式(façon de parler);也就是说,"存在一种可能世界,其中 X 为真"可视为仅仅是表达"**可能会**(could)有一个世界,其中 X 为真"的一种方式。然而,这种表达方式并非全然不当,因为皮尔士有时似乎的确接近于大卫·刘易斯的观点,即认为真的存在有其他可能世界。至少皮尔士明确主张是有这种可能性的,他还说,整个可能世界集体(他所谓的"柏拉图世界"和"上帝心灵"隐喻)本身不过是无数真实存在的系统之一;不仅存在我们的逻辑空间,而且有其他纯粹逻辑的空间。

还有几个疑问需要作出解释。本节一开始,我们曾指出,要将亚里士多德观点赋予皮尔士,存在两个困难。其中一个牵涉到皮尔士在谈到某种曲线时所说的一句话,"这条线是点的集体"。但紧接下来的一句话为此种说法做了注解,即："因为,如果一个粒子在任一时刻都只占一个点,当它一直移动直至回到其起初位置时,便描绘了这样一条仅仅包含粒子当时所占之点的线。"而对于这样的注解,任何持亚里士多德观点的人都不会表示异议;况且,我们已经指出过,皮尔士还补充道："但这条线上没有一个点具有独立身份,没有一个点能绝对同任何其他点区别开来。"另一个困难是,皮尔士接受了一种在亚里士多德看来毫无意义的构造。根据此种构造,我们将一个点从直线末端拿掉然后将其移开。但是，如果我们接受"皮尔士所指的点是单子"这一假说，那么，此种困难的关键就变得略微不同了。现在的困难是这样的：如果我们将整个单子从直线末端移走，那么，直线中余下部分怎么会仍旧具有端点呢？这样的端点终究属于我们所移走的那个单子，因为，毕竟来说，如果我们反过来变形，将此点移回到直线末端，直线的新端点和"所移回来"的点将会"保持次序不变"，即便它们现在"处于同一点上"了。答案是这样的（再一次显出一点布劳威尔的精神）：当我们移动单子时，我们一定得知道是**在移动至今为止所构造出的那个单子**。而在移动该单子时（实际上是在已经构造出的那些点上做了一个戴德金分割线），我扩充了此种构造。那个被移动的单子并非"独立个体的集体"，而是一个"可能性概念"。在我们移动它时，我们的行动使得该结构进一步得以确定。我们的做法是具体说明：单子中的某些点（早先所构造出的那些点经过映射后）无穷小地接近于在新位置上的那个点，而单子中的其他点（其中之一是我们通过变形本身所构造出的线段新端点）全都变成线段新端点的点部。

现在，假设有人试图阻止这种移动，他规定：所移动的单子就是在原点之单子中**所能构造出来的**点的**全体真类**。皮尔士的回答有可能就是：这本身不是一种可行的**构造**。

如果我们没说错的话，皮尔士的观点是：将一个点从一条线段或曲线移走，总是能产生有别于所移动之点的新点（点部），正如划分一条直线或曲线时那样。所有这些背后的形而上学直觉就是：我们生活在一个世界上——因为皮尔士确曾认为在现实世界上实际存在连续统，其中有大量的可能性，**彼此相容的**可能性。此外，之所以它们不可能全都得以实现，并不是因为它们之中某些可能性的实现会在逻辑上排除其他某些可能性的实现，尽管此类情形也是存在的。皮尔士在说"不可能存在 Ω 个独立个体"时所包含的意思并不是这一点。皮尔士心中的图景是：可能性的数目如此之大，只要我们看到这些可能性之中有一部分在一个可能世界中实现——比如说我们在一个可能世界上做出了某个非可数量的划分，那么，我们立即可看到，我们可以在一个可能世界上做出**更多的**划分，因此来说，在任何一个可能世界中都不可能**全部**实现所有这些**互不排斥的**可能性。作为总结，我们或许可以说，这个形而上学图景讲的就是：可能性超过现实性，这是固有的本性，而并不只是因为人类力量的有限性或自然规律所施加的限制。

当然，本节的宗旨并不是阐述全部的剑桥演讲，而是要重构其中一个关键要素。如果这个关键要素不能证明是一致的，它将成为整个大厦中的致命缺陷。而这个宗旨，我们相信已经达到了。

讲稿评注

H. 普特南

我们不打算对皮尔士的演讲做总结概述，而是为读者提供可能不便获得的一些特殊背景资料，以作为阅读指南。同时，我们希望提及皮尔士的工作同当代讨论之间的某些极为重大的联系。无疑，读者会注意到其中还有其他许多东西。

第一讲

皮尔士头一讲谈到了所有伟大实用主义者都关心的一个问题，但他采取的立场可能会令某些读者感到吃惊。实用主义牵涉到（并非不正确）伦理学中的一种强式"认知主义"。这种观点认为：伦理命题或真或假，而且，要确立伦理上的真，原则上可以借助于与科学中所用方法相连续的那些探究方法。实际上，在伦理学中诉诸"科学方法"，正是一位伟大实用主义者约翰·杜威（John Dewey）哲学的灵魂所在。但是，如果这意味着我们应依靠"伦理学中的科学方法"来解决我们的实践问题，那么，我们会发现：皮尔士在剑桥讲坛上的演讲一开始便对此提出了严重异议。实际上，虽然皮尔士肯定**原则上**存在一种伦理科学，但他对于今天所谓"应用哲学"的价值极其悲观，而其实是对将理性应用于"至关重要问题"（vital questions）这整个想法表示悲观。[1] 我们的作者告诉我们："在日常事务中，推理尚可以说是成功的"，"但我倾向于认为，没有理论的帮助，它照样可以做好"。不只是这样，"很多次，人们自以为是基于理性行事，而其实他们加于自身的理由只不过是无意识本能造出来的托辞,以满足**自我**提出的那些烦人的'为什么'。这种自我欺骗达到了如此程度,使得哲学理性主义成了一出闹剧"。

顺便说一下,皮尔士预见到了归纳(通过抽样来确立频率,比如我们通过随机抽样来估算选举人为某一候选人投票的频率)、"或然性推理(从已知的总体频率推断某一随机样本的或然频率)"和"外展"或"溯因"(基于科学中某一解释性理论的成功而决定接受该理论)之间的区分(见第二讲)。前两种方法的典型是(比如)保险公司的做法:它们估算各种各样事情的频率并据此做出实践判断;皮尔士承认,此种推理在日常实际事务中很有用处。但是,皮尔士认为,外展在涉及"重大问题"时并无用处,理由有两点:当面临形而上学或伦理学上的重大问题时,仅有很少人(那些能够掌握皮尔士所谓"关系项逻辑"这种新型符号逻辑以及皮尔士将在第二讲中刻画的推理类型三分理论的人)真正善于运用这一方法(在第八讲中,皮尔士本人将在形而上学上小试牛刀);即便是这些为数不多的人,假若他们允许个体或是种族道德进步的欲望闯入自己的思想中,也会因此堕落。"然而,在哲学上,由于触及的是对于我们来说属于神圣或本应神圣的问题,如果研究者不去克制所有实践应用方面的意图,那将不仅阻碍纯科学的进步,而且极其糟糕的是,还将危及研究者自身及其读者的品行节操(moral integrity)。"

威廉·詹姆斯当然会对此表示异议,但他自己的确接受了皮尔士的某些前提。詹姆斯同时还相信:宗教和伦理学上的许多重大问题,目前不可能通过理性来解决。[2] 但是,至于承认这一点之后接下来要**做**什么,皮尔士与詹姆斯之间存在分歧。不过,即使有分歧,也不是全然对立。

詹姆斯两年前在《相信的意志》一文(詹姆斯由此拉开了自己"实用主义"的序幕,但皮尔士最后与此种版本的实用主义彻底划清了界限)中所发表的观点是:当对于我们来说至关重要的一个问题不能由理性解决时,"我们的感情不仅可以而且必须做出决定"。表面上看,这似乎并非不同于皮尔士的说法:"理性尽管常常摆出一副臭架子,重大关头还得屈尊下跪,乞求本能相助……所以,理性在不得已时总会求助于情感。情感来的时候,它就代表着整个人。这是我对于哲学情感论(philosophical sentimentalism)的简单辩解。"但是,皮尔士从这一说法中所要得出的东西与詹姆斯通过那听起来类似的命题所想表达的东西,二者之间有着重要的差别。

很清楚,有一种差别是政治上的。皮尔士具有十分保守的气质,在他看来"情感论隐含着保守主义;拒绝将任何实践原则(包括保守主义原则本身)推至极端,这正是保守主义的本质。我们不是说情感**从不**受理性影响,也不是说在任何情况下我们都不提倡激进改革"。詹姆斯在政治上是一位进步论者,他倡导许多在他那个时代被视为激进性的改革。对于詹姆斯来说,如果有什么原则是本质上的,那就是:聆听"伤者的呐喊"[3]。不过,除了两种政治观点之间的差别(我们并不想贬低此种差别的重要性),还有更为关键的地方。

事实上,皮尔士所主张的立场[4] 非常像卡尔·波普尔(Karl Popper)所倡导的那种。根据这种立场,科学所包含的并非固定的真理,而是一些尚未驳倒的猜测。

> 纯科学同**行事**(action)毫不相干……对于科学来说,没有什么东西是**至关重要的**;任何东西都不会是至关重要的。因此,它所认可的命题顶多只是一些意见;而且它究竟都接受哪些命题,也是临时性的。科学人根本不去固守其结论。他不会为它们冒任何风险。我承认,他习惯上将其中某些称作**固定真理**;但那仅仅意味着今天还没人能够对这样的命题提出异议。

相比之下,詹姆斯(约翰·杜威尤甚)却认为:皮尔士如此将纯科学与应用科学相隔离,这是根本不可靠的思想;科学是而且应该成为实践的指导,实际上,科学倘若不用作实践的指导便不会进步。在我们提到波普尔时就已经表明，哲学上的此种分化即便在今天依然存在。但这并非所有的分歧所在。对詹姆斯来说，社会伦理学尤其**要求有**社会实验。詹姆斯愿意认同皮尔士这样的说法：此种实验的结果并不具有"科学"真理的地位。但詹姆斯否认：(如皮尔士认为的)它们只是情感的合理解释。正如詹姆斯在《道德哲学家与道德生活》一文中所言：

> 在整个这件事中，哲学家就像我们这些非哲学家一样，只要我们在本能上公正且富有同情心，只要我们肯听抱怨的话……因此，他的伦理学著作，只要是真正触及道德生活的，一定会越来越多地与那些坦言为尝试性和建议性而非独断性的文献结盟——我是说要与那些深刻类型的小说和戏剧结盟，与那些论治国本领、慈善事业以及社会经济改革的著作结盟。经过如此处理的伦理论著可能长篇大论，也可能浅显易懂；但它们绝不是**终结性的**，除非这是说它们抽象和模糊特征无以复加；它们必定越来越多地抛弃那种陈旧老套、界限分明、总想成为"科学"的形式。

事实上，我们在此所看到的争论，即一类哲学家认为严肃的哲学一定要建立于符号逻辑和严格科学之上，另一类哲学家却直言不讳地建议严肃的哲学著作与"深刻类型的小说和戏剧""结盟"，二者之间的争论在我们今天仍旧非常突出！[5]

在这一讲的结尾处，皮尔士谈到了一种在他当时非常普遍且意义重大但在今天已从思想界基本消失的东西。它就是科学分类法。麦金太尔(Alisdair MacIntyre)在《亚当·吉福德方案的背景》("Adam Gifford's Project in Context")一文中对于产生这种分类法的思想场景给予了很好的描述：[6]

贝恩斯（Baynes）[第九版《不列颠百科全书》（1875—1889）的编撰人]曾明确指出：他希望他的撰稿人不是仅仅提供有关每一基本论题的详细信息，而是要在19世纪晚期所出现的那种明显具有建筑学特征的科学框架下撰稿……科学门类的区分通常被认为要根据主题内容而不是方法……所有科学似乎都有四种构成要素：第一，它们都有材料，有事实。在这方面，19世纪那些科学所提供事实的全面程度足可以让我们从事实出发进行推理。第二，它们都有经过事实反思而提出的统摄性的综合概念。如果在反思一开始便能真正而适当地理解事实，而且如果反思过程中还能保持足够的独创性，此种反思所提供的统摄性概念将能整理那些事实，使得它们作为法则的例示而得到理解。第三，它们都运用了一些方法：借助于这些方法，我们在发现理论时从事实走到统摄性概念，在解释和证实我们理论时又从概念返回到事实。第四……在将方法成功地应用于事实之后，有一个结果被认为是：能够连续不断地提供越来越适当的统摄性概念，从而使得越来越基础的法则得以阐明。因此，真正科学的一个特征就是：与前科学和非科学的想法不同，它具有一种特殊的历史，一种相对连续的进步。

我们并不打算说：通过求助于麦金太尔所描述的一般概念，皮尔士的分类法可得到还原解释；皮尔士的科学分类法基于更加深刻的原理，而不是麦金太尔所描述的那种分类法（而且也不像第九版《不列颠百科全书》的编撰者，皮尔士是按照方法来区分科学门类的）。皮尔士冲破了造就他的那套文化框架，不过，多了解一下那套框架有助于我们读懂他。

第二讲

在这一讲中,皮尔士简明扼要地解释了他在不同推理类型(特别是所有经验探究所依赖的概率推理和非演绎推理)的本性及辩护理由方面所持有的极为原创性的观点。演讲开头部分讨论了逻辑学。虽然皮尔士一直等到第三讲才描述他自己的符号逻辑,[7] 但他在此处所讲的也是那套逻辑的内容,只是由于皮尔士所继承的康德术语以及还要古老的传统亚里士多德逻辑术语而有点受到掩盖。一开始,他对于以"假言命题"(hypothetical proposition)来指任何复合命题(结果甚至是联言的也被称为"假言命题")的用法(然而他自己也用过)提出了正当反对。皮尔士简要讨论了直言命题存在涵义问题和实质蕴涵悖论,并支持一种"费罗式"观点。由于符号逻辑被人们接受,这种观点现在已是标准观点。它说的是:如果 A 类为空则"所有 A 是 B"是真的,"如果 p,那么 q"等值于"或者非 p 或者 q"。[8]

除了捍卫这种"费罗式"观点,皮尔士还顺便讲到了一系列有趣但并无论证的逻辑和语言哲学思考。例如:意义的基本单位是**动词**而非名词。皮尔士的意思有一部分是说:语言所必需的是**谓词**而非个体常项。今天许多逻辑学家也都持有这样的观点。但皮尔士更进一步,他主张:专有名词和指示词("这""那")并非真正的命题成分,而是**注意力的刺激物**(stimulants to looking)。这似乎是说:在命题"这是红色的"中,作为命题**成分**的并非指示词"这",而是借助于"这"一词引起解释者注意的那个东西。(如果这样解读皮尔士的思想是正确的,皮尔士所持有的观点就是罗素在大约同时期所发展的那种观点。)皮尔士用了好几页纸专门论证一种乍看起来似乎相当勉强的观点,即所有假言命题可以(而且应该)视作"直言命题"。用一个例子可以说明皮尔士的意思。根据皮尔士从哲学出发所作的重新解释,"如果约翰是银行家,那么他是胆怯的"是在说:在"现在这个世界"特定"可能性范围"中的每一个"情形"都是其中若"有银行家"便"有胆怯"的情形。最后这个语句就是一种直言命题。⁹ 当他说此种分析法是唯一适合于(一套完备的)推理理论的分析法时,皮尔士心中所想到的无疑是这样的事实:在皮尔士自己关于量化理论的系统即存在图系统(他将在第三讲中引入)中并无个体常项。

本讲余下部分的内容架构很特别:先是一段冗长的三段论讨论,然后皮尔士(追随他 1867 年的一篇论文)区分了三种类型的科学推理(从总体到样本的概率推理,由所能解释的实例出发进行"溯因[retroduction]"¹⁰ 从而接受一套科学理论,从样本到总体的归纳推理),并指出三段论的前三格可视为**这些**推理的极端情形。其目的并非像有人所想的是要表明传统演绎推理(第一、二、三格的三段论)实际上是伪装的概率推理或非演绎推理;因为那些极端情形都是必然推理(他在第八讲中讨论的一个概念),皮尔士只是认识到:至少有一种非极端情形(假说—演绎推理或"溯因")是非演绎推理。然而,演绎推理和非演绎推理在许多方面相似,这是皮尔士所看重的一种思想,他在第四讲中会再次谈到。

皮尔士这里所努力解决的问题,一百多年来,一直都处于科学哲学的中心。皮尔士用到的一个主要工具是"概率"(probability)概念。皮尔士感到有必要对"随机"(randomness)概念进行一些讨论。在本世纪,把此种概念引入数学概率论的人是米塞斯(von Mises)。然而,他对于"随机"的定义很快被人指出是不一致的。¹¹ 事实上,直到邱奇(Alonzo Church)、图灵(Alan Turing)和哥德尔(Kurt Gödel)等人发明现代递归论以前,并没有一个成功的定义。除此之外,虽然 19 世纪的人们一直在争论一个问题,即概率是否能与频率(frequency)(频率论者的观点)等同起来,或者说,概率是否为基本的逻辑(或有人会说,心理的)概念,但在卡尔纳普(Rudolf Carnap)于 20 世纪 50 年代弄清楚之前,人们一直没能意识到其实至少存在**两种**概率概念。不用说,皮尔士在 1898 年时完全不具备那些工具。

尽管缺乏专门的数学和概念工具,他对这些问题的理解却是深刻的。这一点在本讲中有着鲜明的体现。他所给出的回答在某些地方难免不太令人满意,但那只是因为:假若没有一套真正的随机理论以及对于作为频率之概率与作为证实程度之概率的区分,他所掌握的那些概念就会显得不够用。

由于今天许多读者不知道何谓"三段论的格"(在皮尔士时代,这是每一位受过教育的人都要掌握的一类知识),最好还是先快速回顾一下这些知识。我们来看下列四种型式:

___M是P	___P是M	___M是P	___P是M
___S是M	___S是M	___M是S	___M是S
∴ ___S是P	∴ ___S是P	∴ ___S是P	∴ ___S是P
(Ⅰ)	(Ⅱ)	(Ⅲ)	(Ⅳ)

如果在空位处填上(无论以任何方式)逻辑常项"所有""有些""并非所有"和"无一",这每一种型式都能变成一个三段论(尽管并不必然是有效三段论)。("并非所有 A 是 B",传统上习惯于写作"有 A 不是 B"。)从第一种型式得来的三段论被认为属于"第一格",从第二种型式得来的三段论被认为属于"第二格",如此等等。下面给出的例子是每一格中的一种有效三段论:

所有 M 是 P	所有 P 是 M	并非所有 M 是 P	无 P 是 M
所有 S 是 M	并非所有 S 是 M	所有 M 是 S	有 M 是 S
∴ 所有 S 是 P	∴ 并非所有 S 是 P	∴ 并非所有 S 是 P	∴ 并非所有 S 是 P
(Ⅰ)	(Ⅱ)	(Ⅲ)	(Ⅳ)

为了说明皮尔士如何将前三种推理式分别视作从总体到样本的概率推理、归纳推理和"溯因"推理的极端形式,我们以上述第一格有效三段论(皮尔士用过的、它的一个来自中世纪术语的传统叫法是 Barbara)作为例子。我们来看下列**概率推理**(probability inference):

M 中 r 比例的部分具有偶然属性 π。
这些 S 随机地取自 M。
∴ 从概率上近似来看,S 中 r 比例的部分具有属性 π。

假若令这里所说的比例 r 取值为 1,那么,(假使总体是有限的,[12] 皮尔士就会说)此概率推理中,第一前提只是说:所有 M 都具有 π,第二前提只是说:所有"这些 S"都是 M(正如皮尔士所指出,当 r=1 时,随机取样这一事实是不相干的,π 是"偶然属性"这一事实也不相干),而结论就是:(将"从概率上近似来看"删去)所有"这些 S"都具有 π。而这便是三段论 Barbara。然而,我们已经说过,皮尔士并不认为这是对于 Barbara 的辩护理由,当然也不认为是对于概率推理的辩护理由。他的目标是:为三种论证类型提供一种自然分类法。

为了理解皮尔士要解决什么样一些问题,我们首先来看他对于关键词"随机"和"偶然"的解释。

皮尔士认为,凡随机的取样法都具有两个特征(他的讨论限制于有穷总体以及可数的无穷总体):(1)如果此种选取方法无限期地应用下去,总体 M 中的每一个分子迟早都会被选到;(2)"具有 π 的 S 与不具有 π 的 S 被抽到的频率应该是一样的。"需要注意:皮尔士是一位"频率论者",就是说,他往往将概率等同于一个比例或一个频率(在无穷总体的情形下为某一相对频率的极限)。上述对于"随机"的界定中,条件(1)的作用似乎是对总体强加一种次序,就是说,我们要把总体视为一个其中存在极限相对频率的系列。(在有穷总体的情形下,这些频率就变成了普通的频率。)起到关键作用的则是那句措辞含糊的条件:"具有 π 的 S 与不具有 π 的 S 被抽到的频率应该是一样的"——但这究竟什么意思呢?

当然,这并不是说:具有 π 之 S 的频率一定得等于不具有 π 之 S 的频率,因为如此界定的"随机"会使得 π 在"随机"抽样中的出现概率一定被认为正好是 0.5。或许,皮尔士是在寻找一种频率论的说法,其大意为:任何时候选到任一 S 的**单例**(single case)概率[13] 都是**独立的**,不论这个 S 是否具有 π。我们可以肯定的只是:皮尔士感到有必要界定"随机",但他并未成功地给出令人满意的定义,也不可能成功,因为他没有在普通无穷序列中的**递归**后继和**非递归**后继之间做出必要的区分。[14]

不论怎样,皮尔士在我们上述推理中所设想的场景是清楚的。我们有一总体 M。从中,我们进行抽样。抽样是这样进行的:根据此种抽样法产生出一些 M(就是"那些 S"),结果发现属性 π 是**随机**出现的。

除此之外,皮尔士认识到:倘若我们允许 π 是任意属性,此种概率推理显然有反例存在。假设我们知道(或就算我们知道)绝大多数的 M 分子"从来不会被肉眼看到"。(M 是所有"沉入海底的小东西"的集合。)令 π 为"被肉眼看到"这一属性。于是,π 在总体 M 中的出现频率非常低。不过,如果有人选出一个样本来考察,他不会说"从概率上近似来看,这些当中具有 π 之 S 的百分比非常小",因为他将能事先知道它们全都会具有 π。是什么出现了问题呢?

要解释这里出现了什么问题,一个最容易的办法是:我们先以当代语言来表述皮尔士的概率推理:

64

  M 中 r 比例的部分具有属性 π。

  这些 S 随机地取自 M。

  [关于具有 π 之 S 的比例,以上是我们所拥有的全部相关信息。]

  ∴ 很可能(就是说,证实度很高)具有 π 之 S 的比例大约为 r。

通过以上这样表述推理，我们不难看清皮尔士那个不太引人注意的例子到底是怎么回事。在这个例子中，总体是有穷的（"沉入海底的小东西"）。如果我们所取的"样本"只是**总体中的任一有穷子集**（无论是否用"肉眼"看过），那么，确实可以说，（假使样本相当大）所选样本当中属性 π 之比例接近取样总体当中 π 之比例的频率（即所选样本能够"代表"取样总体中 π 之比例情况的统计概率）是相对较高的——至于有多高，这要由样本大小以及我们规定"接近"具有何种意义来决定。因而，在一种**频率意义**（frequency sense）上，任意样本 S 能够充当**典型代表**（即其中 π 的比例与 π 在总体 M 中的比例相差不大）的概率是非常高的。

如果此例中 M 不是有穷而是无穷的，那么，我们就不能谈论"M 之中 π 的**频率**"了，但（由于我们设想 M 的所有分子构成了一个可数的无穷序列）可以谈论"随着该序列初始部分越来越长，M 之中 π 的相对频率的极限"，而皮尔士就是这样来理解 π 在（可数的）无穷总体情形下的概率（或"比例"）的。如果我们所选的样本是（譬如）该无穷序列中某一由 N 个连续分子组成的集体，那么，（既然已设定 π 是随机分布的）我们能够根据大数定律（伯努利［Bernoulli］定理）算出所选样本中 π 之比例接近 r 的极限频率。同样地，我们确实可以说，（假使样本相当地大）所选样本能够充当**典型代表**（即其中 π 的比例接近 π 在总体 M 中的比例）的（极限）**频率**是相对较高的——至于有多高，这要由样本大小以及我们规定"接近"具有何种意义来决定。然而，不论 M 是有穷的还是无穷的，如果有人想知道的概率是指"**这个样本中 π 的概率非常高**"，他所寻求的就并不是频率，而是证实度。只有满足了补充条件"皮尔士那些前提呈现了我们有关结论的全部相关知识"时，此种概率推理才能产生证实度。如果我们知道 S 中所有分子都将通过肉眼来检查，那么，在现在这个例子中，就违背了此种"**全部相关证据的要件**"。皮尔士要求 π 是一个"偶然"特性，正是为了确保不违背此种要件。他在解释这一点时写道："π 所包含的那些要素一定得是思想进程自然而然关联起来的。它一定不能是一个晦涩的或人为构造的特征。一定不能依据具体实例的呈现方式,也不能依据那些实例的特征来提出它。最安全的做法是:在检查考察 S 之前,要求先把 π 确定好。"

通过一种比他在表明 Barbara 可被视作 r = 1 时概率推理的极端情形所用方式略加复杂一点[15] 的方式,皮尔士表明了上文所示的第三格有效三段论乃归纳的极端情形,即如下由样本之构成到总体之构成的推理:

这些 S 随机地取自 M。
这些 S 中有 r 比例的部分具有偶然属性 π。
[皮尔士应该补充说:关于具有 π 之 M 的比例,以上是我们所拥有的全部相关信息。]
∴ 从概率上近似来看,M 中 r 比例的部分具有属性 π。

通过类似的一种方式(那是"一种乏味的形式化探讨",皮尔士将此略去,我们当然不可提供),皮尔士声称第二格中的一个有效三段论(但是哪一个?)是以下新奇的"推理种类"的极端情形(在什么意义上?):

所有本质上为 M 的事物都具有("偶然")属性 π。
S 具有偶然属性 π。
∴ 我们可暂时认为 S 在本质是 M。

66　　皮尔士心中所想的是:我们打算形成一个假说,其大意是说"S 具有某种本质"。倘若该假说为真,某些结果 $π_1$、$π_2$、$π_3$……会随之出现。S 这一事物能使得那些结果出现,此乃"π"。而"π 为偶然属性"这一要件在皮尔士那里就是:我们事先并不知道那些结果是否出现(对于所需的"全部相关证据"要件,皮尔士通常都这样替换)。如此一来,皮尔士立即将以上"推理类型"转变成了更加标准的假说—演绎推理。后者所依据的是：先是观察到如果某一假说为真便有某些结果 π_1、π_2、π_3……随之出现，注意后又发现 π_1、π_2、π_3……事实上都受到观察的证实，于是可以**暂时认为**（provisionally supposing）该假说为真。这里的新颖之处是：皮尔士说的是"暂时认为"而不是"推理"或"得出结论"；对皮尔士来说，溯因并非"推理"（inference），而是一种策略，用来提出可驳斥的猜想。[16]"这里[在溯因中]，不仅结论没有确定的概率，甚至此种推理模式也不存在确定概率。我们只能说：'研究的经济性'（the Economy of Research）[17] 规定了我们应该在指定的探究阶段上尝试指定的假说，而且我们要在事实许可的范围内暂时持有它。对此，没有什么概率可言。它只是我们试探性地采纳的一个建议。"

关于由总体到样本的推理以及他所谓"归纳"的推理能在何种意义上得到辩护，皮尔士谈到了一些值得关注的重要东西。（遗憾的是，有鉴于该演讲系列的特点，他的谈论非常简要；他并不认为听他演讲的那些人了解伯努利定理[Bernoulli's Law]——所谓的大数定律，这一点无疑可以解释他为何决定只陈述事实而无证明。）事实上，既然前提是：抽样为随机性，（如果我们知道样本大小和其中的近似度ϵ）便可以说：我们可确定在多大的概率（在频率的意义上）上（譬如）由序列 M 中 N 个连续分子组成的"样本"与其取样总体具有相同的 π 比例（精确性为正负ϵ）。在此意义上，（已知那些前提）由总体到样本的概率推理的结论在**多大概率**上为真，是一个纯数学的演绎，而这也是皮尔士将概率推理视作广义演绎形式之一的原因。

然而，事情并非如此简单。我们已看到，皮尔士需要的是从统计频率——所选样本当中 π 之比例与取样总体当中 π 之比例 r 相差不到ϵ的频率——转到有关单例（"这些 S"）命题的证实度。可以说，这一步代表着有关归纳推理的一条有效原则（可能正是这条原则构成了我们的证实概念），但它已不是大数定律所能涵盖。

同样道理，既然前提是：抽样为随机性，我们便可以说出在多大频率上归纳推理可成功适用于某一取样总体。知道这一点，并非就可以知道结论"M 中 r 比例的部分具有 π"在**多大概率**上为真，因为如果 M 为固定不变的，这当中就没有**频率**意义上的概率这种东西了：M 当中 π 之比例要么是 r 要么不是 r。倒不如说是：可以知道对于 M 来说此种**结构**的推理在多大频率上为真。同样地，皮尔士并未注意到从频率知识到证实度这一步需要我们刚刚提到的证实论原则。但是，皮尔士关于"归纳"所发现的东西，极其重要。**通过知道那些结构相同的推理能在多大频率上获得成功**，即便不能说出其结论在（统计）概率上的准确数值，但也能为一种统计推理模式提供辩护。这种观点正是那种具有"可能性"（likelihood）概念的内曼-皮尔逊（Neymann-Pearson）抽样理论的核心所在。[18] 此外，皮尔士的"归纳"观念非比寻常，值得深思：皮尔士要求"归纳"包括一种大意为**抽样方法为随机的**前提，这是要告诉我们所有归纳都需要先了解一些**类法则**（lawlike）命题。因为我们在说"抽样方法是随机的"（即便皮尔士对此阐释不太令人满意）时需要了解**某些未来频率的均等性**，因而它是类法则知识（一般知识）的一种。如此一来，皮尔士为一种由简单的特殊命题到一般法则的非演绎推理形式提供辩护，并不是要打算回答休谟难题；毋宁说，皮尔士的意思是：归纳推理总是要求存在有关世界一般进程的设定（assumptions）（即某些方式的抽样是随机的）。在皮尔士看来，这些设定本身来自溯因，因而不是知识，而是"暂时采用的"假说。经验知识之所以可能，乃是因为假说的提出，而非经验论者喜欢谈到的"归纳"。

第三讲

在本讲中，皮尔士讨论了三个大题目。（我们可以猜想一下，演讲听众在仅仅一讲中就要吸收如此之多的东西，他们该是什么样感受！）首先,他简要介绍了他的三个著名形而上学范畴:第一性、第二性和第三性。由于有关皮尔士思想该方面的论著写得几乎比任何其他方面都要多,这里我们就不准备进一步解释这些范畴!接下来,他简要描绘了一个新发现。这个发现当时很少有人听说过,但它已对今天的哲学实践产生了革命性影响,同时还导致了数学、计算机科学和语言学诸多领域中的著名发现。它就是(由弗雷格[Frege]和皮尔士及其学生米歇尔[O. H. Michell]独立发现的)量化理论,或(用皮尔士术语说)"关系项逻辑"(Logic of Relatives)这一新学科。

皮尔士用了两种记法来表示他的"关系项逻辑"或一阶逻辑(顺便说一下,这个术语我们应归功于他;他曾将那些记法归于米歇尔)。一种是采用 Π 表示全称量词而用 Σ 表示存在量词,是现在标准记法的起源。[19] 另一种是他在本讲中解释的图式记法;基于这种记法,他构建了一种精致的图表法,用来做命题演算和量化理论中的演绎推理(已经有人证明这种方法正确而且完备)。[20] 在这一讲中,皮尔士只介绍了这种记法;很显然,他觉得不适合讲这种演绎方法的内部细节。关于皮尔士研究逻辑所用的图表法以及他所赋予它的哲学意义,我们想谈谈。

公式由图(graphs)和子图(subgraphs)来表示。空白图表示为真(可以视为重言式的真图);在一个图或子图外画上一个圈,意味着它的否定式。这样,图 C.1 表示的就是矛盾式(重言真命题的否定)。

图 C.1

把两个子图彼此紧挨着画,就形成了单独一个图,用来合取式。命题字母是图,带有适当数目"等值线"(可视为存在量化变元)的谓词字母也是图。这样,量词以及基本的真值函项可用图 C.2 来表示。

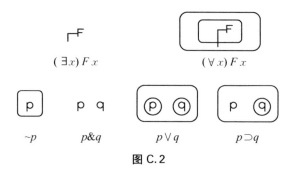

图 C.2

注意,皮尔士作为初始词的是存在量词(等值线表示的是**存在量化变元**),而存在量词的辖域是由等值线所穿越之圈的层数来决定的。因而如果第二个图画成图 C.3 那样,它所对应的就是公式～～(∃x)Fx,而不是～(∃x)～Fx[即(∀x)Fx]。我们只准备提及皮尔士的三条图形运算规则。[21] 第一条,实际上就是**双重否定规则**:我们可以将任一图或子图用双圈围起来或将某一双圈擦掉,而这里的"双圈"(double enclosure)意思是指双层之间没有写上任何东西的两个圈。一对封闭线,在它们之间的地方没有任何东西写入。譬如,图 C.4 中的两个图(graph 1 与 graph 2),根据这种规则,是可以互换的。

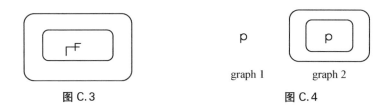

图 C.3 　　　　　图 C.4

但是,那个与 p⊃q 对应的图,其中的两个圈却不能擦掉,因为 p 写在了圈层之间。在表示(∀x)Fx 的图(参看图 C.2)中,两个圈也不能擦掉,因为"等值线"有一部分在圈层之间。

在处理皮尔士的"存在图"时,我们可以将图表的各个部分划分为

"偶数圈内的"(或者由偶数个圈层所包围,不论圈层之间是否有东西;或者不被任何圈层所包围)与"奇数圈内的"。第二条规则是:我们可以在某一图的任何奇数圈内的区域写下任意公式(子图)。第三条规则是:如果某一公式在某一图或子图中出现时不被任何圈层所包围,则我们可以在该图或子图的任何其他(即便是圈层内部的)区域上复制(皮尔士说的是"重写")这个公式。这里有一个例子,可以表明所有这些规则如何使用。

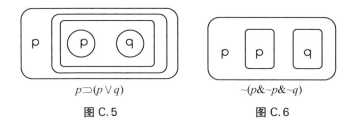

图 C.5　　　　　　　图 C.6

假设我们想证明重言式 $p \supset (p \vee q)$。由于我们想要绝对地即无前提地证明它,我们必须从一张空白图开始,然后将其转变成对应于该公式的图(图 C.5)。经过仔细检查这张图,我们看到:它可以(借助于双重否定规则)与图 C.6 所示一个更简单的图相互转换。而这便引出了我们的做法。我们从空白图开始,然后将其转变成带有两个圈的图(图 C.7 中的第一步)。再然后,我们将 p 和对应于 $\sim q$ 的图写在两个圈

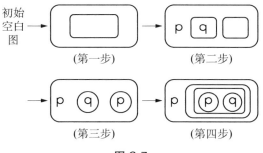

图 C.7

层之间的奇数圈内区域(第二步)。最后(第三步),我们将 p 复制到最里面的圈内(这个部分正好在 p 所在的那个不被任何圈层包围的**子图**中,即便说在整个图中 p 肯定是被圈层所包围的)。

稍加练习之后,可以非常容易地找到这样的"图式"证明。在量化理论中,皮尔士增加了几条简单规则,使得我们可以在特定条件下重写、连接和打断"等值线";要找到量化理论的证明,同样也相当容易。

全面提出一种有关命题函项和量词的演算从而能够表现和分析包括关系和多重一般性的证明,在哲学上具有重要意义。这是一个宏大论题,并已得到广泛讨论(虽然最近流行的看法将此荣誉的太多部分给予了弗雷格,而轻视了实际上长期以来有着更多影响的皮尔士的工作)。这里,我们不准备再进行这样的讨论。不过,皮尔士非常看重将逻辑视作**图表**运算的可行性,这一点极为有趣,值得进一步讨论。其中的重要意义,通过比较皮尔士与弗雷格对待逻辑学的态度,或许能得到最好的显示。对于弗雷格来说,如果我们能有一种完全形式化的符号逻辑("完全形式化"的意思是:在证明过程中不必诉诸"直觉"),便意味着要驳斥康德和密尔二人的算术哲学。对于康德和密尔他们来说,数学证明的模型就是几何作图(construction)。算术是基于几何模型而得到理解的。对于康德而言,此种几何作图需要有关于点和线的"直觉",而由于纯粹无外延的点和线不可能**真正**(literally)得以可视化,所需要的那种"纯直觉"与感性(sensibility)的东西相比有着截然不同。对于密尔而言(比起那些只知道弗雷格批驳过他的人可能了解到的知识,密尔的说法要精致得多),几何直觉并非超越于感性之上的某种东西,而是想象力的具体运用。弗雷格承认在**几何学**中需要有类似康德纯直觉的某种东西,但他认为,通过将算术化归为逻辑并表明逻辑可还原为形式规则的机械应用,他已经证明:在算术和几何之间根本没有类比可言。[22]

今天读过弗雷格那些著名文本的人经常认为:关于算术(更不用说逻辑自身了)中存在类似几何直觉的东西的观点,事实上已被弗雷格彻彻底底推翻了。(今天的读者可能会认为,我们甚至在**几何学**本身中也不需要"直觉",因为我们可把几何算术化。)而皮尔士的观点凸显了一个事实,即温和点讲,这种看法并非显然正确。皮尔士提出:**认识到结构就是演绎**,这本身就近乎几何直觉(我们相信,皮尔士有关几何直觉的看法更靠近密尔而非康德)。运用图表来做逻辑,这种方式使得我们能够清楚看到皮尔士提出的这种观点如何可能是正确的;但是,倘若有人使用的是"证明树"或线形证明或某个其他系统,同样也可能持有这样的观点。我们相信,这个争议问题就今天而言还远未得到充分研究。不过,有一点非常有趣!谓词演算(我们今天视之为符号逻辑的核心)的这两位发明者竟然在如此根本的形而上学议题上产生分歧:弗雷格将逻辑学视为完全非经验的东西,而皮尔士认为逻辑本身包括了类似对图表进行心灵实验的某种东西。[23]

在本讲最后也是最长的一部分中,皮尔士展开了他的连续统概念。这个论题,我们已在本书导论中详细讨论过。

第四讲

这篇讲稿可能是整个系列课程中最为清楚明白的,几乎没有什么需要阐释的。在本讲中,我们非常清楚地看到:皮尔士在哪些方面算是"实用主义者",在哪些方面又不算是"实用主义者"(按照这个词后来逐步被理解成的意思)。他极力强调所有知识断言都是可修正性的,这是所有实用主义者的共有特征。詹姆斯和杜威非常乐意接受皮尔士的著名准则:"不要阻碍探究之路",以及皮尔士称其为该准则之推论的"逻辑学第一规则":"为了学习你必须得渴望学习,而且在如此渴望中,不能满足于你已有的思想成果"。同样地,他们也乐意接受皮尔士那个"著名的预先标示(predesignation)规则",它是说:任何有效归纳(实际上任何有效探究也是)必须从特定的怀疑或至少是特定的疑问出发。(皮尔士一生中都在论证:怀疑并非像撒谎那么容易。[24])此外,知识的开端并不必是传统认识论意义上的**基础**,这种观点在皮尔士的一个隐喻中几乎可以说是得到了最为完美的表达。这个隐喻将科学的立足"地"(ground)形容为一片"沼泽"(bog):"它仍然没有立足于坚如磐石的事实之上。它在沼泽上行走,只能说:目前来看,这片地似乎能支撑得住。我将一直停留于此,直到它开始塌陷。"(注意这里有一种暗示,即科学要不"在沼泽上走"就永远不会"前行"!)

不过,就其他方面而言,皮尔士观点更加接近于传统的形而上学实在论(或者皮尔士在别处[25]所说的"经院实在论"),而非詹姆斯和杜威的实用主义。对于詹姆斯和杜威来说,并不存在"自然本身的语言"这种东西;**我们**制造语言,并通过我们的兴趣、理想以及我们自身所处的具体"问题情境"(杜威的说法)来指引语言。可以肯定,杜威同意皮尔士将真界定为无限持续的探究最终汇聚而成的东西,而且詹姆斯也认为此种意义上的真是"范导性的"(a regulative notion);但是他们两人都不认为**探究最终汇聚而成的东西**独立于**我们**,独立于我们所具有的兴趣和理想以及这些兴趣理想所促使我们提出的那些问题。这些兴趣和理想(以及我们所处的问题情境)塑造了我们所拥有的那些范畴;对于詹姆斯和杜威来说,根本不存在什么所谓发现自然本身的范畴。而对于皮尔士来说,自然具有一组"交合点",任何一群坚定不移的探究者如果能持续足够长时间进行探究都会到达那里;在纯科学中,与在实际生活中不同,我们的语言最终受实在之结构所控制,而不受我们的兴趣(除开纯探究本身的兴趣)控制。最近,两位颇具影响力的英国哲学家伯纳德·威廉姆斯(Bernard Williams)[26]和戴维·威金斯(David Wiggins)[27]接受并强化了皮尔士这种类型的实在论。他们和皮尔士一样坚持认为:在"人们所说的(humanly speaking)"真理和科学最后"注定"汇聚而成的"绝对"真理(他们的用语)之间,存在着显著区分。因而,皮尔士会拒绝詹姆斯和杜威的那种主张,即科学实践最终依赖于我们的实践兴趣和目标(既包括"实践"一词的庸俗意义又包括其哲学意义),而且对于科学实践的最好检验是看其能否使我们完成和达到那些实践兴趣和目标。对于皮尔士而言(他在第一讲中已经讲得很清楚),科学之所以成功正由于它并不考虑任何实践兴趣(有些读者可能发现:将本讲中皮尔士所说的探究同杜威在《逻辑学——探究的理论》一书中的说法进行比较和对照,这会很有意义)。[28]

本讲的价值还在于:它为我们提供了对于皮尔士数学哲学(还包括逻辑哲学,皮尔士已经在第一讲中清楚表明,他认为逻辑学只不过是数学的一个部分)的一次概括性说明。皮尔士将数学视为准经验的。在本讲的开始部分,紧接着说完科学之作为一种**自修正活动**的观念之后,他列举了演绎、推拿、溯因之间的许多类比。譬如,他主张:演绎需要像归纳一样将正确前提连接起来("捆绑"[colligation]),它需要对于证明(例如前一讲中所呈现的那些图表)进行"观察",它甚至还需要做实验。在这些方面,皮尔士的观点与密尔类似,而且皮尔士在提到密尔时的确表示了称赞。[29] 皮尔士所列的类比中,有一些类比只是勉强算得上,比如他将归纳过程中对于同一数据查看两次与演绎中应用"重写"(复制)规则[30]对比。皮尔士预见到读者心中会产生一种异议。这种异议就是:在归纳结论中有错误的可能性,但"理论上"演绎结论不可能出现错误。他的回答富有深意,值得关注:

"理论上"那样讲,指的是匹克威克(Pickwickian)①意义上的言语方式。在实践中以及事实上,数学并不豁免人类每一事

---

① 匹克威克(Samuel Pickwick)原是狄更斯(Charles Dickens)小说《匹克威克外传》中的主人公。他天真简单,但慷慨善良。小说中,匹克威克先生曾与布劳顿(Blotton)先生彼此向对方使用侮辱性言辞,但后来人们发现他们所用的那些词并非通常的字面意义,其实两人各自都非常尊敬对方。于是,"Pickwick"的形容词形式"Pickwickian"常被用来形容某种想法或表达方式过于奇怪、不同寻常或毫无意义。——译者注

情所带有的那种易错性。严格说来,二二得四这并不确定。如果说在普通人相加所得到的数字中平均每一千个出现有一次错误,而十亿个人每人都做过一万次 2 加 2 运算,那么仍旧有一种可能性是:他们每次全都一样加错了。

从认识论上来说,皮尔士没有把数学必然性看作绝对的。(皮尔士用"我们在检查证明时普遍存在的出错可能性"来证明数学的准经验特征。菲利普·凯彻[Philip Kitcher]最近重新提到了这种观点。)[31] 然而,这与密尔的观点有着重要差别,尽管也有着明显的相似。对于密尔来说,数学就是经验的。而皮尔士并不否认存在数学具有而通常经验命题缺少的一种形而上学必然性。凡是在形而上学上来说为"必然的"东西,它不仅在我们现实世界成立,而且在课程最后一讲(第八讲)中所提到的涉及可能性的整个"柏拉图世界"上成立。(然而,那一讲认为也可能存在**其他的柏拉图世界**!)皮尔士所否认的是数学**在认识论意义上的必然性**,而不是其形而上学意义上的必然性(在这一点上,他预见了索尔·克里普克[Saul Kripke]在二者之间所作的著名区分[32])。

当然,有一些哲学家对于皮尔士这样写并不感到满意。他们(并非不合理地)要问:当我们说"二二得四"时我们都可能会"犯错",我们是**否知道这是什么意思**。尽管如此,有一种对于皮尔士的异议可以预见并得以阻止。这种异议是弗雷格式的,其论证为:"二二得四"(在认识论上)是必然的,因为"二二得四"这一思想只不过是谓词演算中(经过假扮的)一条定理,即:

$$\{\text{正好存在两个 } F \,\&\, \text{正好存在两个 } G \,\&\, (H = F \cup G) \,\&\, \text{没有什么能同时为 } F \text{ 和 } G\}$$
$$\supset \text{正好存在四个 } H$$

或者，采用(今天的)谓词演算记法：

$\{(\exists x)(\exists y)(Fx \& Fy \& x \neq y \& (z)(Fz \supset z = x \lor z = y)) \& (\exists x)(\exists y)(Gx \& Gy \& x \neq y \& (z)(Gz \supset z = x \lor z = y)) \& (x)(Hx \equiv Fx \lor Gx) \& (x) \sim (Fx \& Gx)\} \supset \{(\exists x)(\exists y)(\exists z)(\exists w)(Hx \& Hy \& Hz \& Hw \& x \neq y \& x \neq z \& x \neq w \& y \neq z \& y \neq w \& z \neq w) \& (u)(Hu \equiv u = x \lor u = y \lor u = z \lor u = w)\}$

我们相信，对于这样的论证，皮尔士显然会说(且不论在构造与"二二得四"等值的这个公式中有出错的可能性!)：要证实这**的确是**一条谓词演算定理(或如维特根斯坦[Ludwig Wittgenstein]教会我们说的，一条"重言式")，我们需要对相当复杂的证明过程进行检查，而那正好是皮尔士在本讲中认为本质上可能犯错的一类观察。这里所涉及的议题极为深刻；举例来说，维特根斯坦在其整个哲学生涯中都在为之着迷。

第五讲

作为哲学家或科学人，你必须有点像一位孩子，具有孩童般真诚而单纯的观察力，具有孩童般极其可塑的心智习惯。

什么练习有益于此呢？首先是广泛的阅读。每年读一百本或每三分之二天读一本，并不算是艰苦。若是你能找到很多好书的话，要自由轻松地读完五十本。真正的阅读是要置身于作者的立场之下吸收他的思想方式。与各类我们并不完全了解的人进行谈话，也可让我们的心灵焕然一新；不过，有趣的人正如有趣的书一样是很难发现的。

心情好的时候来读这篇令人陶醉的讲稿,就好比是在一个愉快的夜晚同皮尔士近距离谈话。(可以把它看作一部《与安德烈共进晚餐》①——或直接说是:与查理共进晚餐。)其中大多数内容,我们不宜对其再做注解;但个别地方突然出现有技术性东西,我们要评注的内容就是这些地方。

第一次出现技术性东西的地方是开头部分对于"惯常化"(habituation)的讨论。皮尔士写道:"连续曲线(其导数为连续函数)是可以一般词项进行描述的,也就是说,它具有一个方程式。的确,这样的曲线可能具有一些显然属于非连续性的奇点(singularities)。要答复此种异议,我现在只准备指出……"——皮尔士这就突然转题了,其动机和意旨极为不清。(或许所谓的同查理共进晚餐**就是**这个样子。)

我们的数学知识,在这里派不上大用场。我们一般不把连续性曲线定义为"其导数是连续函数的曲线",而皮尔士所指的有可能是我们今天所谓的**分析性**曲线。这样的曲线可以具有各种各样的奇点;但为何这会成为皮尔士关注的问题呢?

按照我们在全面介绍皮尔士连续统理论时所作的解读,事情有可能是这样的。正如我们当时所言,皮尔士理论背后的形而上学直觉是:我们生活在一个世界上——因为皮尔士确曾认为在现实世界上实际存在连续统——其中有大量的可能性,彼此相容的可能性。此外,之所以它们不可能全都得以实现,并不是因为它们之中某些可能性的实现会在逻辑上排除其他某些可能性的实现,尽管此类情形也是存在的。皮尔士在说"不可能存在 Ω 个独立个体"时所包含的意思并不是这一点。皮尔士心中的图景是:可能性的数目如此之大,只要我们看到这些可能性之中

---

① 《与安德烈共进晚餐》(*My Dinner with André*)原是 1981 年的一部哲理电影。电影记述了美国戏剧导演安德烈·格里高利(André Gregory)与美国剧作家华莱士·肖恩(Wallace Shawn)在艺人咖啡馆的对话。对话中涉及了两人有关戏剧、人生、世界等话题的哲学思考,充满了思辨性。——译者注

有一部分在一个可能世界中实现——比如说我们在一个可能世界上做出了某个非可数量的划分——那么,我们立即可看到,我们可以在一个可能世界上做出**更多的**划分,因此来说,在任何一个可能世界中都不可能**全部**实现所有这些**互不排斥的**可能性。作为总结,我们或许可以说,这个形而上学图景讲的就是:可能性超过现实性,这是固有的本性,而并不只是因为人类力量的有限性或自然规律所施加的限制。

如果这样的解读是正确的,我们似乎可以合理地认为:对于皮尔士来说,第三性意义上的"一般性"包含有同样的要素。也就是说,一个纯粹的全称命题如"所有天鹅都是温血的"本身并非(即使为真)自动成为第三性的例子。实际上,所有解读皮尔士的人一致同意:最起码,皮尔士意义上的"一般性"必定包含有法则或"习惯"(别忘了,这次转题恰是因为"惯常化"这个话题),而法则包含有模态——"情况**总会**(would be)怎样"和"情况**可能**(could be)怎样"之类的说法。许多解读都到此为止。但是,我们希望指出,假若一般性可以等同于连续性(根据皮尔士对于连续性的理解),皮尔士想要表达的一定是:任何理想的法则或习惯(在他的意义上)必须考虑 Ω 个可能的实现方式,[33] 也就是说,必须考虑到其可能的例示(exemplifications)如此之丰富,以至于在任何可能世界中都不能实现所有这些可能的例示。此外,在某种意义上,这些例示必定是**稠密的**。由于文本证据过少,我们不能进一步展开这些思想;但它们至少可以解释这样一种观点,即"从逻辑的[校读:形而上学的]观点看,一般性就是连续性"。于是,产生了一个问题:他自己的连续性范例,分析性函数,有时竟有奇点。他对这个问题略表忧虑,然后答应后面再来讲。

他在讲完连续性之后紧接着对于第一性和第二性的论述,对于我们解读这些范畴具有重大意义。(注意,在前一讲中他已将第一性与直接意识等同起来,这显示皮尔士身上有客观唯心主义的痕迹——实际上,皮尔士愿意称自己为一位"谢林式的唯心主义者"。)

本讲中讨论了三种谬误。皮尔士提出,在溯因时说我们应总是"选择最高概率的假说",这是一种谬误,因为真正进行溯因推理时"假说的概率"这一概念甚至不具有意义。(这里,皮尔士跟今天许许多多的概率论理论家一样,是一位坚定的反贝叶斯[Bayes]论者。)在演绎中,最常见的谬误是:"根本不是在推理,而只是根据经验行事。"(我们又感觉像是同查理共进晚餐了。)皮尔士所给出的例子是有所考究的:譬如,有人认为"整体不能与其部分同样大小"在逻辑上是真的——皮尔士所熟知的来自康托尔(Georg Cantor)的反例是,全体整数集正好同全体偶数集等势,还有人认为"无穷小不可能存在"(倘若这是逻辑真理的话,将排斥皮尔士本人的连续统理论)在逻辑上是真的。最后,归纳中最常见的谬误是:违反皮尔士在第二讲中所提到的一种要件。他在当时讲过,此种要件为:其中的特征 π "一定不能依据具体实例的呈现方式,也不能依据那些实例的特征来提出。最安全的做法是:在检查考察 S 之前,要求先把 π 确定好"。在第二讲,皮尔士已经给出许多例子来说明假若违反该要件会产生什么样的错误;本讲中,他借机批评了保罗·卡罗斯(他曾在另外一点上批评过皮尔士,皮尔士在第四讲的准备材料中以轻蔑的语气予以反驳,但正式演讲时并未包含进来)。很不幸,皮尔士由于急于指出卡罗斯的严重错误而"失控了",原本可以很简洁的结尾却加上了不必要的技术性内容。

第六讲

因而,情况是这样的。齐一性(uniformity)或必然法则只能生自另一法则;而偶发分布(fortuitous distribution)只能生自另一偶发分布。法则产生法则;而机缘(chance)产生机缘;自然现象中的这些要素,就其本质来说,一定是初始存在、完全分明的构成材料。或者,若是我们想要摆脱这种二分法,可以根据溯因原则来设想：我们一开始应该尽可能强调"统一性"（unity）这样的假说。这样做，唯一可能的方法就是：假定法则的最初胚芽是一个本身凭借机缘而出现（就是说，属于第一性）的**本体**（entity）。这是因为：机缘的本质就是"它是第一性的"，第一性的那种东西就是机缘；偶发分布（即完全的无规律）是唯一不用任何相反理由就可以得到合理解释的东西。

在从本讲开始的演讲课程最后三讲中，皮尔士展示了一个大胆的形而上学体系。在下一讲，皮尔士会解释他建构此种形而上学的动机所在。他告诉我们，他之所以要做出这些形而上学猜想，是因为他自己问自己："在我们现在所知道的原子和分子之外，我们到底该如何找到某种更进一步的东西？我们该如何为下一个大发展制定一套整体方案？"因而，这里所提出的形而上学指的是一种**经验的**形而上学；它最后要得出的是一些我们能够加以检验的预言。就此而言，它有别于而且是意在有别于通常所认为的那种形而上学，尽管其在语言上更多类似于（我们一般所想到的）形而上学而非（我们一般所想到的）经验科学。

一开始，皮尔士讲了一些他在因果问题上的敏锐观察。他指出，原因概念随着时间推移不断变化（援引了他所认同的"好友卡罗斯"的话——显然前一讲结束时那种强烈的反卡罗斯情绪已经消失！），他机智地提出：古典力学（皮尔士想到的是天体力学）中使用的原因概念，其性质与我们典型地以为因果关系所具有的那些性质正好相反。譬如，如果我们知道了宇宙所有天体的位置和质量，那么（根据牛顿重力学理论）我们就能知道所有天体的加速度（因为牛顿重力能在某个距离瞬时发生作用），但我们不可能预见该系统的未来状态，除非我们同时已知各天体的速度。而某物的速度只不过是它在两个足够接近的时间点所处位置之间的距离与两个时间点之差的比率。因此来说，牛顿天体力学可以使得我们做到的是：预见未来某一时间的宇宙状态（达到一个事先任意指定的精确度），**只要我们能知道在两个足够接近的先前时间点上所有天体的位置和质量**。倒不是说牛顿式因果关系对于宇宙未来状态的测定方法是将其作为早前**某**一时间点之状态的函数；我们要说的是：它对于宇宙未来状态的测定方法是将其作为早前**两个**时间点之状态的函数！[34] 此外，在牛顿物理学中，原因及其结果可能是同时发生的，[35] 利用方程式，已知宇宙在两个适当的早前时间点上的状态，我们能够预见宇宙的未来状态；利用同样的方程式，已知宇宙在两个适当的早前时间点上的状态，我们还可以"回看"宇宙的过去状态。基础物理学中的因果性完全是"时间上可逆的"。[36]

然而，皮尔士指出，我们心理上的因果关系性（甚至还有我们在日常事件中所观察到的因果性）似乎充满了**不可逆现象**。就我们所能知道的而言，它在直觉上的性质与天体力学中的因果性相违背。[37] 皮尔士所面临的（也是我们所面临的[38]）问题是：两个如此截然不同的"因果关系"种类（一种受到诸如重力和电磁之类的守恒力的支配，另一种则似乎服从我们直觉上的"因果关系原则"）竟存在于同一世界上，该如何解释？

皮尔士指出，我们在生活周边所看到的那后一种因果关系（他称它为"非守恒"因果关系）往往涉及一种统计成分（他以大气中的温度平衡为例对此作了说明）。于是，皮尔士又开始讨论他所谓"偶发分布"（或者用我们今天的叫法，"正态分布"）[39] 的本质和普遍性。

皮尔士所给出的"偶发分布"定义，作为对于"随机"的界定，实际上比他在第二讲中所给出那个要好。根据皮尔士的说法（在本讲中，他采用的例子是：一个无穷序列，其中的对象被分成"彩色的"与"白色的"），只要一个对象为彩色与否**独立于**它是否与所在序列中其他对象之间具**有某种根据序列后继关系、彩色和白色特性可得以界定的关系**，该序列中对象的分布就是偶发的。譬如，已知紧挨着某一对象之前的三个对象分别为白色、白色和彩色，这种情况下该对象为彩色的概率，正好等于已知那三个对象在"白色"和"彩色"属性上具有任意其他分布时该对象为彩色的概率。(这样的定义仍旧包含一个模糊用语——"可界定的"——但是,如果我们讲明其意思是说:某一对象为彩色的概率独立于它是否属于某种可根据序列后继关系及系列中其他对象之属性而得到**递归**定义的子序列,我们所得到的正好就是邱奇[Church]对于随机序列的定义。)

在刻画完随机("偶发")分布之后,皮尔士观察到了一条重要结果,即在解释某一偶发分布的存在时(譬如,在统计力学中),往往是假定过去有某个**别的**分布是偶发的。在解释"机缘"(在偶发分布的意义上;背离决定论意义上的机缘尚未讲到,但在第七讲中会作讨论)的出现时,其中往往有对于机缘的设定;在解释规律(regularity)的出现时,其中往往会有对于规律的设定。"法则产生法则;机缘产生机缘。"就是在这里,皮尔士做了一个溯因式跳跃(我们本节开头引用的那段话),从而提出一种假说,即"法则的最初胚芽是一个本身凭借机缘而出现(就是说,属于第一性)的**本体**"[40]。(这句神秘难解的话将在第七讲谈及进化宇宙论话题时,得到详细而清楚的解释。)

现在,皮尔士写道:"我们已经弄清了这些事情。别忘了,我们如此讨论,全部目标就是要寻找某种借以整合物理行为和心理行为的线索。现在我们就稍加观察下分别为守恒力和因果性原则[也就是要求:因果性是不可逆的,结果总是先于原因,'某一时刻的事态完全且严格地受到另外**一个**时刻之事态的决定']所支配的那两类现象所具有的某些其他特征,然后再看看我们迄今所作的论述对于它们是否有所阐明。"

通常在演讲中,在这样一段过渡性的话语之后,人们会看到迄今所提出的观点得到某种应用。但是,皮尔士并非普通的讲演者:紧接这些话之后,他竟然开始描绘起对空间和时间的一套全新的形而上学论述!

皮尔士采用了一种康德式语言,指出:空间就是"这样的一种直觉形式,借此可以呈现那些存在模式为相互反应的对象所具有的相互反应法则"。[41] 他勾勒出了无数他所谓的该观点之"后承"和"推论",虽然并不十分清楚这些东西应该如何得来，但它们在一定程度上有助于澄清皮尔士的此种观点。物理世界的最终构件是能够相互作用（"反应"）的，而反应乃 hic et nunc（此时此地）。由此，可以"必然推出"：这些最终构件是一些点粒（"博什科维奇[42]的原子颗粒"[*Boschovichian* atomicules]）。何以"必然推出"呢？很有可能，皮尔士心中所想的论证是：任何涉及广延物体的反应都是无数的反应之总和，该物体的每一点部都有一种反应。[43]

　　认为空间只是借以呈现这些介质之间反应的一种直觉形式，这种观点意味着否认空间方位（点）乃真实事物。因而，不可能有一种法则说"粒子总是被吸引到某个特定的**位**（place）"，因为这样的法则要求一个具有物理属性的位置。（尤其是，按照广义相对论的世界观，空间与物质处于不断的相互作用和彼此修正之中，而我们这里所勾勒的形而上学完全与之相背离。）运动只能是相对的，但皮尔士引入了一个参照系，因为他认为物理学需要有这样的参照系。他说：这个参照系是经过改进的凯莱（Arthur Cayley）"绝对者"。这里，皮尔士指的是通过某种方法把度量几何归在凯莱 1859 年所发现的射影几何之下。这种方法能把**射影几何**[44]中的一个度量（metric）界定在任何一条线上，只要我们选定了这条线上的任意两个点（"测定点"）。这样的度量也可以界定在整体空间上，只要我们选定的平面具有如下特性：（1）至少有两个点位于该几何场的每一条线上；（2）（满足射影几何的对偶特征）至少有两条线与该几何场的每一个点相交。具有这些特性的最简单的图形是圆锥体。这种锥体在今天被称为"量规锥体"（metric-gauge conic），或简单地称作"量规"（metric gauge）。今天我们已经丢掉了"绝对者"一词，因为"'绝对者'一词暗含一种虚假的东西；关于量规，没有什么绝对的东西"[45]。

　　这个参照系本身为皮尔士宇宙论中的一个"对象"，尽管只是一个几何对象。应该指出的是，对于皮尔士来说，空间拓扑学就是**射影**几何的拓扑学（其中，每一条线都包含一个无穷远的点，而所有无穷远的点都位于一条无穷远的线之上)。这样的空间是无穷的,但其中每一条线都回到自身。

不过,这已超出我们当前应有的进度。一开始,我们只是认为空间作为一种方式用来呈现无数相互反应之物的存在。根据此种呈现方式,这些相互反应之物每一个都在既定的时间(在皮尔士的宇宙论中,时间是绝对的,完全不同于空间)占据一个点。为了把"接近"(nearness)概念界定在此种空间上(也就是,加上一种拓扑学),皮尔士认为:只要处在某些点之上的对象趋于更强烈的相互反应,这些点就是比较接近的。[46] 为了界定"直线"(straight line)概念(用今天的话来说,就是加上一种仿射结构),皮尔士规定:没有任何其他介质作用于其上的一种基本粒子,它的那些前后相继的位置处于一条直线之上。为了界定距离(distance)("加上一种度量"),皮尔士规定:此种粒子在相等时间内[47]所波及的距离是相等的。这种度量与通过精当的规椎(gauge conic)(凯莱"绝对者"之一)所界定的度量是一致的,此乃皮尔士的一条基本设定。

然而,空间作为一种方式并非只是用来呈现这样一种事实,即存在着彼此"反应"的一些粒子;它是一种**法则**呈现方式,这种法则支配着那些粒子所具有的相互诱导运动。由此出发,轻松自如地运用他形而上学上的第二性和第三性范畴,皮尔士推导出了大量后承。譬如,由于空间是一种法则(或第三性)的化身,而理想的第三性(或一般性)同时也是连续性,可以"推出":空间是连续性的。还有,由于反应是第二性的,所有的反应一定都能解析为某一时间恰好**两个**事物之间的反应:"空间所表示的法则,其指定的不外乎有关反应的一些条件,而既然反应乃对偶性(Duality),可以得出:空间所指定的那些条件都必然是对偶性的。"

从这样的观点出发,皮尔士导出了"五个推论"。其中第三个推论是说:

> 已知某一孤立物体在两个时刻所处的位置,此种法则可以

指定该物体在所有其他时刻的位置。也就是说,第一导数或曰只需两个时刻的位置之别就可以决定所有其他时刻的位置。就是说,速率永远保持不变。

皮尔士还继续说:

> 接着从这些推论出发,再加上用以推导它们的那条一般原则,可以得出:当一个物体作用于另一物体之上时,受到直接影响的是那种始终如一的直线速率。受影响方式是这样的:只要那个主动物体的作用保持不变,两个速率(或同样也可以说是,三个时刻下的三个方位)可以决定该物体将会有的所有其他速率。因此,这就解释了为何可以产生加速度的是力而非空间相对于时间的任何其他导数。

这就是皮尔士推导出来的牛顿法则,即力等于质量乘以加速度。其他一些推导结果,更加令人吃惊。譬如:

> 当粒子 A 作用于另一粒子 B 时,后面这个 B 将以同样的方式作用于 A;而且,二者之上的作用力不可能具有相同的加速度,因为有法则使得它们的相对位置受影响。[48] 我们将看到,借助于我们已经提到的第三条原则,可以得出这一点。因此来说,加于 A、B 之上的加速度是相反的。[49] **其次,这两个加速度一定是相等的,因而所有原子颗粒的质量都是相等的。**[粗体为引者所加。]

84　　所有这些让我们想起康德曾试图根据他的哲学推导牛顿物理学中的某些原理。[50] 但是,这里有一种差别很关键:康德的论证是想要表明牛顿物理学中有一部分是先天的,而皮尔士的论证则是想要清楚解释一个假说都有什么结果。皮尔士**希望**该假说具有不大可能的结果,以便可以从经验上得到否证。

> 我很高兴可以说,[我的空间理论的某些结果]是极其可疑的。我说我很高兴,是因为这让它们具有预言特征从而使得该假说可以得到经验上的证实或驳斥。

皮尔士从空间理论又转向了机缘这个话题上。他解释了随机现象(stochastic phenomenon)的不可逆性,说法如下:

> 这是因为:不同的时刻是相互独立的。既然已经做出了一种改变,就没有任何特别理由说这个改变应该没做过。如果有人在赌桌上已经赢到了 20 法郎,[比起]他在一开始就将可能输掉这 20 法郎,他现在将输掉这 20 法郎的可能性并不会变大。

这种论证有点奇怪,因为明显会有人提出异议:就像基础物理学的法则一样,概率法则并不区分时间的方向。

在本讲结尾处,皮尔士提出:正如空间可说成是"一种直觉形式,借此可以呈现那些存在模式为相互反应的对象所具有的相互反应法则",时间也可以看成是"一种形式,借此把逻辑依赖性法则显示给直觉",而"现实瞬间"(也即是,目前)的"非连续性"所指的可能就是:"在此可以引入一些并非由第一性经过逻辑推导而来的新前提。"其中的观点似乎是:从法则到结果的推导,在直觉中呈现出来之后,就是那些结果在时间上的实现。如果这样说是对的话,那么,时间就在固有本性上是不可逆的(演绎的逆向一般来说都不是演绎),而这显然就是皮尔士所相信的。时不时地（即在推导的各个不同点上），新的"前提"凭借机缘自发出现，而这就是我们"当前时刻"所经验到的东西。

第七讲

现在，我们似乎启程踏上了浩瀚无垠的可能性海洋。我们看到的是物理学理论的伟大导师们所提出的猜想。我们必须说：这些猜想中的任何一个，光是检验一番就要花费一大批有才华的数学家整个一生的时间。而且，这些理论任何一个为真的前提概率（antecedent probability）都不超过（比如）百万分之一的机会。我们在建构摩尔动力学（molar dynamics）的理论时，指引我们前行的是我们的本能。这些本能有一定可能是真的；因为它们正是在我们所研究的那些法则的影响之下才得以形成的。但是，随着我们从自然表面一步一步深及内里，本能就不再能给出确定答案了；倘若本能可以的话，就没有任何理由认为它们的答案只是近似于真理了。因而，我们最终似乎到了这样的两选境地。要么，我们必须对大自然的运行方式做出某种非常宽泛的概括。这至少可以告诉我们：有关分子和以太的理论，有一种比另一种更值得尝试。要么，我们最好完全放弃这条探究路线（我指的是对于物质内部构造的探究），因为最后可能发现它纯粹是在浪费时间。

在这一讲中，皮尔士展示了他宇宙论的大部分内容——不仅有对物理世界的形而上学描绘，也有他对心理世界的解释；更深层面的一些形而上学猜想，将在接下来的演讲课程最后一讲中出现。皮尔士所作的此种猜想似乎让他的许多追随者感到不安。从它的受关注度相对较少，可以看出来这一点。但是，如果我们要理解他所认为的哲学在科学体系中的位置，很关键的一条就是理解他的那些猜想，并理解他做这样的事情出于什么样的动机，竟然促使皮尔士"在过去的十五年中付出如此之多的艰苦工作，竭力想把这个问题想清楚"。

皮尔士做这些演讲时是在19世纪末，当时部分科学思想家中间正在讨论某些问题。比如，[至少有可能]受19世纪20年代开始罗巴切夫斯基（Lobachevsky）和黎曼（Riemann）工作的暗示，空间是否具有非欧几里得的性质；有关以太本性的一些问题；有关原子是否只是有用的虚构之类的争论。无疑，当时的一种主流观点是：牛顿（运用他的重力理论以及光学理论）与麦克斯韦尔（Clerk Maxwell）（运用他的电磁理论方程式）二人至少原则上已经解决了所有这些问题。譬如，大数学家希尔伯特（David Hilbert）在1900年世界数学家大会上发布了一连串著名难题，其中他列举了**"将此种物理学原理置于一种令人满意的基础之上"**作为**数学家们**的一个难题！但是，皮尔士显然并不认同这样的主流观点。皮尔士明确地预见：需要从根本上采用一些新的观念，才能触及"分子和以太"的本性，才能探清"博什科维奇的原子颗粒"（一些点部，皮尔士相信它们是物质的最终构件）这一层面，才能回答涉及有关空间的几何学和拓扑学的问题。相对论和量子力学已经表明，他是对的；不仅如此，他还正确地看到：单是设法将牛顿动力学拓展至越来越小的领域，永远不可能找到这些新观念。

面对这一情境，皮尔士得出结论（参看本节开头的题词）：若没有哲学上的指引，物理学自身不可能再有任何进步，更不用说我们对于心理世界的理解或我们的形而上学了。能够提供这种指引的是建基于第一性、第二性、第三性范畴的一种形而上学。他将这些范畴应用于有关空间、时间和因果关系的本性之类的问题。但是，此种形而上学将是一种可检验的形而上学。总之，形而上学仍旧是可能的，这一点并不只是与他的哲学相一致，而且就是其哲学的一个结果。哲学在传统上被视为一门探究实在世界之最深层、最隐蔽层面的学科,这非常符合皮尔士的观念;他对于传统形而上学所反对的是它的非经验特征,是它不能提出**可证伪的**假说,是它对于数学方法掌握得不够。就此而言,皮尔士与詹姆斯和杜威也有着很大不同。这二人都从未说过哲学能对于物理学从业者提供实质性指导。相反,杜威写道:[51]

> [哲学]主要关注的是:澄清、解放和拓展内在于自然生成的经验功能之中的益处。它不想要重新创造一个"实在"世界,也不想要探明隐藏于常识和科学背后的存在之秘密。它没有专门属于自己的大量信息或知识体;如果说在它作为科学之对手出现时并没有总是变得荒唐可笑,那只是因为某一位哲学家碰巧同时(作为个人来讲)也是一位具有预言能力的科学人。

87 这当然是在批判皮尔士在演讲课程中所做的那一类工作。

皮尔士把握到了下一世纪科学将要面对的困境,这是他的先见之明;但是,我们必须承认:他试图向未来的科学家们建言"关于分子和以太,有一种理论比另一种更好",这一点至少从目前来看并不成功。虽然后来科学发展的某些特征——空间的非欧几里得特征以及非决定事件的存在——被皮尔士预见到了但在我们非常成功的科学理论中有许多特征都直接背离皮尔士的其他结论。譬如,对于空间与时间之间的绝对不同,对于绝对"现在"(我们在前一讲中看到过)的存在,对于绝对运动的存在,皮尔士从来没有怀疑过。而且,皮尔士所设定的那种非决定性在于机缘事件**非常罕见的**出现[52]——他甚至认为非决定性不会普遍存在于微观层面。因而,有些人(跟杜威一样)认为哲学**不可能**扮演皮尔士希望它所扮演的那种"指引物理学研究"角色,他们或许会说:若是20世纪物理学真的接纳了皮尔士所提供的哲学指导,那将是一场灾难。不过,我们评注的目标不是要在这个问题上支持哪一方,只是要让它引起读者的关注。

本讲的结构是这样的。皮尔士在第一部分清晰地表达了宇宙论物理方面的大多数内容。然后，紧接着皮尔士展开了对"心理行为"（psychical action）的讨论，有一节论述的是术语伦理学（我们将其放在方括号内，因为我们不能确定在实际讲时它究竟被放在何处）。最后（在最后的几页中），皮尔士得出了一些一般性结论，并提出了他的那个迄今影响仍旧极其深远的形而上学假说：**自然法则是一种"进化过程"的产物**。对于这些内容，我们将依次逐一讲点什么。在我们所说的本讲第一部分开头，皮尔士这样陈述他的目标："我希望表明的是：有别于守恒力作用的那种因果关系，不仅在外部世界上而且在内部世界上，都是一种真实而基本的关键成分。"为了能理解接下去的内容，有必要完全弄清皮尔士这样说到底是什么意思。虽然（第六讲中）皮尔士已经开始说日常生活中的那种不可逆的因果关系是"非守恒的"，但那并非意味着：他就直接错误地认为不可逆性一定与最深层面上时间可逆性决定论法则的普遍有效性相冲突。虽然他并未实际提到"熵"（entropy）一词，但他意识到：不可逆现象已经（据称[53]）由第二热力学法则得以解释，而且他还意识到：第二热力学法则本身已经（据称）借助于概率论得以解释。皮尔士在一段话中提到了这一点。这段话的开头是："物理学家们通过把机缘学说应用于数以千亿的分子对于不可逆现象提出了一些解释，我认为那些解释代表了最高的科学功绩之一。"

下面是赖兴巴赫（Hans Reichenbach）对于"那些解释"所作的一种极为明晰而简洁的概要。

> 维也纳物理学家玻尔兹曼（Boltzmann）发现：不可逆性原则可以通过统计学事实而得以解释。物体之内的热量是由物体分子的运动所决定的；分子的平均速度越高，其温度就越高。我们一定要明白，此种命题所说的只是分子的平均速度；每一

个分子的速度可能极为不同。如果热的物体与冷的物体接触，它们的分子会碰撞。偶尔会出现：一个慢速分子在撞上一个快速分子后减速，却使得那个快速分子更快。但这只是例外；平均来看，经过碰撞之后，它们的速度会均等化。因而，热力过程的不可逆性可以解释为一种混合现象，好比是洗牌或是气体与液体的混合。

虽然这种解释使得不可逆性法则看似可能，但它同时引起了一种未曾预料的严重后果。它使得该法则失去了严格性从而成为一种概率上的事情。[54]

赖兴巴赫所提到的这种对于不可逆性的玻尔兹曼式解释，若是能接受，它可以使得不可逆性与牛顿物理学中的时间可逆性因果关系完全相容。皮尔士一直称这种因果关系为"守恒力"，因为其中所包含的力全都是守恒力。很明显，皮尔士意识到了这种相容性，因为他说道："这些非守恒的作用力**看似**违背了能量法则，但物理学将其归因于机缘作用从而**消解掉了**"[着重字体为引者所加]。实际上，皮尔士反对所有对于玻尔兹曼式解释的批评，尽管从今天来看似乎可以肯定那些批评中有一部分提出了深刻难题。（玻尔兹曼在著名定理中所表明的内容，如果以技术语言来说，就是：**在一段极小时间之后**，熵往往会增大。但是，由于概率法则和牛顿物理学法则全都不考虑我们是把哪一个时间方向作为"未来"又把哪一个时间方向作为"过去"，结果必然是：同样的定理也意味着，**在一段极小时间之前**，熵往往会**减轻**。因而，"玻尔兹曼的 H 定理"**本身**并不能解释这样的事实，即不可逆性过程全都"朝着同一个方向"，譬如，火星上熵增大的方向与地球上熵增大的方向是相同的。）[55] 不过，皮尔士并不准备得出结论说：我们生活在一个服从时间可逆性法则的决定论世界上，其中所有表面上的不可逆性都是因为所提到的那些有效的统计学事实。之所以不满足于这样的结论，皮尔士在第六讲中已经给出过一个理由：这将使得机缘(高斯型分布或皮尔士所谓的"偶发分布"的存在)成为**未加解释的**实在世界特征。皮尔士相信,此类分布之所以出现是通过另一意义上的机缘,即**绝对**机缘；而且,(他将给出解释)他相信法则能够从这同一种源头产生而来。(这里,他显然受到 19 世纪各类进化理论的影响。其中包括拉马克[Lamarck]、达尔文[Darwin]、斯宾塞[Spencer]等人的进化理论,不用说,还有黑格尔[Hegel]的。)这样的假说若是真的,将会赋予偶发分布和规律同一种的**最终**起源,因而将在形而上学上受到偏爱(本讲结尾处将会给出补充论证)。

然而,皮尔士用了本身并无多大意义的一连串带有技术性的话(有几页的篇幅),令读者颇为费解。这些话就是紧挨着我们认为是在指玻尔兹曼的那段引文之后开始的。其中所关注的是守恒作用力可能会以什么不同方式引发一些特性：包括不可逆性以及趋于达到指定的最终状态——皮尔士认为它们是"非守恒作用力"所特有的。这些方式中,有些很明显(比如摩擦)；另有一些涉及物理学法则所发生的假想变化(包括：倘若所说的力并不严格属于平方反比力,会发生什么；倘若是立方反比力,又会发生什么)。在阅读这部分内容(在第一次阅读时应该略读)时,重要的是意识到两件事：

(1) 正如我们在全书导论中讨论皮尔士的连续统理论时所指出的那样,皮尔士相信真的存在无穷小。我们当时解释说：很多年以来,这种处理微积分的方法一直被认为只是**弄错了**,但是,自从几十年前罗宾逊将其建立在严格基础之上以来,它重新又被认可为一种处理微积分的方法,并被称为"非标准分析"。不过,正如我们所指出的那样,皮尔士自己的连续统理论不同于罗宾逊的"非标准"建构法(尽管我们相信它也可能被表明为完全融贯的,关系到我们今天的集合论)。这一点之所以相关,是因为皮尔士的一些讨论涉及奇点在某些方程式中的意义,而且,皮尔士刻画这些奇点时所依据的是：当奇点被接近时,在"无穷小的时刻"之后会发生什么。

（2）因为皮尔士相信射影几何比度量几何更为基本，[56] 而且也相信有真的无穷小和真的无穷大，[57] 他相信线条末端的"无穷远的点"以及平面上"无穷远的线"（还有**时间**上无穷远的点）都是真实的。因此，正是在他论及双曲线轨迹上永远运动的物体时，他写道："假若这种运动一直继续，**直到无穷远的时刻之外**，它将穿越**平面上无穷远的线条**，从而完成一条封闭的双曲线轨道"[着重字体为引者所加]。（但是，他并不认为这"完全令人满意地"解决了他所认为的一个悖论，即这里的守恒力产生了不可逆的结果。）

这些思考之后，有着皮尔士明显用绿色铅笔标出的一段话（我们在本书中将未完成的句子补充完整了），非常值得关注。

> 现在我要请你们注意一些事实。首先，我们没有任何理由相信三角形内角和正好等于两个直角；第二，倘若不是这样的，任何运动都[不应该**带有**]我们**平移**时所熟悉的那些特性。譬如，我们认为平移是纯粹的相对运动，因而，两个粒子如果没有任何力作用于其上并且暂时来说相对静止，不论它们相对于其他物体运动有多快或有多慢，它们将永远保持彼此相对静止。但是，在非欧几何中就不是这样的。两个粒子并行运动，[这是不可能的，]除非三角形的内角和正好等于180°。

这里，皮尔士严肃对待"空间可以为非欧几里得的"这一观点，并在实际上指出了：在非欧空间中，一个系统中有两个带有平行轨迹的自由粒子，这是不可能的。

紧接着刚刚我们所引用的那段用绿色铅笔标出的话之后，我们发现了另一段精彩的文字。其中讨论的是牛顿和马赫（Mach）之间关于运动和惯性之本质的观点之争。从当今的观点来看，皮尔士站错了队伍（同牛顿一起反对马赫），但是，在我们看来，他认为牛顿17世纪提出的那些论证相比他的同时代人马赫的论证要好得多,这是非常正确的。牛顿之所以相信有绝对空间,并不是基于先验理由,而是因为那是一种可以解释惯性现象的假说。皮尔士正确地指出,马赫理论(即惯性运动是相对于恒星的运动,而不是相对于绝对空间)的一个结果是:(比如弹弓的)离心力将"受到距离极其遥远的那些恒星的角运动的影响,而且距离较远的恒星要比距离较近的恒星有着更大影响"。马赫实际上受到了广义相对论的证实,但令爱因斯坦伤心的是,马赫本人不仅连广义相对论的萌芽也没有,而且还拒斥狭义相对论。正如皮尔士正确指出的那样,在马赫所认同的牛顿物理学语境中,他的理论不能从动力学上得到理解。这时,我们发现了解读起来显然有点困难的一段话。皮尔士写道:

> 的确,空间只要是一种连续统,就是纯粹的法则——纯粹的第三性。但这并不妨碍它同时也是一个**事物**(thing)。如果除其连续性之外它还表示任意的"这"(thisness),我们必须承认它就不只是一个单纯的法则。运动相对性的问题是一个关于空间度量的问题,并不涉及空间本身的性质;因此,虽然运动是相对的,并不能必然得出空间**本身**是相对的,不论这种推理作为溯因有多么正确。不过,有一些特征是属于空间**自身**的,它们似乎包含有"这",比如空间具有三个维度……
>
> 我在本讲中没有足够的时间,而你若是能更加仔细地考察这个问题,你将会发现:在空间显示出第二性特征的那些方面,运动好似由因果性法则支配[即运动具有"非守恒性"]一样,而在空间保持其所有第三性的那些方面,运动也保有了它们的动力学特征。

问题在于:初看之下(而且从对于马赫的运动相对性信念的批评可以立即得出),人们倾向于将此解读为对于绝对空间的认可。但在第六讲中，皮尔士已经告诉过我们：

> 由于空间**只作为法则而存在**[着重字体为引者所加]，它的那些位置本身不可能具有独立的身份（distinct identities），因为独立身份只属于实存性（existential）事物。因此来说，位置只是相对的。但是，由于同一时间的不同运动一定要在数量上对比，而这种对比不会受到运动着的反应粒子本身的影响，我们可以得出：必定有另一对象处在空间之中，所有运动都必须以它为参照。[这就是凯莱的"绝对者"，或者按照今天的说法，就是规椎。58]

这种表面上的矛盾可以避开（要说皮尔士从第六讲到第七讲便改变了立场，这不能说服人），只要我们认定：空间在其中呈现"第二性"的那些方面——就是说，不受任何法则决定的那些不可还原的属性——所对应的是皮尔士在本讲结尾处将要谈到的那些未加解释的物理**常量**（空间维度的数目就是这样一种常量），而不是方位（"位置"）的某种绝对性。之所以说这种反驳马赫观点的论证并不同时反驳皮尔士自己在第六讲中的观点，是因为：这个"绝对者"并非动力学对象（就像一颗星星或所有恒星的集体），而是一个几何学对象，即点的处所。皮尔士的想法是：物理学法则内在地包含一种需要**相对于**某一规椎得以确定的度量。由于在射影几何中规椎并不是**唯一的**——凯莱的"绝对者"一词在内涵上容易误导人——不同的规椎导致不同的度量，59 因此依旧有一个问题存在，那就是：为何这些法则要包含某一规椎而不是另一规椎？或者，为何这些法则所包含的不是一个动态规椎，它相对于在皮尔士看来产生现实世界所适用之物理学的那个规椎在运动？我们猜答案可能是：这是一个类似于某些最终物理常量之任意性的事实。这种任意性，皮尔士随后将用在形而上学。

本讲这一部分的最后是两个例子。在第一个例子所呈现的情况下，皮尔士似乎认为物理学总是不相干的（"完全没什么意义"），其中本质上包含的只是时间流本身（用皮尔士的话说是，从"［有关未来］的疑问状态"过渡到"既成事实状态"）的形而上的绝对性。第二个例子实际上是题外话，是关于两个游摆的。皮尔士指出：在数学描述中，没有任何一个游摆被视为"主体"（the agent）或"受体"（the patient），但是，"我们对于因果关系公式有天然的偏好"，这使得我们将前面的游摆视作主体而将后面慢的那个游摆视作受体。（在这种包含有守恒力的情况，皮尔士明显更愿意采用数学家的描述，而不是"天然"描述。）

　　接下来精彩的一节是关于术语伦理学的，他讲得很清楚（顺带表达了他对经院哲学家用词严格的敬佩）。当今，与此在风格上略有相似的一篇值得关注的文章是奎因在《本质》一书中论述数学术语滥用及其他错误的一篇文章。[60]

　　在此之后的一小节中，皮尔士勾勒了他自己所认为的心理学。他的心理学版本跟当时的心理学一样（譬如，对比一下詹姆斯的《心理学原理》），同时具有内省论与联结论的特征，还对于身心平行论（"广为接受的脑理论"）保有尊重。皮尔士区分了心理事件的两个内省参数：强烈度（譬如，霹雳的雷声被认为比几个人拍手的声音更强烈，也比星光更强烈）与鲜明度（处在注意力正中心的心理事件要比外围的更鲜明，印象要比记忆图像或想象的图像更鲜明；注意：一个事件可能不是很强烈，却非常鲜明）。这一节结尾处讲到了"观念作用的法则"，它实际上是五条联结原则的集合。

　　在以当时心理学的方式描述完"观念作用"之后，皮尔士开始总结本讲，转向了他从第六讲开始就一直思考的一个问题：我们在心理世界所看到的那种不可逆的因果关系能否证明"最终是守恒性的因果关系"，或者说，是否"所有的守恒作用力最终都属于因果关系"。在此，他坦承：要证明到底应该是哪一种情况，"希望非常渺茫"；这原本不会令我"付出如此之多的艰辛工作,在过去的十五年间,想尽办法弄清楚这个问题"。然后,他解释了为什么要构建一种溯因式的形而上学(我们在本节的题词部分曾引用)。对于为何要做出大胆的溯因式推理,即"法则源自于机缘",皮尔士在第六讲中已经给出过一个理由:我们渴望在解释上达到统一,但已经知道不可能以一种根本上令人满意的方式将机缘还原为法则。[61] 在该讲的结尾处,他给出了第二个理由:自然法则包含有任意常量("这些都只是任意的第二性。因此,这里的解释不可能是纯粹理性上的")。

皮尔士问:"那么,可以有什么类型的一种解释呢?""我的回答是,我们或许可以期待一种进化论解释。"然后,难得一见,本讲竟没有转向技术话题,而是以一种真正的瓦格纳笔记的方式结束了。就在这时,皮尔士提出了一个重要假说,即实在世界固有一种"一般化趋势",它能不断强化自身(进化的一种形式),同时也能解释所有其他法则何以成型。在接下来的最后一讲中,随着皮尔士继续谈到逻辑本身的进化以及其他更多问题,这个形而上的故事将会展开。

第八讲

皮尔士缺乏面对普通大众演讲的经验,这一点在最后一讲中体现得最为显著。接着前两讲中已经开始呈现的一种进化宇宙论及形而上学将其宏大的形而上图景发挥至几乎难以想象的极限(有些读者会希望把这句话中的"几乎"去掉),虽然这在最后一讲中是恰当的,但该讲第一部分几乎全在讲射影几何和拓扑学,还夹杂着皮尔士本人的连续统思想。第一次阅读时,我们推荐读者复习一下我们在本书导论中所描述的皮尔士的连续统理论,然后要从第257页上的一节(这一节的开头写道:"每一种理解事物的尝试——每一种研究——预设或至少是**希望**那些研究对象本身服从多少与我们所用之逻辑相同的一种逻辑")开始阅读本讲内容。

我们不准备详细评注皮尔士对于射影几何学和拓扑学的解释,因为今天读者最为感兴趣的地方是本讲中的形而上学部分。我们只需要提到,跟许多数学家一样,皮尔士认为空间的射影特性要比度量特性更为基本,而拓扑学特性甚至还要基本。理由是:度量特性被看作是刚性运动下保持不变的特性(就像后来的赖兴巴赫[62]一样,皮尔士认为度量是物体和光线的行为加在空间之上的),[63] 射影特性是在更广泛的一类连续变换之下保持不变,而拓扑学特性则是在最广泛的一类连续变换下保持不变。与他那个时代的流行观点相反,皮尔士(也是像后来的赖兴巴赫一样)认为:人的心灵**能够**将非欧空间以及带有奇特拓扑结构的空间变成图像。(要做到这一点,我们只需**想象以下我们在这样一种空间下会拥有什么样的经验**。)

"每一种理解事物的尝试——每一种研究——预设或至少是**希望**那些研究对象本身服从多少与我们所用之逻辑相同的一种逻辑。"皮尔士在本讲中这样说到底是什么意思,我们很快就能明白。他补充的一种说法是:不论"如何支持还是反对[这一假说,即宇宙的逻辑比起我们的主观逻辑'更为基本'],我们在当前时代应该加以尝试的倒是有另一个假说,即宇宙的逻辑是我们自身逻辑企求但尚未达到的一种逻辑"。因此,这里所描绘的宇宙情况是:其中有某种东西实现了,而我们的逻辑则只能"企求"没有歪曲这种东西。对于皮尔士来说,这指的就是包含有(而且实际上**可以进化出**)连续统的一种宇宙。

这里,皮尔士对于连续统做了两点非常重要的注释。第一点是:"关系逻辑表明了连续性不过只是更高类型的我们所谓的一般性。它就是关系型的一般性。"皮尔士这是指什么呢?

就皮尔士的连续统思想而言,我们在本书导论中说过,我们需要铭记在心的最为重要的一点是:线条是缺少独立个体性之点所构成的集体,之所以这样说是因为:它是一个**可能性**(possibilia)的集体,而可能

95

性对于皮尔士来说属于并非完全确定的对象。说"线条是可能性的集体",等于是在说"我们可以构造出处于特定三元关系中的东西",这个关系就是:"从 A 向右前进,你在达到 C 之前,要先到达 B"这样的关系。**对应于我们的连续统概念的就是一种反复再分的可能性:这种再分在任何可能世界都不会穷尽,即便是在一个能在其中实现非可数无穷过程的可能世界中,也不会穷尽。**

对于皮尔士反复强调连续性与一般性之间的联系,我们在第五讲的评注中也给出过一种解读。我们当时指出:假若一般性可以等同于连续性(根据皮尔士对于连续性的理解),皮尔士想要表达的一定是:任何理想的法则或习惯(在他的意义上)必须考虑 Ω 个可能的实现方式,也就是说,必须考虑到其可能的例示(exemplifications)如此之丰富,以至于在任何可能世界中都不能实现所有这些可能的例示。此外,在某种意义上,这些例示必定是**稠密的**。由于皮尔士识别连续统(从内涵上看)所运用的是其决定性关系,我们也就明白了为何皮尔士不仅说:连续性是"更高类别的"(即理想类型的)我们所谓的一般性,而且说:"它是关系型的一般性。"但是,皮尔士声称所有这些都已经"由关系逻辑表明",他是什么意思呢?

皮尔士完整的关系逻辑不仅包括他在第三章中勾画的命题和谓词演算(即"关系项逻辑"),而且也包括一种形式的模态逻辑。皮尔士这里所主张的显然不是:他对于连续统的分析在单纯的关系项逻辑中是可证的,而是:那种逻辑(包括使他能够表述有关潜在性的推理的模态部分)很丰富,足够用来将连续统分析形式化并推演出其结论。[64]

在如此注释之后,皮尔士随即提出了有关连续统何以进化的关键问题:"比方说,它是被放置在一起的吗?那些单独的点已经变得融合一起了吗,或者说,融合后变成了什么?"

在接下去的十个段落中,皮尔士勾绘他对于这个极具形而上学特征的问题的回答。在**每一个**段落中,他还另外增加了惊人的本体论主张。

第一个段落再一次揭示：皮尔士完全认同一种带有绝对"现在"、不确定之未来以及已然确定之过去的不可逆时间。"我们所知道的所有进化都是从模糊到明确的。"与此相连的一种说法是：逻辑"是由问到答行进的——由模糊到明确"，因为皮尔士在第五讲中已经做出猜测：时间"是逻辑依赖性借以向直觉呈现自身的一种形式"。所有这些使得皮尔士确信："于是，不论在具体情况下如何，我们都必须假定连续统通常都是从一个更一般的连续统（一般性程度更高的连续统）衍生出来的。"换言之，每一种进化论的发展都是对于连续多种可能性之一的实现，因此，如果连续统进化的话，**这一整个**连续统本身必定是**连续多种可能的连续统之一**，它所实现的是一个"一般性程度更高的连续统"之中诸多潜在性之一。

那些潜在性是些"理念世界"，"带有各种任意第二性的现存宇宙"是其中的一种衍生物或曰"一种任意的确定化"（an arbitrary determination）。它们也可以被视作一种逻辑空间，或用今天的形而上学语言来说，是一种关于可能世界的空间，现实世界只是那些可能世界中的一个。这并不是说：我们看看这个糟糕的现实世界，然后利用"我们具有的强逻辑"（我们都爱这么想象）投射了"理念世界"；而是说：理念世界在本体论上居先，我们的现实世界是作为其确定化之一进化而来的。而（在我们所要提到的第三个段落中）皮尔士继续说道："假若这是对的，我们就不能认为那种衍生过程可以拓展至时间之前、逻辑之前，我们只能认为它开始于一种彻底模糊、完全未加确定的无维度的潜在性。"

在上面这一观点中明显有德国唯心论的迹象，而实际上，皮尔士有时并不反对称自己为谢林版的唯心论者。

> 我仔细记下对于所有否认绝对者之实在性的哲学的异议，同时断言："唯一可以理解的宇宙理论就是客观唯心主义，即认为物质乃微弱的心灵。"我等于是说我在某种程度上是谢林的

支持者……[65]

还有：

>……如果有人把我的哲学称作根据现代物理学加以改变的谢林哲学，我应该不会不高兴的。[66]

在我们所要提到的第四个段落中，皮尔士称："因此，进化过程并不单是**现存**宇宙的进化，而是那些柏拉图型相本身借此得以展开或开始展开的一种过程。"整个逻辑空间，整个可能世界（以及可能属性关系和可能连续统）空间，都是宇宙进化的产物！

在接下去的一个段落中，我们看到一个更加有力的主张："**这种现实存在**或许只是一种**特殊的**实存性。我们不必认为每一种型相要得以进化都需要进入这个世界，只是认为每一种型相都要进入**某个**反应剧场（theatre of reactions）。这个世界只是那些反应剧场中的一个。"跟我们今天著名的可能世界形而上学家刘易斯（David Lewis）[67]一样，皮尔士相信其他"反应剧场"的实在性。

我们已经指出德国唯心主义可能影响了皮尔士，而在接下去的一个段落（我们所要说的第六个段落）中，我们又看见皮尔士采用了一个带有黑格尔色彩的关键词"矛盾"："型相世界的出现一定是因为所有一般性事物（而不涉及特殊性事物）的潜在性在模糊性上的收缩①所致。"

第七个段落提到了"感官性质的寰宇"（the cosmos of sense qualities）（所有第一性都被视为感官性质，这进一步证明了皮尔士的客观唯心主义），其中还说道：我们现在所经历的那些"只是古代的性质连

---

① 原文为"contradiction"（矛盾），可能为印刷错误或是普特南本人拼写错误；这里，对照后面正文内容（本书页边码第258页）以及皮尔士手稿（MS 948：27）将其校止为"contraction"（收缩）。——译者注

续统受毁之后的遗迹,好比是分散各处的几根立柱可以见证这里是古代世界的一片带有厅堂庙宇的广场,曾经有着辉煌的一切"。根据整个由模糊到明确的进化图景,这种连续统(皮尔士希望听众会认为"在某个早期存在阶段上它就跟此刻你的个人生命一样真实")"在其各个维度的关系开始明确……以前,已经在前期的一个发展阶段上有着一种比较模糊的存在"。

第八个段落重复了第三讲中做过的对于第一性的刻画(例子同样是关于感官性质的,这次是就自身而言的"品红色")。皮尔士问:"最初是什么使得这一感觉性质成为可能的?""显然只有它自身。它是第一性的。"

第九个段落的一开头是:"然而,我们一定不能认为,这些性质开始出现时彼此独立,后来才具有相互关系。正好相反。那种一般性的、不确定的潜在性慢慢才变成限定性的、异质性的。"皮尔士继而又指出:人格神的观念不过是一种神人同性论的隐喻,说的是有一些感官性质突然出现相互反应从而成为一类实际存在。"[相信神圣造物主的人]把此种反应和此种实存称作上帝之心。"[68]

我们所要提到的第十个也是最后一个段落继续讲道:"如果我们打算将宇宙视为进化的结果的话,我们必须认为,不仅现存的这个宇宙(我们的反应局限于其中的那个寰宇处所)而且整个本身同样真实的柏拉图世界也都从一开始就是进化着的。"这重复的是在我们所提到的第四个段落中的一种观点。不过,皮尔士紧接着得出了一个惊人的结论:"在如此产生的结果中,有时间和逻辑。"这里的见地是:逻辑本身以及时间(它是逻辑借以向直觉呈现自身的一种形式)是由机缘或自发性产生的结果。(皮尔士说可能有一种不同的逻辑,这到底指的是"另一套逻辑法则"还是"逻辑法则作用于之上的那些特性和关系另有一套",我们不清楚。但是,很显然他至少是指后一种意思。)

最后这一讲的余下部分阐释并举例说明了上述十个段落中的基本

思想。皮尔士再次强调:"作为第一性的不论是什么,它们其实都是有感知力的。"他同时还补充:"如果我让原子(像我一样)转向,我只是在极其微弱的意义上让原子转向了,因为在我看来原子并不是绝对僵死的。"我们所谓的物质都是几乎要死的生命。(别忘记,"物质乃微弱的心灵。")皮尔士用黑板来说明这一整套想法。黑板的二维代表了"具有某个不特定数目维度的连续统"。皮尔士的例示很大程度上证实了我们对于他连续统理论的解读。譬如,这块黑板是"一些可能的点所构成的连续统";在**产生**某种非连续性之前,"这块黑板上没有任何点"。线条(代表第一性)被认为是由于机缘而突然出现的。(这些线是带有厚度的粉笔线,而不是几何线。皮尔士说"它是欧几里得意义上的平面图"时就是这个意思。)这些线条之中有一些自发消失,随即又有一些自发出现,但是最终会有一些"滞留"。当有足够多的线条滞留在各处时,有些(因为机缘)将会形成包络线(envelope),而我们将把包络线看作更远的线条(曲线)。[69]

但是,线条为何从一开始要"滞留"呢?皮尔士告诉我们,那是因为要开始一种**习惯**,一种"一般化趋势",而且"[此种习惯]一定源自于潜在性所固有的那种初始连续性之中。连续性之作为一般性,是本质上为一般性的潜在性所内在固有的"。继续讲下去,皮尔士想象有多个系统产生自最初的那个连续统——这所说明的并非现有宇宙的起源,而是"一个柏拉图世界"的起源:"因此,我们将设想有多个柏拉图世界存在,它们既彼此协调又相互从属;直至最终从这些柏拉图世界中的一个世界分化出我们碰巧所在的那个特定的现实存在的宇宙。"

我们还记得皮尔士想要他的形而上学具有可检验的结果。他向我们解释说,由于时间的原因他不能给出他的推演,但他接下去还是为听众给出了几个示例。

这些示例大都涉及皮尔士在本讲前面的数学部分界定过的一个概念,即里斯丁数(a Listing number)。

皮尔士认为里斯丁(J. B. Listing)是拓扑学的发现者,可今天一定很少有（如果有的话）拓扑学家听说过这个人。[70] 然而，里斯丁数却是非常好的拓扑学常量（皮尔士的"第一里斯丁数"在今天会被称作"零维贝蒂数"[the zero-dimensional Betti number]）。当皮尔士要求对他一直在讨论的连续统指定里斯丁数时，他就是在要求我们预见它们的拓扑学特性。

皮尔士从时间开始。对于皮尔士来说，不存在任何无端点的线段之类的东西：正如我们在解释他的连续统理论时所说，在思想上把一条线段隔离起来，这一行为本身便为该线段建构了端点。同样地，设想一条无穷长的线条，这一行为本身便建构起了一些端点（无穷远的点）。（这是令皮尔士满意的一个结果，因为——除了在我们很快将会提到的一个地方——他一直都认为空间具有射影空间的拓扑学；也就是说，他认真看待射影几何中的"无穷远的点"以及"无穷远的线"。）一条无穷长的线上的那些端点是分明的吗？或者，正向穿过一条线上的一个无穷远的点（比如，x-轴）就会使得我们从"负无穷"返回吗？在射影几何中，后者的确如此。任一族的平行线只确定一个无穷远的点。（在拓扑学上，射影空间是无穷的，但一条线并不能把射影平面分为两半，一个平面也不能把射影三维空间分为两半。）根据皮尔士的观点，所有这些都是应该发生的；如果有两个端点，即便它们是无穷远的点，而且我们不能**超越**其中任何一个端点，那将是一种**非连续性**，"我们有充分的理由认为"时间（以及空间）都不是非连续性的。"你们在塑造形而上学时必须与此相符。"

皮尔士告诉我们，"对于一般的初步探究"一定是：先问其维度，再问中间的里斯丁数是多少。皮尔士认为，最低的里斯丁数一定是 1，而最高的则不可能是 0。

说流形（manifold）的"最低里斯丁数"是 1，就是说它包含 1 个关联部件（connected piece），因为最低里斯丁数就是流形的部件（用今天的说法是"组件"[components]）数。在皮尔士那里，单独的一个连续统必定具有最低的里斯丁数 1，不论它有多少维度。

D维流形的"最高里斯丁数"(总共有4个里斯丁数)是"必须移除以防[存在]不可瓦解之固体[即不能连续收缩至一个点的三维流形]的那些 D-3 维简单位置的数目。"在通常所看到(即不带有无穷远的点)的三维空间中,所有的"固体",包括整个空间,都是可瓦解的。[71] 因此,通常所见到的空间的里斯丁数都是0。但是,射影几何的三维空间并不是可瓦解的,尽管其内部的有界流形全都是可瓦解的。然而,皮尔士错误地认为,[72] 只要我们从射影三维空间移走一个点,它就变成可瓦解的了:因而,根据皮尔士的看法,射影空间的第四个里斯丁数是1(其实是无穷大)。这也解释了为什么皮尔士在本讲前文中说:"对于我们空间中的所有图形而言,[第四个里斯丁数]都是零,而只有整个空间本身的广度为1。"对于皮尔士来说,通常所见的空间都包含有"奇点"——因为在他看来,**之所以称为奇点,就是因为缺少无穷远的点。根据皮尔士所理解的"奇点"**,所有不带奇点的连续统都能返回到自身,这也是他刚刚在前文所讲到的。正是基于这样的理由,他才说他所刻画的连续统不可能具有最高的里斯丁数0,尽管中间的里斯丁数[73](第二个和第三个)可能为0"或几乎可以为任何数字"。

皮尔士随后查看了一些具体的连续统来确定这些中间里斯丁数的值。("关系项逻辑所极力主张的那种思维方法,其重大优势之一便是:它能带来此类明确问题。")

皮尔士认为,我们此前描述过的那个最初的感官性质连续统("这个连续统一直以来受到限制,以至于它的各个维度独立分明"——就是说,它是从有关感官性质的诸多可能连续统所构成的那个连续统中具体化而来的,以至于在维度特性上带有了确定的、有可能是超穷的数量)具有值为1的中间里斯丁数。他给出了两个理由:两个理由都颇具形而上学的特征。第一个是说:"0 很明确是一个二元论观念。"(因为它是 A-A,是减法逆运算的结果。)第二个是说:通过将中间里斯丁数为1的两个连续统黏合在一起,可以获得任何一个中间里斯丁数为0的连续统。

（这大概可以进一步证明此类连续统是"二元论的"，因而不足以沾染上第三性。）于是，"我们必须认为感官性质连续统的所有里斯丁数都是1"[74]。皮尔士所举的另一条证据是：中间里斯丁数为1的连续统，与中间里斯丁数为0的连续统相比，其所适用的坐标系统[75]中的坐标线比较有规则。（皮尔士并没有解释他为何只考虑0和1这两个值。）

最后，皮尔士回到空间。他在此投掷了一个炸弹，尽管有人会猜他的听众到底是否意识到了有炸弹引爆。皮尔士写道："在我讲到这个话题时，我曾向你们指出：虽然空间是一个连续统因而是第三性，但它的整体性质和功能都指向第二性。它是粒子的反应剧场，而反应是纯粹的第二性。出于这个以及其他一些我追求简洁而略去的理由，我们必须在第一次溯因推理时假定空间的中间里斯丁数全都是**零**。"

这里让人觉得奇怪的一点是，我们已经看到，皮尔士迄今为止所写的东西似乎是在说：空间具有射影空间的拓扑学以及（在凯莱绝对者的限度内）与牛顿物理学相连的度量特性（即欧几里得特性）。（虽然他在第七讲已经说过"我们没有任何理由去相信三角形的内角和正好等于两个直角"，但他并没有将此贯彻到底。）但是，就在这时，在他结束整个演讲课程二三分钟之前，皮尔士继续写道：

> 当我们开始考察热力学原理时，我们发现这个观点得到了证实。我不能详细论及；但是，无摩擦的不可压流体在运动时似乎就是其中一些相互渗透的部分从水源直线抛出又消失在水池中。而这意味着所有从某一个点射出的直线都将在另一个点会合，因此预设了其［第二个和第三个里斯丁数］为**零**。

皮尔士在此所说的话隐含着：空间所具有的几何学（以及拓扑学）带有某种版本的黎曼（双椭圆）几何学的相关特性。此种空间的一个二维实例是球面：从此种二维流形之上的某一点射出的任意两条测地线

(大圆弧)将在另一个点(第一个点的相对极)上会合。这里,是皮尔士的形而上学让他做出了惊人的预言。

在本讲以及整个演讲课程的末尾处,皮尔士令人感动地讲道,他孤身一人去解决这样一些棘手的问题,十分困难。他同时表达了对于在场听众的感激之情。

推理及万物逻辑

查尔斯·桑德斯·皮尔士

美国国家科学院院士(1877)

美国文理学院院士(1867)

伦敦数学学会会员

纽约数学学会会员

哈佛大学文科学士(1859)、文科硕士(1862)

哈佛劳伦斯科学院理学士(1863)

美国海岸测量局助理(1867—1891)

哈佛大学讲师(1864—1865、1869—1870)

约翰·霍普金斯大学讲师(1880—1884)

洛厄尔学院讲师(1866、1895)

第一讲
哲学与生活处事

我们在第欧根尼·拉尔修(Diogenes Laertius)书中读到的那种早期希腊哲学家,无疑是整个人类动物展中最有趣的珍品之一。人们似乎对他们有特别的要求:其行事准则应该与普通常识中的那些人形成鲜明的对比。假若他们的行为跟其他人所想的一样,他们的同胞就不会认为他们的哲学有多大教益了。我知道,拥有"高等批判法"的历史学家们拒绝承认所有关于古希腊哲人的那些荒唐事迹。这些学者似乎认为逻辑是文学品鉴(literary taste)的问题,而他们高雅的知觉力拒绝接受那些故事。但事实上,即使品鉴力的精细程度超过那些德国教授——他们会认为这等于是说精细程度达到了那个位于无穷大对立面的假想量领域——它仍旧没有逻辑重要,因为逻辑问题涉及的是严格的数学证明,意见在其中毫无重要性可言。根据一种历史学方法,所有存续下来的实证证词,只要背离了历史学家们先入为主的观念,都一定要绝对予以否弃。对此,科学逻辑学不能认同。据说泰勒斯(Thales)因向老妇指出各种星星而跌进了水沟。这是柏拉图在事发两个世纪之后讲述给我们的。但是,策勒(Edouard Zeller)博士说他更知情,他宣称这一事件绝不可能。要是你指出这种逸事只是把几乎为所有数学家共有的一个特征赋予了泰勒斯,那会让他再一次应用他所钟爱的反驳性论证,即:这故事"太有可能性了"。因此,策勒说:五六个经典作家断言德谟克利特(Democritus)总在笑而赫拉克利特(Heraclitus)总在哭,这本身就显示了那是无稽之谈,尽管事情能从残言片语中得到一些支持。即便是策勒,他也承认锡诺普的第欧根尼(Diogenes of Sinope)有点古怪。由于锡诺普的第欧根尼是亚里士多德的同时代人,同时也是希腊最为知名的人物之一,他的历史甚至策勒也不能完全否认:策勒只好说那些故事"严重夸张了"。从所有的证词来看,行为最为离谱的哲学家非皮浪(Pyrrho)莫属。关于他的那些记述似乎都直接来自于他所钟爱的一位弟子弗里奥斯的提蒙(Timon of Phlius)撰写的一本书。而且,有几位皮浪研究权威(总共有十多位)也公开表示使用过该书。然而,策勒之类的批评家并不相信那些记述:布兰迪斯(Chriction August Brandis)提出异议:爱利斯(Elis)人不会选这样一位半疯子来做大祭司——似乎此类特质还不足以让他适合担任神职。我希望,如此书写历史的风尚现在已经走向消亡。然而,你尽可以不相信那些故事,有一点你却不得不承认,即那些故事显示了叙事者期望哲学家成为何种类型的人——如果它们是虚构的传说,就更加是这样了。我们知道,那些叙事者是古代最明智、最严肃的一群思想者——柏拉图、亚里士多德、西塞罗(Cicero)、塞内卡(Seneca)、普林尼(Pliny)、普鲁塔克(Plutarch)、卢锡安(Lucian)、伊利安(Elian),等等。希腊人都希望哲学能够影响生活,这种影响不是通过缓慢过程的型相渗透,就像**我们**期望通过研究微分方程、恒星测量法、棘皮动物分类学等能最终[影响]生活处事一样,而是立即影响到哲学家本人的身体和灵魂,使得他们做事准则上有不同于常人的观点。他们很少把哲学同审美与道德文化分开,以至于为了达到影响他人生活的明确目的,"极度疯癫而又博学的卢克莱修"(*docti furor ardus Lucreti*)会把[一套]精致的天演论夹裹在壮丽的诗篇中,而柏拉图也在多处告诉我们他如何认为辩证法与德性生活密不可分。但是,亚里士多德纠正了这一问题。亚里士多德不怎么算是希腊人。要说他是完全的希腊血统,这不大可能。但很显然,他在心智上并不完全属于希腊人。虽然他属于柏拉图学园,然而在他到那里之前已经是德谟克利特(他本人也是色雷斯人)

的一位学生,而且或许是他的一位私人门生。在雅典生活的初期,他也不可能同柏拉图有过多交往,因为柏拉图这段时间绝大多数都外出在锡拉库扎(Syracuse)。最重要的一点,亚里士多德是阿斯克莱庇亚德家族(Asclepiades)的人。在他所出生的那个家族中,自英雄时代以来,每一个人从小都在解剖室里接受完善的训练。亚里士多德是一位彻头彻尾的科学人,就像我们今天看到的那些科学人一样,只有一点不同,即他广涉所有的知识。作为一位具有科学天赋的人,他理所当然地将形而上学(我相信他是把逻辑学包括于其中了)与数学和自然科学(自然科学包括我们通常所谓的物理类科学和心理类科学)一道划在科学(我是指**当今**意义上的科学,即**他**所谓的理论科学)之列。这种理论科学对于他来说意味着一种受到共同精神推动、以拥有理论知识作为终结目标的东西。美学研究却是根本不同的另一种东西。与此同时,道德以及所有与日常处事有关的内容构成了理智活动的**第三分部**,它的本性和观念与其他二个分部存在根本差异。现在,先生们,我有必要在这门演讲课程的一开始向你们声明:就这一点而言,站在你们面前的我是一位亚里士多德主义者,一位竭力反对古希腊那种糅合哲学与实践的倾向的科学人。

当然,许多科学的结果几乎可直接应用于人类生活,比如生理学和化学。但真正的科学研究者完全无视他所关注对象的功用性。他内心从未想过功用性。你认为解剖一只狗的生理学家当时考虑过他可能正在拯救一条人命吗?荒唐。如果他考虑了,那将有损于他的科学人品格;而且,**那样的话**,活体解剖也会成为一种罪行。不过,在生理学和化学上,一个人脑子里总想着功用性,他虽然不会对科学有多大益处,却可能对人类生活大有贡献。然而,在哲学上,由于触及的是对于我们来说属于神圣或本应神圣的问题,如果研究者不去克制所有实践应用方面的意图,那将不仅阻碍纯科学的进步,而且极其糟糕的是,还将危及研究者自身及其读者的品行节操。

依我之见,当前哲学的幼稚状态——只要是研究者热诚而勤勉却连一条原则也不能达成一致,我就看不出它除了被看作幼稚还能怎样——是由于这样的事实:在本世纪,研究哲学的人大都未在解剖室和其他实验室接受训练,因而并未拥有真正的科学之爱,他们反倒是主要来自神学院,因而总是渴望着改善自身及他人的生活。这样一种精神,在日常情形下,无疑比科学之爱更为重要,但却让人根本无法完成科学研究之重任。正是因为当前哲学处在那样完全未定的状态,我认为任何把哲学应用于宗教和实事的做法都是极度危险的。我丝毫不反对一般意义或具体意义上的宗教哲学或伦理哲学。我只是想说:目前,它还非常不确定,不应当拿人类生活来冒险。我并不是说哲学科学最终不应影响宗教和道德,我只是想说:它的影响过程只能是长期而缓慢的,并且要秉持最为保守的谨慎。

所有这些,我可能全都是错的。但我不打算争论这个问题。我并不要求你们认同我的观点。只不过,为避免任何可能产生的误解,我一定要坦承交代:我从不向你们许诺我有什么哲学制品要卖,能让你们要么成为更善良的人要么成为更成功的人。

我之所以特别要说这一点,是因为你们将发现:这个系列的演讲,内容异常混杂。十一月份,我应邀准备一门演讲课程,来阐述我的哲学观点。据此,我计划用八次演讲去勾画一个哲学分支,即客观逻辑。但就在我要完成其中一篇讲稿时,有消息传来说:你们希望听"至关重要的论题",而且最好是各讲彼此独立。于是,我扔掉已经写好的东西,从头开始准备八讲关于知性伦理学和经济学的说教内容。那些东西写起来很烦;就在我完成四分之三的任务时,我非常高兴地获知:希望我尽可能多讲些哲学问题,其他论题可置于背景之中。然而,那个时候太晚了,已经来不及撰写一门课去展现我原本非常渴望按照你们意见递交的那些内容。我只能拼凑些半哲学半实用的片段。因而,你们将会发现:我时而在为你们呈现关于"至关重要论题"的"一些彼此独立的观念",时而又在提出一些哲学思考——从这些哲学思考中,你们将感到有一种暗流在涌向"万物逻辑",但我却没机会从正面对它多讲一句话。

关于正确推理,我有很多东西要讲;而由于没有更好的,我已经将**那些东西**作为"至关重要的论题"。但我知道,推理理论并非真的至关重要。它在形而上学中是绝对必要的。我确信这是一条哲学真理。但在生活处事中,我们一定要区分开日常事务与紧要关头。在遇到重大决断时,我不相信求助于个人理性是可靠的。在日常事务中,推理还算成功;但我倾向于认为,没有推理理论的帮助,事情照样做得成。有一种好比弹子球玩家神经系统中存在的分析机制一样的本能逻辑(Logica Utens),它可以很好地满足日常之用。

然而,在形而上学中,情况就不是这样。理由很显然。形而上学家推断得来的真理,要进行经验检验的话,一定要在与支持前提命题之经验差异甚大的经验范围内进行检验。譬如,一位形而上学家对于死后生活方面的事情进行推断,至少在他从目前所处的形而上学事务中走出来之前,他永远不可能确切查明自己的推理错误。其结果是:除非这位形而上学家非常透彻地掌握了形式逻辑——尤其是关系项逻辑的归纳方面,它绝对比形式逻辑所有余下部分的全体更为重要和困难——他判定推理有效性的方法不免会变得与(比如)务实的政治家权衡不同因素时所用的套路一样,也就是说,会根据那些推理在他心中所留下的印象。二者之间的惊人之差只在于:一类人的印象是长期实践训练而来的结果,而另一类人却全然不熟悉这样的训练。如果一位形而上学家因为印象中某一形而上学推理是可靠的便采纳这一推理,他大概同样会,甚至更有可能会,因为印象中某些结论为真便直接采纳它们。这正是过去笛卡尔和柏拉图的经典做法。你们要想认清这种处理方式对于哲学实际造成的损害程度,不妨看看形而上学家们对于芝诺(Zeno Eleates)反运动论证的处理。他们完全处在这位机灵的意大利人的掌控之中。于是,基于这个理由(可能还有其他理由),不愿克服现代严格逻辑种种困难的形而上学家,最好放弃,不要做这一行了。除非他在两者间做出选择,否则我会真心告诉他说：他有责任成为一位真实、诚恳、热心、坚定、积极、勤勉、高超的怀疑者，可惜却没有做到。

但这还不是我要讲的全部，甚至连一半也没有。因为，毕竟来说，迄今为止的形而上学推理大都是相当简单的。难以理解的是形而上学概念。不用我多言，形而上学中的那些概念不过是从形式逻辑概念转过来的，因而只能借助极其精确而完备的形式逻辑系统才能得以领会。

不过，在实践事务中，遇到"至关重要的"问题时，非常容易夸大推理论证（ratiocination）的重要性。人类对于自己的理性之力非常自负！他似乎不可能看到自己的这一点，因为他需要复制自身然后以批判的眼光考察自身，才能自己看清自己。那些我们喜欢称之为"低等动物"的对象，极少进行推理。现在，请你们注意：这些生物几乎不犯**错误**，犯错的反倒是我们！我们找来十二个可靠的人组成陪审团，然后要他们来决断一个问题。我们极度细心地向他们摆清事实，他们听完后出去商议，最后达成了一致意见。而且，通常都承认，诉讼双方很可能也会通过掷币来解决问题！这就是人类的荣耀！

除了每个人的自我之外，我们对于人类身上最为崇尚的精神品质有少女的温柔、母亲的挚爱、男子的勇气等，而这些都是我们从尚不会言语的两足动物那里继承来的品质；反倒是那些最不被看重的特征都源自于推理。人人均如此可笑地高估自己的推理，这一事实充分表明：这种官能有多么浅薄！因为你们听不到勇敢的男人夸耀他自己的勇气，听不到端庄的妇女吹嘘她的端庄，听不到真正忠实的人以他的诚实为荣。**人人都**感到自负的东西往往是某种无关紧要的天生美貌或自然本领。

构成灵魂之实质的是直觉，是情感。认知不过是灵魂的外表，是它同外在对象的接触之地。

你要我证明这一点吗？如果是的话，你一定是一位确确实实的理性主义者。我可以证明，但必须得先设定一条逻辑原则——我将在下一讲中对这条逻辑原则梢作解释。[1] 当有人要我证明一条哲学命题时，我常常不得不回答说：它是出自关系项逻辑的一个推论。然后某些人会说：我很想看看这种关系项逻辑是什么；你一定得详细阐释一下。第二天，我将手稿带给了他们。但当他们看到其中满是 A、B、C 时，他们就再也不看了。这样一些人……哦，好吧。〈是思想上的**花花公子**（petit crevés），一起玩玩很不错。〉推理共有三种。第一种是必然推理。但它只说要提供有关我们自己所作假说方面的信息，并明确宣称：如果我们希望知道其他东西，我们必须去往别处。第二种推理依赖于概率。只有在我们像保险公司一样面对无穷多样的小风险时，它才显示出价值。一旦涉及至关重大的利益，它会明确地说："不要问我。"第三种推理试图起到**自然之光**（它指引了伽利略前进的步伐）的作用。它实际上是对于本能的求助。如此说来，理性尽管常常摆出一副臭架子，重大关头还得屈尊下跪，乞求本能相助。

理性，就其本质而言，是以自我为中心的。它在许多问题上狂妄自大。无疑，蜜蜂认为它有足够的理由将其蜂房的边缘做成现在这个样子。但若是能知道蜜蜂的理性已经解决了其本能所解决的那个等周图形学问题，我会感到非常震惊。很多时候，人都以为是根据理性行事的，而事实上，他加于自身的理由只不过是无意识的本能所发明出来的一些托辞，用以满足**自我**总是提出的那些讨人厌的"为什么"。这种自我欺骗达到了如此程度，以至于使得哲学理性主义成为一出闹剧。

所以，理性在不得已时总会求助于情感。情感来的时候，它就代表着整个人。这是我对于哲学情感论的简单辩解。

情感论隐含着保守主义；拒绝将任何实践原则（包括保守主义原则本身）推至极端，这正是保守主义的本质。我们不是说情感**从不**受理性影响，也不是说在任何情况下我们都不提倡激进改革。我们只是说：如果一个人因为突然接受一种宗教哲学而使得他的宗教生活受害，或者由于受一种伦理哲学的支配而迅速改变其道德准则（比如说，他不加迟疑便有乱伦行为），我们就会认为这个人是**不明智的**。社会上流行的性规则系统是本能或情感上的一种归纳,是我们整个种族的经验的概括总结。我们并不妄称:它在理论上绝对不可错;但有一点我们的确想说,**那就是**:对于个体而言,它是实践上不可错的(这是"不可错性"[infallibility]一词所具有的唯一讲得清的意思),因为他应该遵从它,而不应听从他个人的理性。

我认为,情感或本能在理论问题上不具有任何分量,一点分量也没有。正当的情感不会要求这样的分量;而倘若有人这样断言,正当的理性会断然拒斥。的确,我们在科学中常常被迫试用本能的提示;但我们只是**试用**,我们会对照经验,准备好随时根据经验将那些本能提示统统抛弃。我之所以在常人事务中赋予情感至高无上的地位,那是按照理性本身的指示;同样地,按照情感的指示,我在理论问题上拒绝赋予情感任何地位。因此,我认为,通常所谓的真正意义上的"信念",用卡罗斯博士措辞有力的话来说就是,被视为"κτῆμα εἰς ἀεί"(永久财物)的命题,在科学中毫无地位可言。我们**相信**我们准备照其行事的那个命题。"完全的信念"是指:我们愿意在重大关头遵照那个命题行事,而"意见"则是指:我们愿意在相对较小的事情上照此行事。但是,纯科学同**行事**(action)毫不相干。纯科学认可一个命题,只是将它写在打算当作前提来用的一张清单上。对于科学来说,没有什么东西是**至关重要的**;任何东西都不会是至关重要的。因此,它所认可的命题顶多只是一些意见;而且它究竟都接受哪些命题,也是临时性的。科学人根本不去固守其结论。他不会为它们冒任何风险。我承认,他习惯上将其中某些称作**固定真理**;但那仅仅意味着今天还没人能够对这样的命题提出异议。有可能,某个指定的此类命题会长时间保留在予以承认的命题清单上。尽管如此,或许明天它还是被拒斥;并且,假若如此,科学人会很高兴除去了一种错误。如此说来,在科学中根本没有什么命题能符合信念这一概念。

不过,遇到重大问题时,就完全两样了。面对这一类问题,我们必须行动起来；而我们愿意照此行事的那个原则，就是**信念**。

就这样，纯理论知识或科学不会直接涉及任何有关实践问题的东西，它甚至没有任何东西可以应用于重大关头。理论可用于比较小的实践事务，但具有至关重要性的问题必须留给情感来解决，即留给本能。

关于正当情感会如何处理此等重大关头，我们可以想到有两种方式。一种情况可能是：虽然人类的本能不像不会说话的动物那样精致与突出，但也足以指导我们的**重大**关切，而不必求助于理性。另一种情况是：处在重大关头之时，情感可能会升华为一种自我克制以使得形势不那么重要，从而把重大问题引到理性辖域之下。事实上，我们观察发现：凡是健康而天然的人性，的确都同时具备这两种处事方式。

具有特异本能的那些动物，除了偶尔在繁育个体时能发挥潜在的公共机能之外，它们的本能都显示出一种特点，即主要（有可能是全部）是为了保护种群，而很少（可能就没有）是为了个体利益。因此，在遇到重大问题时，我们也应该期望这里所描述的本能特点会发生在人类身上。我们人也正是这样的。无需列举有哪些人类生活事实能够证明这一点，因为它太明显了。然而，有必要指出，那些超过繁育期的个体最有用处的一面还是人类种群繁衍。因为他们积累财富并教人审慎，他们维护和平，他们保护幼弱，他们向人灌输有关性的各种义务和美德。这样的本能，很自然，会促使我们在所有重大关头将个体生命看作是小事。这样做，并非有特别高的德行；每一个男女，只要不卑劣，都有这样的特点。在法国大革命的恐怖时代，有人曾说过，Tout le monde croit qu'il est difficile de mourir. Je le crois comme les autres. Cependant je vois que [quand] on est là chacun s'en tire（每一个人都相信很难去死。我也相信。但我看到，时机一到，我们人人有办法做到）。女性这方面的特征不那么明显，因为，对于种群来说，她们的生命更加重要，而她们的牺牲却不大有用。

在如此表明理性比起本能多么缺少至关重要性之后，我希望接下来指出：研究者应该**无视**实践上的功利（不论低还是高），这一点对于成功推进哲学及整个科学中的大发现来说是极其有价值的，更不用说，也是不可或缺的。

功利性观点往往都是狭隘的观点。若不是过于关注那些颇具实践重要性的物体，我们今天对于化学的认识本应更多一些。有一些稀有元素和化合物仅存于低温环境下，倘若按照它们具有的**功利性**来**决定**对于关注度，我们今天对于化学的认识本应**少**很多。

众所周知，无论什么事情，如果你不全心全意投入其中，你就不可能做得有多成功。现在，有"理论"和"实践"两位主人，你不能同时侍奉它们。观察万物系统，要求注意力高度均衡。若是有人的欲望介入其中，这种均衡便会失去。而且欲望越是强烈，越是神圣，情况就越是糟糕。

除此之外，我们在哲学上的偏见非常强大。要是抱有那些偏见的话，我们就不可能保持沉着冷静。

更好的办法是，让哲学完全自由无阻地遵从一种科学方法，使得它在我们知道结果之前就"预先定好"（predetermined）。如果沿着这条道路诚实而认真地走下去，所达到的结果，即使并不完全真实，即使明显有误，也一定非常有助于真理的最终发现。此刻，情感可能会说："那么，哲学科学至今还是没有给出任何定论；在那之前，我将继续相信**什么**。"

毫无疑问，大部分现在从事哲学的人，只要一听说哲学不能做实践应用，便会对哲学完全失去兴趣。剩下来继续追求这门理论的我们，一定要向他们告别。但是，任何领域的纯粹科学，也都必须向这些人告别。虽然我们遗憾地失去了他们的陪伴，但有一点是非常好的，那就是：那些缺乏真正科学兴趣的人将不再拿一些空洞的书籍和令人尴尬的设定去阻碍科学之路。

我再说一次：许多人认为他们是在按照理性塑造生活，而实际上却完全不是那回事。不过，确实有人因为一套伦理理论而在道德操守上做出重大改变，或因为一种宗教哲学而在宗教生活上做出重大改变。对于这种人，我需要郑重表达我的看法：他们那是不明智的。

我想根据孔德(Auguste Comte)所提出的一条总原则来划分科学。那就是，根据不同科学之对象的抽象程度来划分，使得每一门科学基本上都将其原理奠基于它等级之上的那些科学，同时又从它等级之下的那些科学中获取材料。我把数学放置于科学等级的顶部。之所以这样，一个无可辩驳的理由是：它是唯一不关注实际事实之探究而专门研究假说的科学。柏拉图、亚里士多德等一大批哲学家认为哲学比数学更加抽象，那只是因为近代以前的数学家他们自身并不清楚：作为纯数学家，他们的确只研究假说，完全不需要关心实际事实如何——这在今天已是完全固定下来的原则。不过，这样的批评适用于柏拉图理念论及其之后的几乎所有哲学体系。柏拉图在见到苏格拉底以前，做过赫拉克利特追随者克拉底鲁(Cratylus)的学生。这一偶然情况的结果是：从那时一直到现在，几乎所有哲学家都感染了赫拉克利特的两大错误之一，即认为"连续性"隐含着"短暂性"。这个世界上的万物，在哲学家们看来如此短暂，但它们却**不是**连续性的。构成世界万物的是一些离散原子，无疑属于博什科维奇的点。空间、时间和法则，这些真正具有连续性的东西都是永恒的。亚里士多德告诉我们，柏拉图在最后的时期抛弃了"理念"，取而代之为"数"。最近证明，《智者篇》就是属于柏拉图后期思想的。我要说的是，这篇对话为我们提供了抛弃理念论的理由。因为对话暗示我们：柏拉图本人已逐步认识到，或许"永恒本质"(the Eternal Essences)都具有连续性，至少可以说，各"永恒本质"之间存在一种犹如数字之间那样的紧密排列。这样一来，柏拉图的"理念"最终就变成了不拥有现实存在而只有潜在性之"实在"的"数学本质"，他最为成熟的哲学开始与数学结为一体。

接下来，我把哲学安放在数学之下。哲学具有以下特征：

第一，它与数学的差别在于：它追求实在真理(real truth)；

第二，故而，它通过经验获取前提，而不像数学那样仅仅获取一些暗示；

第三，它与具体科学的差别在于：它并不只关注实存(existence)的实在性，同时还关注潜在(potential being)的实在性；

第四，它用作前提的那些现象，并不是可以用显微镜或望远镜观察或需要有观察力上的训练方能发现的具体事实，而是完全浸透在所有经验之中以至于我们不可能错过的一些普遍现象；

第五，哲学从中提取前提的那些现象具有普遍性。与此同时，哲学理论涵盖到了潜在。正是由于这两点，形而上学的结论具有一定的必然性。所谓必然性，并不是说：我们一定要接受形而上学的结论，或者，那是一种形式必然性(a necessity of form)。我指的是实质必然性(a necessity of matter)：形而上学结论告诉我们的，不仅仅是万物实际情况如何，而是从本性来看万物情况**必定会**怎样。

哲学可以说包含了两个分部：逻辑学与形而上学。我把伦理学排除在外了[2]，理由有两点。首先一点，作为有关生活目的和目标的一门科学，[伦理学]似乎只包括心理方面，因此只关注具体的经验部门，而哲学研究的却是具有普遍特征的经验。第二点是：伦理学试图界定正确的生活目标，在我看来，这与各类技艺(arts)同属一类，或毋宁说与各式各样的技艺理论同属一类。在所有的理论科学中，我认为技艺理论可算是最为具体的，而我所谓的哲学则是所有实在科学中最为抽象的一种。

逻辑学是关于思想的科学，不仅是指作为心理现象的思想，而且指一般意义上的思想、思想的一般法则和种类。形而上学是关于存在(being)的科学，不仅是指呈现于物理经验中的那些存在，而且指一般意义上的存在、存在的法则和类型。这两个哲学分支相比较而言，逻辑学好像与心理类科学联系更密，形而上学与物理类科学联系更密。

我已经说过，在我看来最不容置疑的命题之一就是：形而上学每前进一步，都必须以逻辑理论作为指引。

另一方面，我认为逻辑学要接受数学的指引。这里所谓的指引，不同于其他科学对于数学的那种需要。每一门科学都有其数学部分：在这里，具体科学中的某些结果被视为数学假说。但我们说"逻辑学是数理性的"，并不仅仅在于这一点。在这一点上，它**的确是**数理性的，而且程度远超过其他任何科学；不过，除此以外，它接受了数学中的绝大多数东西，并将逻辑原理奠基于之上。

所有必然推理，严格说来，都是数学推理。这也就是说，必然推理的完成，都要通过**观察**某种相当于数学图表的东西。但是，最好的数学推理都是关系项逻辑之中那些特别精致的推理类型。这些推理中特别具有数学特征的是关于连续性的推理，几何总论、拓扑学以及函数理论中都有这样的推理例子。我认为，除非形而上学利用这种类型的数学，否则它绝不会有任何实质的进展。在第八讲中，我希望能说明我为何有这样的想法。

形而上学承认有内部世界也有外部世界，有时间世界也有空间世界。跟在形而上学之后的都是一些具体科学，可分为心理类科学(Psychics)与物理类科学(Physics)。在这两大类的研究分支中，都先是法则型科学(Nomological Sciences)：一种分支下制定的是心理学法则，另一分支下制定的是动力学法则。接下来是分类型科学(Classificatory Sciences)：心理类科学中有语言学和人类学等，物理类科学中有化学等。这些科学的目标是：从法则型研究所得出的已知法则以及可以从数学上表达的一些根本差别出发，在一种分支下推演出不同类别的心灵活动所具有的种种属性，在另一分支下推演出引出各类物质的种种属性。在心理类科学与物理类科学中，最后是描述型科学(Descriptive Sciences)。通常说来，心理类科学中的是历史学，物理类科学中的是地质学、天文学、地理学、水文学、计量学等。这些科学的目标是解释一些具体现象，其所用方法是表明：将法则型科学所探明的一般法则应用于分类型科学所发现的具体种类之上，再经过某些随机的排列，就能产生那样一些现象。科学分类的最后，心理类科学与物理类科学重新统一于应用型科学或各类技艺之中。关于这些技艺门类,我已经做好了一个列表。当然,不是说我已经穷尽了全部。所列出的只是一些例子,可以帮助我们稍微了解这些科学门类之间的种种关系。这张表包括了多达300种不同的科学门类,所涉范围从伦理学、宗教、法律这些一般性的偏心理科学,一直到炼金术、烹饪术、烧炭术,等等。

本世纪发生了一件不幸的事,那就是:哲学已变得同其他科学分离,似乎哲学处在它们之外甚至与它们敌对一样。本世纪早些时候,像黑格尔这样的人自以为他们的哲学方法非常强有力,有资格与其他科学的方法对抗。他们认为,那些方法能削弱归纳型科学的价值,从而完全超越归纳型科学。他们一直在神学院接受教育,只是从外部知道一些"大众自然科学"。骄傲必定会失败,因为其中通常都有或多或少的不公正。这种黑格尔式的傲慢自然而然导致了一种错误观念,即总的来说,形而上学(指所有的形而上学,而非某某形而上学体系)必然是一些主观空洞而不合逻辑的东西。这是非常严厉的指责。它不是单在某一方面受到轻率对待。问题是:或许我们能在形而上学中找到一种东西,它将不会对抗现已确定无疑的其他科学,而是像有内在和谐一样与其他科学保持一致,遵从其他科学的逻辑,适应其他科学的需求。

至此我已为你们提供了一份关于所有科学的目录。我敢说,这份目录很不够完善,但根据我对各个不同科学分支的了解,我只能给出这样一份目录。接下来,我们要讲的一个问题是:所有这些科学的总结果如何,它们全都能达到什么结果?确实,我在几个小地方对于柏拉图表示异议。在他最卓越的著作中,他竟把"理念"的两个成分切除,但正是这两个成分才使得观念显得尤其有价值。不过,说起对于"科学的最终目的和重要性之所在"的基本认识,没有哪一位哲学家能比这位早期科学哲学家讲得更为清楚了。亚里士多德正确指出了柏拉图的多处错误,但所有这些批评都无损于柏拉图无与伦比的哲学。之所以如此,是因为柏拉图纠正了赫拉克利特的一个错误,即认为连续性的就是短暂性的;同时也是因为柏拉图将"理念"的存在当成是潜在的。譬如,亚里士多德正确地指出:在四种原因中,柏拉图仅仅认识到了两个内因(形式因和质料因),却没有看到两个外因(动力因和目的因)。虽然就目的因而言,这勉强算是正确,但在另外一点上却极为正确。因为不只是柏拉图仅仅认识到了内因,他甚至没有看到质料乃肯定性的东西。他使得质料成为单纯的否定、纯粹的非存在(non-Being)或"空无"。他忘记了(或许就不知道):凡产生肯定效果的东西,必定都有一种肯定的"本性"。虽然柏拉图整个哲学就是一种第三性哲学(也就是说,这种哲学认为每一事物都是因为一种作用力而产生,而经过正确解析之后可以发现,这种作用力的第一构件是第三性),但他自己仅仅认识到了"性质"(Quality),而且,他自己是"二分法"(Dichotomy)的倡导者——这是他对他本人思想的误解。忽略第二类原因,这作为一个特例所反映的只是所有形而上学家的通病,即忽略"关系项逻辑"。但是,当他忽略那些"外因"时,他所忽视的正是第二性本身。这种自我误解,像这样不能认清自己的思想,是柏拉图身全最为突出的特征。他这个人的特点就是:对于"万物本性"的观察,远比对于自身哲学之"本性"的观察深刻。而对于这样特点的人,我们完全无法不去尊重他。

你们可能问我,本讲的主题是哲学与生活处事的关系,我为何如此多地谈到柏拉图?我的回答是:这是因为,与其他哲学家相比,柏拉图在许多问题上既明显出错也明显正确,而在本讲这个话题上他更是超乎寻常地显示了自己的双面角色。任何年代的哲学家都没人像柏拉图那样狂妄地将诗学同哲学混在一起。罗伯特·勃朗宁(Robert Browning)或许算是比较接近他的?至于我们所谓的哲理诗人,蒲柏(Alexander Pope)、波尚庄园的布鲁克男爵福尔克·格雷维尔(Fulke Greville, Baron Brooke of Beauchamp Court)、约翰·戴维斯爵士(Sir John Davies),我确信任何人都不应抱怨他们过多地将情感与他们的哲学混在了一起。关于哲学的实践可用性,他们并不比大多数普通的哲学著作家错得更多。反倒是柏拉图在这一点上远比任何其他人都更加过分。他本来已经错误地认为哲学的价值和动机主要在于其道德影响,很快读者又惊讶地发现:他在弥补这一错误时走向了另一极端,认为人类生活的全部目的和目标都在于熟知纯粹的观念。我说这些错误其中一个弥补另一个,意思并不是指:把它们放在一起来讲,就表达了那些从来不考虑哲学而只是生活的人的观点,甚至也不是指:它们正确表达了哲学家所谓的正确做法。因为,毫无疑问,每个人在他生活中选择作为具体任务的都应是他清楚面对而且力所能及的某种明确责任。我真正的意思是说:把这两个命题放在一起,的确能正确表达何谓哲学及整个科学的最终目的。

一般而论,科学史表明:每一门科学都在朝着我们科学等级上更高级的一门更为抽象的科学发展。

医术源自埃及的处方书,后来又变成了生理学。对于蒸汽机的研究催生了近代热力学。这些都是史实。蒸汽机曾使得精密机械成为可能和必要,而精密机械又曾使得近代的精密观察成为可能,并且使其得以发展。如今,每一项科学进展都是由于出现了某种改进而来的新型观察手段。关于各项技艺的趋势,我们就讲这么多。具有灵魂之人会否认各项技艺的重要目的是发展成为纯科学吗?对于个体人来说,当然不会。人人都在使用各项技艺,这就好比昨天我在窗外看到的那只鹿为人所用一样,好比当我在撰写讲稿时壁炉中正烧着大块的木头。但是,我们以这种方式对待那只鹿和那些林木,是野蛮的做法。它们有它们各自的目的,跟我们个人身体内外的每一器官都不相干。同样,人类看待各项技艺的视角也是自私的。但是,那些技艺跟动物和树木一样,也是活的有机体。即便说它们寄生于人类的心灵中,也依然属于活的有机体。很显然,它们内在的宿命就是,发展成为纯科学。

接下来,我们来看描述型科学。俗话说:历史是在以实例传授哲学。这等于是在说:历史学这门描述型科学趋于发展成为一门关于事件种类(历史事件乃其中的样本)的分类型科学。同样地,在威廉·赫歇尔爵士(Sir William Herschel)那里,天文学已从"第三等级"(Tiers état)的描述型科学上升到分类型科学行列。自然地理学所走的路子,多少有点类似。地质学,同样也是如此。高尔顿(Galton)、德堪多(de Candolle)等人也一直尝试把生物学提升为一门分类型科学。

接着再来看分类型科学。语言学正变得越来越像法则型科学。人类学有着同样的趋势。物理类科学的分支中,动物学和植物学在刚过去的半个世纪中已朝向法则学(nomology)迈出了一大步。门捷列夫(Mendeléef)提出的奇妙法则以及威廉姆森(Williamson)相关思想的提出,帮助化学实现了同样的结果。变成法则型科学,显然是这些科学门类的宿命。

现在我们来看法则型科学:心理类科学中的是心理科学通论(general psychics)或心理学(psychology),物理类科学中的是物理科学通论(general physics)。可以肯定,这两个分支正发展成为形而上学的分部。那是它们的目标所在。距离达到那一目标,我们仍有很长的路要走。然而,世人都能清楚地看到:它就在我们面前,在远处的"大山中闪闪发光"。

相应地,形而上学正逐步而明确地呈现出逻辑学的特征。而最后,逻辑学似乎注定要越来越多地向数学转变。

如此说来,所有科学门类都在稳步而明确地向中心点会聚。

这里面是有道理的。

那么,现在数学要往哪里去呢?数学整体上建立在一些似乎完全任意的假说之上。我们也很难发现一位数学研究者能精通整个数学领域。显然,凯莱在竭尽所能做到这一点。他在著名的《关于齐次多项式的第五论文集》(*Fifth Memoir on Quantics*)中提出了绝对者理论,具有很多非凡的见识。他在《关于矩阵的论文集》(*Memoir on Matrices*)和《关于绝对几何的论文集》(*Memoir on Absolute Geometry*)中提出一种学说,即几何量度学只是几何光学或光学几何的一个特例。不过,尽管这样,他在"多元代数"(Multiple Algebra)和"四元数"(Quaternions)方面却显得全然无知,而且,不论是在几何光学或光学几何领域,还是在狭义数论方面,他都没有做出什么重要工作。因此,即使是他也不能涵盖所有数学。甚至,克莱恩(Klein)已经把极其分散的多个主题结合在他的研究之中,也仍有其限制。每年的新发现中大部分都是由一批人完成的,但这些人大多局限在一些很小的领域。因为这一点,你们可能会觉得:不同的数学家从各个角度提出任意假说,从而造成到处都是空洞的随意性。但你们却找不到任何这样的事情。相反,你们所看到的是:有些人彼此工作领域相距甚远,就像非洲距离加拿大克朗代克河一样遥远,他们却提出了同样形式的新假说。黎曼显然从未听说过他同时代的里斯丁。后者是博物学领域的一位几何学家,研究的是叶形和鸟巢;前者的工作领域却是分析函数。然而,在这二人所提出的思想中,那种似乎最具任意性的东西,却有着完全一样的形式。这种现象并不是孤立的;其实,大家都知道,它是我们这个时代的数学的普遍特征。所有这些人创造着现实世界中并不出现的形式,他们每一个人都在按照各自的想法任意为之。但我们现在可以发现:他们是在慢慢揭开一个伟大的"型相宇宙"(Cosmos of Forms),一个潜在世界。纯粹数学家自己也正是这样觉得的。他不大习惯表达自己的情感,甚至也不做概括归纳。数学中流行的是:只把一些证明发表出来,读者需要从那些证明的次序出发去猜测数学家心中是如何想的。不过,假若你们有幸跟许多高水平的数学家交流,你们会发现:典型的"纯数学家"都有点像是柏拉图主义者。只是,他们这种柏拉图主义者已经修正了赫拉克利特的那个错误,即认为凡永恒性的都不是连续性的。对他们来说,永恒的东西构成了一个世界、一个宇宙,我们的整个现实存在只是其中的一个任意处所。"纯数学"所追求的目的就是:发现这个真实的潜在世界。

一旦你们拥有了这样的认识,其实,所谓的"至关重要性"看起来就是一种非常低级的重要性了。

但此类观念只适合调整当世之外的另一种生活。而在这样一个平凡世界上，我们都是微不足道的生灵，只是社会机体(它本身是一种非常可怜的小东西)上的一些细胞，我们一定要留意：环境为我们设定了什么我们可以胜任的微小而明确的任务。要完成这个任务，要求我们用好我们的所有力量，包括理性。但在做的时候，我们主要依赖的不应该是那个非常肤浅而易错的灵魂部分(我是指我们的理性)，而应该是那个深刻而确定的部分，即本能。本能是能够得到发展和培养的，但要借助于一种缓慢的过程，而且越是至关重大的事情，过程越是缓慢。本能的这种发展与推理训练的路线完全一致。正如推理源自于经验一样，情感的发展源于灵魂的"内在经验"和"外在经验"。〈譬如，"内在"的有沉思，"外在"的有灾难。〉它不仅与认知发展有着同样的本性；而且，它主要是借助于认知这个工具而发展出来的。灵魂的深层部分只能通过其外表才能通达。通过这样的方式，我们在数学、哲学以及其他科学中所熟知的那些永恒形式，将会慢慢渗透，逐步达到我们身心的内核所在，并开始影响我们的生活。而它们之所以能影响我们的生活，并不是因为其中全都是至关重要的真理，而是因为它们是理念中永恒为真的东西。

第二讲
推理类型

在上一讲最后的对话环节,恐怕你们没能得到多少有用的东西;因为我已经很久没有过哲学对话了。不过,对于我来说,知道你们听众如此聪明且富有批判眼光,我感到很欣慰。

我发现自己真的很为难,因为今晚我必须转入形式逻辑这门枯燥乏味的学科。但是,你我都知道:很不幸,哲学界却有一部分人,他们坚持认为应把形而上学奠基于形式逻辑。我就不幸属于那样一伙人。作为我们领袖的,有三位伟人:亚里士多德、邓·司各脱和康德。我们最敬畏的对手,在古代有毕达哥拉斯和伊壁鸠鲁,近代有笛卡尔、洛克,我还必须加上黑格尔。至于"哪一方是对的"这个大问题,我将不作争论。我上次呈现给你们的那一套科学分类法,可用来界定我的立场:形而上学必须从逻辑学中获取其原理,而逻辑学要一定不能从任何认知理论,也不能从任何其他的哲学立场,只能是从数学中获取原理。要捍卫这样一种观点,必须看它都能产生什么样的结果。

为了能让沉闷透顶的"形式逻辑"有趣一些,我将通过叙述个人心路历程的形式来交代我所要讲的东西。这样,你们至少可以看到一个人如何可以对这门学科多年一直保持浓厚兴趣。此外,沿着偏僻小径来观看一场异常持久的思维进程到底是什么样子,同时记下这种系统化思维的优缺点,或许这对于刚起步的思想者来说并非毫无益处。因为我想:不可否认,它同时具有优点和不足。另外,为不至于让你们感到疲惫,我将尽量避免用到过于精确的自传细节,而主要是通过一种故事形式作为渲染,简要描述一下形式逻辑。

我从小在浓厚的科学氛围下长大。我涉足哲学研究,完全不是因为哲学对于"上帝""自由"和"不朽"能教给我们什么。关于哲学的实践价值,我一开始就非常怀疑。毋宁说,是我对于"宇宙论"和"心理学"的好奇心推动我开始了哲学研究。在六十年代早期,我狂热地追随康德,至少是他发表在《纯粹理性批判》"超验分析"篇中的那一部分哲学。我完全相信其中涉及判断功能和范畴的那两个表,它们对于我来说有甚于从西奈山传下来的戒律。但即使是在那时,我也不认为形式逻辑应该建立在心理学之上。因为,"指定结论能否从已知前提得出"这个问题涉及的并不是我们能够如何思考,而是能否在前提所呈事态为真时,与之相关的(犹如结论所呈事态与前提所呈事态那样的关系)另一事态却并不同样为真?

你们或许记得,康德让人注意到范畴相互间有着各种各样的关系,而我发现那些范畴之间还存在另外一些关系。所有关系加起来,**几乎可以**构成一套有规则的体系,但还不是太像。它们似乎在暗示:或许存在更广的一组概念从而能构成一套有规则的体系。在对这些问题苦苦思索了大约两年之后,我最终走出了困惑,确信是康德的形式逻辑有问题。

随即,我开始阅读我能找得到的每一本逻辑书。起初,我怀着一种不自觉的先入观念,认为德语书籍更好些;但不久我被迫抛弃这种偏见。举例来说,康德之后的德国逻辑学理论几乎一致地将命题划分为直言命题、条件命题(他们错误地称之为假言命题)和选言命题。这是康德引入的一种划分,因为他以为(我不知他这样想是否正确)传统的分法会损害他的范畴表。根据传统的定义,假言(hypothetical)命题即复合

(compound)命题①，包括条件(conditional)命题、选言(disjunctive)命题和联言(copulative)¹命题。联言命题的例子是这样的：天上有闪电**又**打雷(It lightens *and* it thunders)。但是，条件命题其实只是选言命题的一种变体。譬如，"你或者走路小心点，或者会弄湿你的脚"(You will either take care where you tread or you will wet your feet)是选言命题。与此具有同样效果的条件命题是："如果你正步走路，就会弄湿你的脚"(If you march equally, you will wet your feet)。而你们将发现，同样一种思想却不可能以联言命题的形式来表达。这样一来，假言命题其实要么为选言命题要么为联言命题。直言命题同样也是如此。全称直言命题为选言命题，特称直言命题为联言命题。譬如，说"每一个无罪之人都可投掷石头"，等于是说："任选一个人，他或者是有罪的，或者有权投掷石头。"另一方面，说"有天鹅是黑色的"，等于是说："可以找到一个对象，说它是天鹅**并且**是黑色的。"

西塞罗告诉我们，在他那个时代，关于条件命题的涵义，在斐洛(Philo of Alexandria)和狄奥多罗斯(Diodorus)两位逻辑学家之间有一场著名的争论。斐洛认为：只要天上没有闪电或打雷了，命题"如果天上有闪电，就会打雷"就是真的；只有天上有闪电但并未打雷时，它才是假的。狄奥多罗斯对此提出了异议。或许是古代人没转述好，也或许是他本人没弄清楚心中到底怎么想的，虽然自他之后实际出现有多位狄奥多罗斯主义者，但他们中没有人能够清楚地表明立场，反倒是将其弄得很荒唐。大多有实力的逻辑学家都是斐洛主义者，而狄奥多罗斯主义者

---

① 需要警惕，"假言命题"在现代逻辑读物中的用法与此不同。今天的逻辑文献中，"假言命题"不过是"条件命题"的另一名称，因而只是众多复合命题中的一种。不过，皮尔士的用法在古代尤其是中世纪逻辑文献中很流行，因而也与他所倡导的"术语伦理学"精神相契合。据皮尔士本人解释：早在公元500年前后的波爱修斯(Boëthius)和卡西奥多鲁斯(Cassiodorus)那个时期，已经确定："hypothetica"用来指任意的复合命题，而"conditionalis"则表示"仅当独立分句中所提条件得到满足时才断定一种东西的命题"。他还强调："这是整个中世纪时期都普遍接受的术语用法。"参看CP 2.316 n.1以及CP4.40。——译者注

大多是没实力的逻辑学家。就我个人来说,我是一位斐洛主义者;但我认为争论中的狄奥多罗斯一方并未得到公正对待。狄奥多罗斯主义者隐隐感到:"只要是天上没有闪电,命题'如果天上有闪电,就会打雷'就是真的",这种说法有某种问题。

作为一位斐洛主义者,邓·司各脱自然对这一问题给出了相当多的阐述。他的方法是:把通常的"后承式"(consequentia)或条件命题与"此在简单后承式"(consequentia simplex de inesse)区分开。此在简单后承式根本就不涉及多种的可能性,而只涉及"此时此地"(hic et nunc)发生了什么或什么是真的。而通常条件命题所断定的,并不只是"此时此地,或者前件为假或者后件为真",而是在某一明确的可能性范围之内的每一可能事态下,或者前件为假或者后件为真。对于命题"如果天上有闪电,就会打雷"的理解就是:在符合自然规律的每一种可能出现的场合下,或者不会有闪电,或者不久就会打雷。

或许,这些可以看作是在向狄奥多罗斯主义者让步。这样一来,我们便能为狄奥多罗斯主义者提供一种比起他们自己所能构建更好的辩护,即在我们对于语言的日常使用中,根据我们的理解,所谓的可能性范围总是指:在某种可能情形下,前件为真。譬如,我们来看下面这个条件命题:我若是抓起那台灯架然后挥舞着在听众面前来回走动,任何人都将不会感到丝毫惊奇。大家都会说它是假命题。而倘若我回答说"它是真命题,因为任何情况下我都不可能有如此不雅的举动",你们一定会觉得是我违背了语言用法。

我愿满含敬意地好心向狄奥多罗斯主义者建言:以这种方式去为他们的立场辩护,要好过他们通常的吞吞吐吐。然而,假若他接受我的建议,我必须痛心地补充说:这种论证纯粹是"歪曲论题"谬误(ignoratio elenchi),就连一位逻辑学新手也蒙蔽不了。因为,日常语言中什么意思,这完全跟我们的问题不相干。形式逻辑的要义是:特定的**表达范式**(canonical forms)已经事先给出,范式的意义通过一些固定规则来决定；而假若借用了什么言语表达式作为**逻辑范式**，那也只是因为它们能帮助我们记忆，而且，对于它们，总是要在逻辑学的技术意义上来理解。要界定这些逻辑表达式，就跟动物学家和植物学家们界定他们所发明的术语一样，也就是说，完全不去关心它们的用法，而只需要与自然分类法保持一致。这就是为什么我将早期发表的一篇论文命名为《论证的自然分类法》的原因。² 所谓"自然分类法"（natural classification），我们指的是"涵义最丰富的"（pregnant）分类法。之所以说它涵义最丰富，是因为其中蕴藏一些从严格逻辑观点来看的重要东西。

现在，我的手稿中已经设计出了一整套三段论，不论是从斐洛观点还是从狄奥多罗斯观点都极其全面。不过，虽然我的解释比起德摩根（DeMorgan）在其《逻辑学纲要》一书中的解释（它可谓是众多倡导者中间对于狄奥多罗斯观点所能给出的最精彩呈现）更倾向于一种狄奥多罗斯体系，但我发现斐洛系统要远比它简单，几乎可以说是最为简单的一种系统。你们肯定不想让我向你们谈论这些细节。对于我们短期的演讲课程来说，这样概括陈述就足够了。

因此，一定要明白：在逻辑学中，我们将把"如果 A 则 B"（If A, then B）这一形式理解为"或者 A 是不可能的，或者在 A 为真的每一可能情形下，B 同样为真"（Either A is impossible or in every possible case in which it is true, B is true likewise）。换句话说，它的意思就是："在每一可能情形下，或者 A 假或者 B 真。"（In each possible case, either A is false or B is true）

一旦承认了这一点，我认为在直言命题和假言命题之间便不存在什么逻辑上的差别。全称直言命题是选言式的假言命题，而特称直言命题则是联言式的假言命题。这是我今天的立场，跟在 1867 年时一样。假若会有什么不同的话，那一定得说是：直言命题比起假言命题有着更为复杂的结构。实际上，就阐释顺序来说，最好还是姑且先断定这是真实情况，以后再略作必要的修正，以便确立直言命题与假言命题之间的完全同一性。因此，我要说：除了某种不太重要的考虑，直言命题实质上就是结构更为复杂的假言命题。

这听起来像是有矛盾。根据定义，假言命题就是复合命题。那么，它是由什么复合而成的呢？对此，我的回答是：它可能是由一些简单命题复合而成的，但这些简单命题在今天会被视作非直言命题。不过，不论它是由什么复合而成的，重点在于：直言命题同样也是复合的。只是，直言命题并不单单是复合的，同时还特别带有今天都认为假言命题没有的一种复杂性。

其实，之所以出现表面上的矛盾，只是因为我们沾染上了欧洲语言的一些偏见。欧洲语言并非就是所有思想的本性，甚至也不构成人类思想的本性。它们只是六大语系中的一个小类，而且在许多方面是很反常的。另外，还有属于所有印欧语言和闪族语言的一些反常情况。之所以认为直言命题"All men are rational animals"（所有人都是理性动物）很简单，那是因为受到了其中明确带有"普通名词"（common noun）这一词性的语言的暗示。当然，所有的语言中也一定存在"专名"（proper names）。但是，印欧语言中的普通名词似乎是最为发达的。闪族语言中偶然会碰到普通名词，但迄今为止更为重要的还都是动词变化。动词变化被认为不是独立的词语，而且很多时候在白话字典中是不出现的。人类的其他语言（也就是人类语言的主体部分）中几乎都没有［这样的］词类。譬如，我们来看在今天旅游时代大多数人都略知一二的一种语言——古埃及语。我认为，这种语言之中，没有任何一个词是只能用作普通名词而不能用作动词的。很显然，像我们这样名词高度发达的语言，没有动词"is"是不可能表达"Every man is a rational animal"（每一个人都是理性动物）这一思想的。但即使是在希腊语这样与我们紧密联系的一种语言中，这个动词也是可以略去的。这一事实表明：即便是距离我们那样近的语言，其中的普通名词仍保有某种动词生命。在印欧分支之外的语言中，要求在此类语句中出现"is"的现象明显少见。的确，过去的埃及语经常使用系词；但是，那种系词的本性是什么呢？根据雷诺夫（?? LePay Renouf??）的说法，而我认为也是根据卜路希（?? Brujsch??）的说法，那根本就不是动词；它是一种**代词**，作用是表明"人"和"理性动物"所指的是同一对象。

于是，我们看到：这个问题的真相原来是这样的。最开始有的是像"fulgurat"和"pluviet"①那样只能通过单字表达的某些命题。它们不表达从属关系（inherence），也不表达对象的任何特征。它们没有传递有关某一**事物**的任何明确思想。然后，这些命题，或者说任何的命题，都可以**被否定**。第三步，借助于选言法，或是借助于联言法，可以在逻辑上复合而成任何的命题。如此，我们便可以得到**假言命题**。第四步，对于前面那些命题，可以像在埃及语中那样加上关系代词，或者也可以采取其他语言用法来表示不同从句所指的对象是同一的。正是这最后一层的复杂性使得一个命题明显成为**直言式的**。

目前为止，直言命题看起来像是比假言命题更复杂的一种东西。譬如，"every man is a rational animal"（每一个人都是理性动物）经过斐洛式的解释之后就是指："if there be a man, then *he* feels and thinks"（如果有一个人，那么**他**便能感觉和思考）。正是其中的识别性代词"he"（他）使得该命题不同于其他，成为一种直言命题。如果你们提出异议：那个直言命题断定了人的存在，我将回答说：这是一种狄奥多罗斯式的解释。不过，现在该**修正**"直言命题比假言命题更为复杂"这个观点了。我们的做法是通过表明：假言命题同样包含有相当于代词的某种东西。在我 1867 年那篇论"论证的自然分类法"的文章中，我已经认识到直言命题和假言命题是完全同一的；但我当时还不能对这个问题做出解释。之后，我长期研究了关系项逻辑。现在，我要借用其中的研究成果来解

---

① 这两个拉丁词语分别为动词"fulguro"和"pluvia"的语法变体，前者的意思为"打闪"，后者的意思为"下雨"。——译者注

释这个问题。我们首先必须来看这样一些命题："This is beautiful, —— I thirst, —— The sky is blue"（这是美丽的——我口渴了——天空是蓝色的）。在"This is beautiful"中，我们有一个代词，但它并没有让两个普通名词等同起来；它只是将"beautiful"与代词"This"直接指示的那个对象等同起来。"this"（这）、"that"（那）、"I"（我）、"you"（你/你们）、"we"（我们）等这些指示代词和人称代词具有非常奇特的力量。它们使得我们可以传递出语词本身完全无法表达的意思；它们的传递方式是通过引起听者注意，让他看看四周。它们所指向的经验是或可能是说话人和听话人之间、表达者和解释者之间所共有的。因而，它们具有明显的"反一般性"（anti-general），指向的是"此时此地"。专名"the sky"（天空）具有类似的效果。它是假若你抬头便能看到的那个东西。任何的专名在本性上都是一样的。"the Bible"（圣经）对于日本人来说，所指的意思会跟它对于我们而言的意思不同。为了同一位阿富汗人讨论"George Washington"（乔治·华盛顿）这个人，你必须首先让他获得你自己所拥有的一些经验。这跟你同天生色盲的人谈论色彩时的情况不同。那种情况下，缺少的不是**明确的经验**，而只是一种想象力。在"George Washington"的例子中，大体上的经验不会**十分地**明确，但应该是接近于明确。

请允许我在这里补充一点。与其说"this"和"that"是**代词或曰名词替代品**（pronouns, or substitutes for nouns）①，毋宁说"George Washington"之类的名字勉强算是"this"和"that"的替代品，用于把所指的那种经验散布到解释者的眼前。"this"和"that"根本就不是名词的替代品；它们是**能触发人注意力的东西**（stimulants to looking），就像是自

---

① 作者在这里巧用了"pronoun"一词的词源意义。"pronoun"在汉语中通常译为"代词"，但如果将其看作是"pro"（替代）和"noun"（名词）组成的合成词，也可直译为"代名词"。作者意在强调指示词比名词在逻辑上具有更为基础的地位，似乎想说：不应把指示词看作是"代名词"，倒是应把名词看作是"代指示词"。——译者注

行车上的铃铛、开车人所说的"嗨,当心!"或"注意看路"。邓·司各脱显然看到了这一点,因而撰写了新的代词定义。这种定义被后来的语法学家所接受,一直沿用到 16 世纪的大学改革时期。后来,改革者们因为憎恨司各脱主义者(the Dunces)①而转回到过去那种荒谬的定义,并一直沿用到我们今天。不过,我注意到,近些年,阿伦和格林诺(Allen and Greenough)的新版语法以及其他一些语法书实质上又再次回到了司各脱的那种定义。

性质上稍有差异但同样含有此性成分的是选择代词,包括"some"(有个)、"any"(任一)、"every"(每一)、"whoever"(任何人)等等。布尔(Boole)以为,命题"Some swan is black"(有天鹅是黑色的)可以表示为:"An undefined kind of swan is black"(一种还未界定的天鹅是黑色的)。我写过的第一篇逻辑方面的论文纠正了这个错误。"Some kind of a swan is black"(有种天鹅是黑色的),即"Every black swan is black"(每一只黑天鹅都是黑色的),这**在任何情况下**都是真的;但它并不是命题"Some swan is black"所作的断言。这个命题所陈述的是:在此时此处的现实世界上,**存在着**一只黑天鹅。其中提到了一个"此时"和一个"此地";只是没有告诉解释者:所指的那只天鹅,到底要在"此时此地"大量天鹅中具体什么位置才能找到。"every"或"any"也都类似于这样。当我说"every man dies"(每一个人都会死)时,我所说的是:你们随意挑选一个人,假若他属于"此时此地"的世界,你将发现他是会死的。"some"意味着:命题**表达者**从"此时此地的"世界中做了一个选择,或者

---

① "Dunce"是邓·司各脱的名字"Duns"的中世纪发音,最早是文艺复兴时期的人文主义学者和宗教改革者们因为司各脱主义者们反对"新学术"(New Learning)而对他们的戏谑贬称。后来,英语中的"Dunce"一词用于泛指思维迟钝的傻瓜。但是,切不可因为这种引申义的产生而忘记:邓·司各脱是中世纪中期与托马斯·阿奎那(Thomas Aquinas)和奥康的威廉(William of Ockham)齐名的三大哲学家之一,他本人以细致入微的思维方式而著称,有"精细博士"(Doctoris Subtilis)之美誉。皮尔士将司各脱视为非常重要的逻辑学家和哲学家,尤其推崇他为了严格区分思想而创造的各类哲学术语。——译者注

是有人为他如此选择。"every"则是把选择功能**转给了**命题**解释者**或任何代表其利益的人。

"some"和"every"这些词可以看作是指示词,即:它们指向了表达者和解释者共有的一种经验观察。就此意义而言,我们在假言命题中同样也可以找到这种成分。"If it lightens, it will thunder"(如果天上有闪电就会打雷)意味着:**你**可以从"此时此地"的可能性范围内随意选择任何场景,**或者**它**不**属于当前有闪电的场景,或者它**将会**属于打雷的场景。同样,"It may lighten without thundering"(有可能只有闪电而不打雷)意味着:我可以在"此时此地"的可能性范围内为你找到一种场景,其中**将出现**闪电而**不带**任何雷声。

就这样,我们让自己相信了直言命题与假言命题在逻辑上具有完全等同的地位。出于方便,我们再提到它们时,可以统一用直言命题的形式来表达。根据我们这里的分析,系词一定要称为"包含型系词"(copula of inclusion)。与此对立的是那些倡导谓词量化的人所运用的"同一型系词"(copula of identity)。在他们的理论遭到彻底推翻之后,不大可能再有逻辑学家采用那样的"系词"了。[3]

关于命题的逻辑分析,还有其他并不完全相同的各种方法。其中的两个例子出现在富兰克林(Franklin)夫人和米歇尔(Mitchell)教授为《约翰·霍普金斯大学逻辑研究》一书所撰写的论文中。[4] 同样,在几何学中,有着无数式各样但全都正确的坐标系统。空间测量的方式也有不同:椭圆法、抛物线法和双曲线法,它们全都是正确的。但是,在各种不同的几何坐标中,**唯有直角的点坐标**才符合**力学原理**;因而,理学研究中一定要把这种坐标作为**基本坐标**。对于各种不同的空间测量法,也是如此。**唯有抛物线法**才符合**欧几里得几何学**原理;每人会想到用其他方法,除非他打算认为欧几里得几何学是错误的。与这些情况完全类似,在**可以**用来分析命题且能分析正确的所有各类方法中,**只有**采用包含型系词的**那种方法**才符合推理论(theory of inference)。它之所以能做到**这一点**,是因为它使得直言命题主谓项之间关系**严格等同于**条件命题前后件之间的关系;而后面这种关系显然正是前提与结论之间的那种关系。不容置疑,那些伟大的经院博士称得上是历史上除数学家**之外**最为严格的推理者,而他们总是把小前提称为前件,把结论称为后件。

在论述"论证分类法"的那篇文章中,我利用了经院学者的"后承"理论,以便找到一个 που στω[立足点]可以提出推理学说。我的思路是这样的。假设我们得出了一个结论。且不论它是必然结论还是或然结论。我们用"S 是 P"来表示这个结论。可以肯定,对于 S,我们永远不可能从一个或一组与 S 毫无联系的前提有担保地得出结论。如果推理的前提有一个以上,我们就让所有前提合成为一个联言命题。然后,这个单一前提必定与 S 有联系;就此而言,它可以表示为:S 是 M。当然,我并不是说 S 需要在这个前提中正式作为主项,更不是说要作为唯一主项。我只是说:"S 是 M"可在一般意义上代表任何实际涉及 S 的命题。于是,这个推理在形式上就是:

前提:S 是 M
结论:S 是 P

但是,**每当我们得出结论时**,我们总是或多或少有一种明确想法,那就是:我们正在做的推理只是一大类可能推理中的一个,它们每一个都由一个与现有前提有点类似的前提可靠地推出一个与现有结论类似的结论。**不仅**我们自己意识中有这样的想法(我们认为是前提**导致**结论,这一点可以表明我们确有这样的想法),更为重要的是,我们内心深处有一条原则**在实际运作**——它是一种天然的或后天获得的习惯,根据它的要求,我们的确**应该**在其中每一种可能情形下都得出那样的结论。按照逻辑学家弗里斯(Fries)的说法,[5] 我把这条运作性原则称为推理的主导原则(leading principle)。但是，**在逻辑学上**，所有推理都是要**经过批判的**。只要推理者问自己他凭什么**担保**可以由"S 是 M"得出结论"S 是 P"，他就被迫**表述**他的主导原则。在极为一般的意义上，我们可以把经过表述后的原则记为"M 是 P"。我之所以写"M 是 P"而不写"P 是 M"，那是因为：所发生的推理是从 M 到 P 的，也就是说，M 是前件而 P 是后件。结果，推理者由于自我批判而改进他的论证，将他原有的推理替换为这种完整的论证：

前提：$\begin{cases} M \text{ 是 } P \\ S \text{ 是 } M \end{cases}$

结论：S 是 P

我并不是说：主导原则的表述必然要采取**狭义上的**"M 是 P"形式。我只是说：它一定表达 M 与 P 之间的某种关系，这种关系不仅能涉及这个具体主项 S，而且在所有类似情形下都能担保我们由类似"S 是 M"的一个前提过渡到类似"S 是 P"的一个结论。

这第二个论证显然本身也有一条主导原则，尽管会比原来那个论证的主导原则更加抽象一些。而你们或许会问：何不将这个**新的**主导原则表达为一个前提，因而便可获得主导原则**还要更抽象的第三个论证**？然而，你们若是做这样的实验，你们会发现：如此获得的第三个论证，比起第二个论证来，并不具有更加抽象的主导原则。它的主导原则实际上完全跟第二个论证的主导原则一样。因此来说，这条主导原则已经达到了**最高程度**的抽象性；而具有最高抽象性的主导原则可以称为**逻辑原则**(logical principle)。

这样我们便证明了，**在极其一般的意义上**，每一个完整的论证，即每一个带有最高抽象性主导原则的论证,都是 Barbara(第一格 AAA 式)①形式的论证。

我做所有这些研究,目的是要探明推理的主要类型都要哪些。我接下去的研究方案是这样的。既然所有推理在极其一般的意义上都带有 Barbara 的形式,只要我们找到一种在较为具体的意义上同样带有 Barbara 形式的推理,但其具体程度还不至于让我们无法认清其中的各个类别,那么,我或许可以试试看:与此种推理对应的一般推理能否也**分为相似的类别**。

第一格三段论属于具体意义上的 Barbara 形式;而我们的困难在于:其中的四式似乎只是本质上相同的一种推理所带有的偶然差异。不过,证明式三段论**整个来说**(in general)都可认为是属于 Barbara 形式的。因为,此种推理的每一式都可以借助于一些似乎只是形式推断(纯粹的转换说法)的直接推理而还原为第一格。但随后便产生一个问题,那就是:证明型三段论之中的推理方式一旦有什么差异,我们是否一定能发现。康德在他的小册子《四格三段论之间的虚假区分》中说过:并不存在任何这样的差异。不过,当时康德心中所想的是实质上的差异,而并没有去留意那些或许历历可辨的纯**形式**之别。此外,康德的那本小册子有**两个细节**上存在严重的推理错误,**且不说**其他一些不太重要的错误。第一,他提出,亚里士多德以来的所有逻辑学家都已经**充分说明**,第二格、第三格、第四格都**可以**(might be)分解为第一格推理和一些直接推理,因此,**必须**(must)认为这三格推理都是复合型性的。他这样好像是在说:因为一个力可以分解为两个成分,所以一定得认为它实际上只能这样构成。其次,康德从来没有想起来询问:那些**直接推理**的**本性**如

---

① 这里的 Barbara 以及下文中出现的 Cesare、Datisi 等都是中世纪逻辑课本中对应于每一个有效三段论的生造词,总共有 19 个(不含 5 个弱式)。它们被编入一段朗朗上口的诗行之中,便于初学者记忆。作为三段论有效式的代名词,它们每一个词在诗行中的位置表示该三段论属于哪一格,词语本身中的前三个元音字母表示该三段论属于什么式。——译者注

何。他自己通过一种措辞手法把这个问题藏了起来:把那些直接推理称作"Folgerungen"(结论),否认它们是"Schlüsse"(推理)。我们这里所说的那些直接推理主要有两个。一个是这样的推理:

无 M 是 P
∴ 无 P 是 M

另一个是这样的推理:

有 S 是 M
∴ 有 M 是 S

的确不假,"无 M 是 P"和"无 P 是 M"不过是对于同一事实的不同表达吧了,因而**实质上来看**,它们之间什么推理也没有发生。"有 S 是 M"和"有 M 是 S"之间,也是这样。不过,**随后我想到了几何学中经常出现的情况**:我们必须做出区分的两种形式,**从它们本身来看十分相像**,但当我们将其每一个看作连着一系列其他形式的极端情形时,它们就**全然不同**了。譬如,我们说:两条重合直线彼此相交于两个点,可能是直线上的任意两个点。这样说是什么意思呢,或者,两条重合直线如何区别于单条直线呢? 答案是:如果我们画多条不同的圆锥曲线,它们的顶点都同样位于一条直线上的某两个点:

这些圆锥曲线越是接近那条直线,从平面上任一指定点到圆锥曲线的切线便越是像穿过了那两个固定点一样。于是,我问自己:"无 M 是 P"和"无 P 是 M"之间是否也存在与此类似的区分呢? 假设我们不是绝对地说"无 M 是 P",也不是绝对地说"无 P 是 M",而是在谈论一些极小的比

例的话。说"在准备写诗的那些人中间,极小比例的人会最终拥有像但丁(Dante)那样的能力"是一回事,而说"在拥有但丁那样能力的人中间,比例极微的人是准备过写诗的"却是完全不同的另外一回事。

　　这中间的问题比较复杂。简单来说,我发现：那些直接推理每一个人都可以转变成三段论形式。我是说,把第二格的 Cesare 式（EAE 式）写成：

　　　　无 M 是 P
　　　　任何 S 都是 P
　　∴ 无 S 是 M

现在,我们把其中的 S 全都替换为 P,这样就变成了：

　　　　无 M 是 P
　　　　任何 P 都是 P
　　∴ 无 P 是 M

而这便是从"无 M 是 P"到"无 P 是 M"的那个推理。同样地,把第三格的 Datisi（AII 式）写成：

　　　　任何 S 都是 P
　　　　有 S 是 M
　　∴ 有 M 是 P

135　现在,我们把其中的 P 全都替换为 S,这样就变成了：

　　　　任何 S 都是 S

有 S 是 M

∴ 有 M 是 S

而这便是从"有 S 是 M"到"有 M 是 S"的那个推理。

至此,我**终于发现**:还原"第二格"时**总是要求**一种其本身属于第二格形式**的直接推理**,并且只要求这些;而还原"第三格"时总是要求一种其本身属于第三格形式的直接推理,并且只要求这些。至于"第四格",可以发现它们是属于混合型的。

所以,我们可以只看前三格的三段论。它们的形式如下:

第一格	第二格	第三格
任一 M 是/不是 P	任一 M 是/不是 P	有/任一 S 是/不是 P
任一/有 S 是 M	任一/有 S 不是/是 P	任一/有 S 是 M
任一/有 S 是/不是 P ∴	任一/∴有 S 不是 M	∴有 M 是/不是 P

可以看到,"第二格"是由"第一格"中小前提与结论互换同时全部换质(即否定变肯定、肯定变否定)后得到的,而"第三格"是由"第一格"中大前提与结论互换同时全部换量(即全称变特称、特称变全称)后得到的。这并不包括 Darapti(第三格 AAI 式)和 Felapton(第三格 EAO 式)两式,因为二者在斐洛系统中不是有效式。

我们这样便确立了三个格的三段论之间一种虽然只是形式上但却真实存在的区分。**接下去**的一个问题是:我能否认为这对应着三类一般推理之间**更为实质性**的区分呢?因为,我们在几何学上**往往就发现**,诸**简并**形式(degenerate forms)之间纯粹的**名义**差别对应着典型形式(genuine forms)之间非常**重要的**区分,而简并形式只是典型形式的**极端**

情形。

证明型推理是或然性推理的极端情形。正面的确定性（certainty pro）是概率1，反面的确定性（certainty con）是概率0。那么，我们就从第一格的或然性三段论开始。这种三段论的形式为——

M中r比例的部分具有偶然特征π。
这些S随机地取自M。
∴ **从概率上近似来看**，S中r比例的部分具有特征π。

这里需要做出四点解释说明：

第一，结论中的"从概率上近似来看"（probably and approximately），粗略来讲，意思是指：所选的逼近限度（limits of approximation）**越是广**，比值接近r的概率**越是大**。倘若前提中的这些条件能**精确实现**，"从概率上近似来看"一语便意味着：符合**概率曲线**法则。然而，那些条件并不必**精确实现**，因而概率曲线法则也要相应修改。关于这一点，我可以用整个一讲来论述。

第二，比例r并非一定是某个**精确的**数值。它可以代表"一半以上""近乎全部或几乎没有""某一简单比率的附近"等等。简言之，我们只需设想一下，0到1之间全部可能的值以随便什么方式分配到两个包裹之中，而命题说的就是：比值包含在指定的一个包裹中。

第三，S应该"随机地取"，这个条件指的是：**近乎称得上**（nearly enough）随机；并且，越是接近于"随机"，就越是近似于那个比值。但是，比例r越是接近于"全部"或"空无"，取样的随机性越是不太重要；最后当r **正好**就是"全部"或"空无"时，随机性就变得**完全无所谓**了。何谓完美的随机性，这非常重要，需要做出界定。假若S的选取方法能使得在持续不断选下去时每一个M都能选中，S的取样就是**真正的随机性**（quite at random）了。不过，假若M的数量不属于整数，譬如，假若是无理实数的整体，S 的取样就不是真正的随机性了。对于这样一类的集体，我们不可能直接这样推理。关于随机性条件的界定，我最后要指出的是，只要求 S 就 π 而言是随机的，也就是说，具有 π 的 S 与不具有 π 的 S 被抽到的相对频率应该是一样的。

第四，所选的 π 一定是**偶然**（haphazard）特征，这个条件与条件"S 一定得**随机**选取"相似。然而，性质（qualities）有很多，**不计其数**，因而不可能是严格的随机选取。但是，如果我们努力确保所选对象属于一个集体，但并不做进一步干预，而是听凭**经验进程**决定到底会是哪一个对象出现，那么，这个对象也可以认为是从该集体中**偶然**选出的。就性质而言，这种经验进程并不是外部经验的进程，而是我们内在思想的进程。如果经验进程没有照我们希望的那样提供任何一般特征，这样的结果**并不是说**推理无效，而只是使得我们无法得出任何结论。假若经验进程近乎达到了一般规则，但并非**完全**达到任何规则，结果将是：我们永远无法推出任何十分精确的命题。需要指出的是，每一性质跟每一机械力一样，可通过不计其数的方式转化为不计其数的其他性质。故而，我把 π 写成了单数；因为，任何情况下，它都会有不计其数的成分。根据我们当前所谈到的这个要件，π 所包含的那些要素一定得是思想进程本身自然而然关联起来的。它一定不能是一个晦涩的或人为构造的特征。一定不能依据具体实例的呈现方式，也不能依据那些实例的特征来提出它。最安全的做法是：在检查考察 S 之前，要求先把 π 确定好。

这条推理规则非常重要，也经常有人违反，我认为最好演示一下：一旦忽视它，会出现什么后果。下面是一个例子：

> 绝大多数沉入深海之底的小东西都将永远不会被肉眼看到。

> 这里是挑战者号探险队打捞物中的一些样本，它们都从沉入深海之底的小东西中随机选取的；

138　　　　　　∴ 很可能,这些样本中的绝大多数东西都将永远不会被肉眼看到。

这样的推理显然是荒谬的。这里还有一个例子。我希望随机选取几位名人的姓名。为了确保取样的随机性不容置疑,我特意只选择了《菲利普名人录》(*Phillip's Great Index of Biography*)中几张整百页码(即第 100 页、第 300 页、第 500 页、第 700 页、第 900 页)上的第一个姓名。那些名字包括:

弗朗西斯·巴林(Francis Baring)　生于 1740 年　卒于 1810 年 9 月 12 日

德古斯丁子爵(Vicomte de Custine)　生于 1760 年　卒于 1794 年 1 月 3 日

西博思特雷茨(Hippostrates)　　(生卒年月不详)

O 侯爵(Marquis d'O)　生于 1535 年　卒于 1594 年 10 月 24 日

特奥克利纳斯(Theocrenus)　生于 1480 年　卒于 1536 年 10 月 18 日

假设我们在推理时不留意这条规则:

每 10 个人中有 1 人出生在末位数为 0 的年份,因此,有可能,在这些人当中,不到 1 人出生在这样的年份。事实上,除 1 人之外都是的。

每 4 个人中有 1 人在秋季逝世。因此,有可能,在这些人当中,大约 1 人在秋季逝世。事实上,除 1 人之外都是的。

每 3 个人中有 1 人逝世于当月可被 3 整除的那一日。因此,有可能,在这些人当中,1—2 人逝世于那一日。事实上,每一个人都是的。

每 10 个人中有 1 人,他们逝世所在的年份数字加倍后再加上 1,所得之数的最后一位数字正好是该年份自身十位数上的数字。因此,有可能,在这些人当中,不到 1 人逝世在这样的年份。事实上,每一个人都是的。

我在陈述以上四条规则时,没有做到最大的精确性。我陈述的精确程度必须得是我认为你们能够在一讲时间之内领会掌握的。这个话题应该延续到很多讲中。但是,为了能在后面展开我所要讲的内容,我有必要在概述时多下工夫。我们这里看到,第一格或然推理都带有这些经过精确规定的规则,而所有的必然推理将会发现只是它所包含的一种极端情形。它其实就是演绎推理(Deduction)。

我下面接着组建第三格的或然推理。它是由"第一格"经过大前提和结论互换并同时否定两者而得来的。你们还记得,r 仅仅意味着真正的比率是在两个包裹中的某一个当中。对于 r 所属包裹之外的那个包裹中所包含的比率,我们用 ζ 来表示。于是,命题——

$$\begin{Bmatrix} M \\ S \end{Bmatrix} \text{中 } r \text{ 比例的部分具有特征 } \pi$$

的否定将是——

$$\begin{Bmatrix} M \\ S \end{Bmatrix} \text{中 } \zeta \text{ 比例的部分具有特征 } \pi。$$

这个否定命题与之前的肯定命题,**在形式上**是一样的。因而,第三格的或然推理将是——

>   这些 S 随机地取自 M；
>
>   这些 S 中 ζ 比例的部分具有偶然特征 π；
>
>   ∴ 从概率上近似来看，M 中 ζ 比例的部分具有特征 π。

这个就是归纳推理（Induction）的公式。我在 1867 年第一次提出了这个理论。之后，我说过：它实质上是亚里士多德的理论。从［那时］起，有许多逻辑学家对它做过阐述。"induction"一词是西塞罗对于亚里士多德用词"ἐπαγωγή"的模仿。它没有传达出那个希腊词的完整涵义。那个希腊词隐含着：一些例子经过排列后一起提出来。亚里士多德有时把这种推理称为"ἡ ἀπὸ τῶν καθ᾽ ἕκαστου ἐπὶ τὰ καθόλου ἔφοδος"（个例向一般的进犯）。

所以，归纳就是"第三格"的或然推理。我这种理论与其他归纳理论的区分在于它的两个特点：第一，它所得出的归纳规则都是"归纳"定义的必然推论；第二，如此得来的规则比其他理论中的规则更加严格。譬如，密尔等人都完全没看到需要有这样一条规则，即特征 π 一定不能是在考察样本本身后提出来的。

从这样一条规则出发，可以得到一个结果，即归纳**永远不可能提出原创性设想**（first suggestion）。归纳所能做到的只是推断一种比率的值，而且仅仅是近似推断。如果 M 的数量是无穷的，属于 P 的 M 的比例可能正好是 1∶1，但**仍旧会**存在例外。不过，我们后面将看到，其实，归纳**往往都涉及无穷类**——尽管其数量从来不至于会超过整数的量。因而，从归纳这里，**我们永远无法找到任何理由认为一条法则会毫无例外**。我可以说一下，密尔也承认这一结果是真的。

关于第二格或然推理的情况，我不准备给出细致而冗长的形式化讨论，只打算告诉你们：讨论的结果是下面这样的，即第二格或然推理记为：

> 任何本性属于 M 的东西都具有偶然特征 π；
> S 具有特征 π；
> ∴ 暂时来看，我们可认为 S 在本性上属于 M。

更便于理解的是下面的条件句形式：

> 倘若 μ 为真，随之会出现 π、π′、π″等各式各样的结果；
> 而 π、π′、π″其实都是真的；
> ∴ 暂时来看，我们可以认为 μ 是真的。

这种推理常常被称作**"因为能解释已知事实而采纳一个假说"**（adopting a hypothesis for the sake of its explanation of known facts）。其中所谓的解释是指这样一个 modus ponens（肯定前件式）——

> 如果 μ 为真，则 π、π′、π″为真；
> μ 为真；
> ∴ π、π′、π″为真。

按照我的理解，第二格的这种或然推理就是亚里士多德所指的"άπαγωγή"。有充分的理由可以让人相信，《前分析篇》中谈及这一问题的那一章中，有一处是在亚里士多德手稿中出现过模糊的地方。手稿保存在地窖长达百年，因为受潮而有多处模糊不清的地方。第一位编撰亚里士多德手稿的人阿佩利孔（Apellicon）冒失填补上了错误的字词。且让我改变文本中的一个字，整个一章的意思就会跟着改变。改变之后，亚里士多德思路的连续性将不再像我们今天所看到的文本那样遭到破坏，从而将与另外一段对应起来，并使得文中的两个例子跟亚里士多德通常的例子一样代表着他那个时代流行的一些推理，而不是像现在的文本中那样一个显得很傻，另一个几乎就是不对。假设这种看法是正确的，"ἀπαγωγή"就不应该像通常所翻译的那样用"abduction"一词来翻译，而应该采用"reduction"（还原）或"retroduction"（溯因）来翻译。① 在这门演讲课程中，我将把此类推理统称为"溯因"。

我在1867年第一次提出了这种理论，1868年略作改进。1878年，我对它做过一次通俗解释，当时我曾正确地主张"归纳"与"溯因"之间存在根本差异。1883年，我认真地重新予以阐述，做了相当大的改进。但是，由于相信逻辑宽度与逻辑深度之间应该是完全平衡的，我受到误导，错误地把"溯因"视作一种"归纳"。⁶据我观察，最能称得上暗中为害的一种倾向莫过于人们总是认为对称就应该是严格对称。第一位发现脏器并不像双手和面部特征那样对称的解剖学家，当时一定感到很吃惊。1892年，我对于"溯因"的原理做了很好的论述，但却没有看到它与归纳之间的根本差异，尽管我早前倒是已经很清楚地看到。由于我在本讲中已经被迫涉及了太多内容，我不认为在此可以正式地重新阐述"溯因"问题。我只需表明一点，那就是：我现在有能力重新再阐述一次而避免之

---

① 关于这种推理方式的称谓，皮尔士最早曾使用过"hypothesis"（假说）和"presumption"（推定），后来用得比较多的是"abduction"和"retroduction"。皮尔士在晚期作品中似乎更喜欢采用"retroduction"一词，但作为一种新型推理形式，皮尔士的 retroduction 并不限于该词的字面意思，即"从已知后件追溯可能的前件"，而是有着更加广泛的外延。他曾在1905年的一篇手稿中指出："虽然［那样的字面意思］可以解释我为何选用'retroduction'这个词来表达我的意指，但作为这一术语的发明人，我有权把它定义为：从经历某物 E 到谓述心中所造概念的思想过程；谓述的主项是 E 所属的一个特定类，或是该类中的一个不确定部分。"参看 MS［R］842：29-30。此外，在今天研究此种推理的有关文献中，"abduction"一词倒是有着更为普遍的使用；而且，"abduction"词根"abduce"（外展）的词源意思"to lead away from"（向外引导），似乎与皮尔士所谓"能够提出假说的推理过程"的初衷更为接近。——译者注

前的某些错误,并且希望它能在未来很多年之后仍令人满意。

出于简要性上的考虑,我没有谈到亚里士多德称作"παράδειγμα"的类比论证。几乎不用多说,"类比"(analogy)一词源于数学中。这种论证是混合性的,它与其他论证形式之间的关系有点像是"第四格"三段论与其他三格之间的那种关系。

我们用了三段论形式作为支持来建构推理理论,现在可以将其移去,单看所构建出来的东西。我们看到了三个推理类型。第一格包含了所有必然或是或然的演绎推理。借助于此类推理,我们可以预见事物一般进程中的具体结果,并估算这些结果长远来看多久才能发生一次。演绎推理的结论总是带有确定的概率,因为此推理方式是必然型的。第三格是归纳推理,借此,我们可以探明在日常经验进程中一种现象伴随另一现象的频率。归纳推理的结论不像演绎推理结论那样带有确定的概率;但是,我们可以算出具有某一指定结构的归纳达到某一指定精确度的频率。第二格推理就是溯因推理。这种推理,不仅结论没有确定的概率,甚至此种推理模式也不存在确定概率。我们只能说,"研究的经济性"规定了我们应该在指定的探究阶段上尝试指定的假说,而且我们要在事实许可的范围内暂时持有它。对此,没有什么概率可言。它只是我们试探性地采纳的一个建议。譬如,为了解读楔形文字,我们首先有必要采纳那些没人想过最终会成真的假说,因为我们无法提出任何绝对可能为真的任何假说。不过,那些假说只能是临时采用——是被采用而且要坚持到某种固执程度——直到能有一些事实绝对地驳斥它们。因为,从长远来看,那些问题要想以最快的方式得以解决,就得凭借这一套方法。

[第三讲绪言]

在开始今晚的演讲之前,我希望对上一讲结束后提出的一个极其重要的问题做一些补充回答。那个问题涉及逻辑学对于心理学的完全独立。我之所以希望回到这个问题,是因为它是非常基本的,若是不能完全清晰地理解这一点,你一进入逻辑学便有可能深陷泥潭。我提出的命题是:逻辑学,在该词的严格意义上,完全关于你如何思考。"逻辑学"一词是有歧义的。它既可以指一门较为一般的科学,也可以指这门科学内部的一个具体分支。我说它独立于心理学,这种说法同时**适用于**两种意义上的逻辑学;但是,在目前阶段,我所要**强调**的只是:这种说法适用于狭义的逻辑学。狭义的逻辑学主要关注的是区分推理的好坏以及或然推理的强弱。其次,逻辑学还关注为了做出这些推理区分而必须研究的所有东西。此外,就再没有什么了。于是,演绎论证是否为真的问题不过就是:是否在某种不论什么**为真**的领域中,前提所述**事实**为真而结论所述**事实**却并不同样**为真**。譬如,我们来看下列论证:

  某一保险公司对于每一个存款人所偿还的钱都要超过此人向公司支付的本钱**另**加上本钱利息。

  因此,这个保险公司付出的钱总是比收到的钱多。

再来看一个例子:

有一大批赌徒,每个人都有无限量的资金。他们坐下来与一个拥有无限量资金的银行对赌。在这个赌博中,银行与玩家每一局的机会都是对等分的。每位玩家每局赌 1 法郎,一直玩到他能有 1 法郎的净收益。这时,这位玩家退出赌博,让位给新的玩家来做同样的事情。现在,根据概率理论,每位玩家迟早总能有 1 法郎的净收益。由此难道不能必然得出:银行会输钱?

这些例子当然都是一些非常容易的,但它们属于演绎逻辑要处理的那种类型的问题。你们将会明白,上述两个结论的得出都是不可靠的。现在我想说,若有谁以为,要解决这样一些问题,问一下"前提和结论的思想形式是直言的还是假言的"能带来便利,他便没有掌握我所讲的要义。命题形式只是为了把前提中被设定为真的事态与其他事态区分开来,除此之外并无任何意义;唯一的问题是:前提中被设定为真的事态是否有可能使得结论中的事态为假。

因此,很显然,演绎论证(不论必然的还是或然的)是否可靠的问题不过就是一个假说与另一个假说之间数学关系的问题。考察整个事情到底是以何种方式思考的,这跟逻辑问题毫不相干,就好比是在探究那些命题是用英语写成的还是用匈牙利语写成的。直言与假言之分只是语言上的差别。由于在印欧语系中普通名词偶然地发展成为了完全独立的词类,这种区分才碰巧在那些语言中显得很突出。

的确,命题必须以某种方式得到表达;而且正是因为这一点,形式逻辑为了完全摆脱语言或心理上的考虑因素才发明了自己的一套完全根据规则构成的人工语言,并拒绝考虑该人工语言之外任何其他陈述形式的命题。该语言用一种方式可以表达任一假说。由于人类所达到的一切东西都是不完善的,迄今所构造出的每一套逻辑语言都提供了两种甚至更多种方式来表达某些假说。这并不是因为在完全相同场合下分别为真与为假的两个命题具有逻辑差异,而只是因为我们的逻辑语言尚未达到最终的完善程度。至于把日常语言翻译为精确的逻辑形式,譬如,乔治·霍庇(Georg Hoppe)就做过很多,这种工作可以说是应用逻辑方面的。也就是说,它们属于所要分析的那些表达式所在的那一门语言科学的逻辑部分。

关于演绎推理,我们就讲这么多了。要说有任何其他思想者能在演绎推理方面与数学家相媲美,那都是无根据的。然而,至于他们的假说是借助于什么心理机制而想到的,数学家既不知道,也不想知道,更不去关心。倘若对于我们如何思考的考察果真对于解决演绎逻辑问题很关键,他们如此一无所知且漠不关心,却又能有如此高超的推理技能,那可真是怪事了。除非有人能证明他借助于此种考察能够明显推进数学家的推理,否则我是不相信这种怪事的。

至于两个推理类型"归纳"和"溯因",我已经指出:它们不过是演绎推理的归谬式变形;借助于这种归谬法,这些推理的任何价值问题都可立即还原为演绎精确性的问题。因此,如果说对于我们如何思考的考察与演绎逻辑毫不相干,对于归纳逻辑和溯因逻辑来说那么做同样也是不相干的。

第三讲

关系项逻辑

先生们，当我在1866年清楚发现推理的三大类型分别为归纳、演绎和溯因时，我认为我已经拥有了一套非常完整的"形式逻辑"系统。的确，我曾猜测很有可能存在一种关系逻辑，但我当时还是认为我已获得的那套系统能使得我像康德那样把逻辑学概念转移到形而上学中。[1] 我那时的形式逻辑有一个标志，那就是，每一个主要部分都有三分法。有三个推理类型：归纳、演绎和溯因。它们各自又都有三个命题和三个词项。有三类推理形式：词项、命题和推理。逻辑学本身是对于指号（signs）的研究。而指号是说：这种东西把第二种东西表现给第三种东西（即能进行解读的思想）。研究指号的方式有三种。第一种研究的是指号若具有意义需要有什么样的一般条件，即属于邓·司各脱所谓的《理论语法》（*Grammatica Speculativa*）。第二种研究的是指号在什么条件下为真，属于逻辑学。第三种研究的是若要把指号的意义转移到其他指号需要有什么样的条件。一般而言，指号又是三分法中的一员而已：第一个说的是事物自身，第二个说的是一事物与另一事物的反应，第三个说的是一事物把另一事物表现给第三个事物。经过仔细分析后，我发现所有这些三分法都体现了同样的三个概念。我依照康德的习惯，把这三个概念称作"范畴"。一开始我把这些范畴命名为"性质"（Quality）、"关系"（Relation）和"表现"（Representation）。我曾反复试图说服自己：或许我认为这三个观念在哲学上具有根本重要性，那只是我个人心智结构的反常之处。为此，我认真而持续地工作，你们无法想象我付出了多少艰辛。但是，不可能是我自己的反常啊。它每一次重新出现时，越来越明显像是一条正确原则。在我用到"relation"一词时，我还没有意识到有些关系并不能分析为成组对象之间的关系。倘若我当时意识到了这一点，我会更愿意用"反应"（Reaction）这个词的。我那时拓展"Representation"一词的意义以至于包含所有的认知，或许这也是不明智的。[2] 然而，"Quality""Reaction"和"Representation"这些词用来命名那三个概念，或许足够用了。**名称**不重要，重点是能理解那些概念是什么。但为了避免各种错误联想，我认为现在最好的做法是为它们构建全新的科学名称。故此，我更愿意把它们称作"第一性"（Firstness）、"第二性"（Secondness）和"第三性"（Thirdness）。关于这些概念，我会尽量传达某种大意。它们都是一些极其一般的观念，远比普通的哲学术语更加一般，因而当你们初次接触时一定会觉得它们模糊不定。

对于"第一性"，可以做如下界定：作为一种样式，它说的是任何东西都会自为存在，无关任何其他东西，因而尽管其他任何东西都不存在或不曾存在或不可能存在，也不会带来任何影响。这样的一种存在样式只能理解为感觉样式（mode of feeling）。因为我们无法设想有任何其他样式会与其他一切东西的可能性毫无关系。其次，第一性的东西一定是没有部件的。因为对象的部件是与对象本身不同的一种东西。记住所有这些，你将会认识到：任一色彩，比如说"品红色"，都具有而且就是明确的一种感觉样式，无关所有其他东西。因为，它自为存在而无关任何其他东西，只能是第一性。而如果**从外部**来看（因而就不再是原来完全的第一性了），第一性便呈现为各种不同可能的感官性质（sense-qualities）。这些感官性质有无穷多种，而我们全部所能感觉到的仅仅是其中很小的片段。它们每一个都跟任何其他的一样简单。感官性质只能是绝对简单的，不可能有其他情况。只有在视觉比较时，它才显得复杂；就起本身而言，并不复杂。

"第二性"可以界定为对于某一主体存在状态的改动。这种改动其实是另一不同主体的存在样式。更精确地说,第二性说的是:两个绝对分割的孤立主体,它们彼此构成一对,但这并不是因为我的想法,也不是因为或借助于随便什么居间主体或场合,而只是那两个主体自身;因此,如果其他任何东西都不存在或不曾存在或不可能存在,情况还是完全一样的。你们可以看到,每一主体的此种"第二性"相对于该主体的内在"第一性"来说一定是第二位的,完全不会取代其中的第一性。因为,倘若取代了,这两个主体那时将已成为同一个主体。对于它们的第二性来说,最为关键的一点正是:它们一直都是两个东西。第二性虽然紧随于第一性,但它并不构成任何对于第一性的限制。这两个主体完全不一样;所谓的第二性也不是说它们二者合起来具有第二性。"第二性"有两个,每一主体各有一个。但是,这两个"第二性"只是同一"对组性"(Pairedness)的不同侧面:在一种视角上属于其中一个主体,另一视角上却属于另一主体。不过,这种对组性无异于第二性。它是无中介的,也不是被引出来的;因而它在本性上并非可理解的东西,而是绝对盲目的东西。它在每一主体所呈现的侧面并没有任何可能的"理由"(rationale)。就其**本质**而言,两个主体并不是成对的;因为,从本质上看,任何东西都是其所是,而所谓第二性就是说它是另一个东西。因此,第二性是一种偶发情况。它是发生于两个主体之间的一种盲目反应。当我们的意志力遭遇抵抗或有某种东西自动引发感觉时,我们所经验到的就是这种东西。想象一下,只有个品红色在那里,其他什么也没有。而就在它一直都处在品红色状态时,假设突然变成了青豆色。在它变色的那一刻,就是第二性。

"第三性"这种观念比较容易理解一些。它能改动一个作为第二性样式的主体的存在状态,只要它能改动第三个主体。它或许可以称作一种固有理性。鸦片具有安眠作用,病人借助于它可以入睡,那并不是单纯的字眼而已。尽管不太分明,它还是指代着鸦片借以发挥作用的某种理由或律则性。每一条法则或一般规则都表达着第三性；因为它能使得一个事实产生另一事实。而像"伊诺克是人"之类的命题，表达的是第一性。对此，不存在任何理由；那是伊诺克的自然本性——再没有别的什么了。不过，"伊诺克跟其他人一样会死"，作为结果或效果，所表达的却是"第二性"。该结论的必然性正是此"第二性"的自然力（brute force）之所在。于是，演绎推理时，"第一性"借助于"第三性"的作用产生了"第二性"。接下来，我们再看归纳推理。最近一次普查年度的出生人口可以视作美国人的样本。**那些**对象应该是美国人，对此不存在任何理由，只能说它是我考察那些对象的条件。那是"第一性"。我们从普查结果中知道：那些人大约一半都是男性。那是必然的结果，样本中所包含人口的数量差不多可以担保这一点。于是，我认为这是"第二性"。故而，我推断其中的**理由**便是：有某种德性或神秘的律则性在起作用，从而使得美国全部出生人口中一半是男性。此乃"第三性"。就这样，"第一性"和紧接着的"第二性"上升到了"第三性"。

这些就是我的三个范畴。我不要求你们对它们有什么高度评价。哲学初学者若是能够将它们与思想海洋中那些司空见惯的丢弃物区分开来，那一定是奇迹。而且，我也不要求你们把它们区分出来。不论是正确的思想，还是错误的思想，全都充斥着这样的三分法。它并不是什么新东西，没必要再来提炼。我现在对这些概念不做任何明确断言。我只说：这里的三个观念位于一片神秘大海的海滩之上。它们值得我们带回家去，仔细玩味，然后看看到底有什么用处。

我只讲这样一点。有一类人，我可能比你们很多人都更密切了解。在他们的思想（或许无法称之为思想）中，"第一性"占有相对主导地位。这并不是说他们特别地善于假言推理，尽管他们也的确有那方面的天赋。我只是说，他们所有的概念都是相对独立而感性。然后，还有一类人我们经常在生活中遇到。他们根本无法想象，除了权力还有什么值得渴望。他们很少关注归纳本身。他们都是唯名论者。他们所关心的都是一些他们能与之互动的东西。只要他们看到推理有用处,他们也推理;而且,他们知道阅读是有用处的。但是,当遇到推理过程中运用到字母 A、B、C 时,他们就跳过了。而我们知道,字母 A、B、C 是一些代词,对于思考"第三性"来说必不可少;因此,那些排斥此类思想的人不过是"第三性"能力极差的人。最后有一类人是几何型的。他们非常渴望,只要有谁能服从伟大的世界生命力(world-vitality),便可以掌握权力和荣耀。那种世界生命力为我们带来了一个由观念组成的宇宙,我们世界上的所有力量和感觉都在向这个目标宇宙靠近。对于这一类来说,我所提出的三个范畴包含了某种有价值的东西。

这些范畴在每一思想领域均有所体现。而在形式逻辑中研究这些范畴,有一个好处,那就是:这门学科极为简单,完全免除了前提方面的疑虑,同时又不像纯数学那样完全局限于纯粹的假言前提。它是所有实证科学中最为抽象和简单的一门,任何真正的形而上学都离不开一套正确的形式逻辑理论。

在 1867 年提出这三大范畴之后,[3] 各种事实向我确定无疑地表明:我的形式逻辑框架仍旧不完整。譬如,我发现它完全无法以三段论的形式表现几何中的推理思路,甚至也无法表现代数学中布尔"逻辑代数"之外的任何推理。我此前已经看出,布尔代数不能表现第三格的普通三段论;虽然我曾对于布尔代数略加扩充以弥补此种缺陷,但那只是权宜之计,反倒是预示与布尔所发现的那部分代数存在更加有机联系的某种东西尚有待发现。在其他方面,布尔系统也明显存在不完善之处。我的笔记显示,经过对所有这些问题的思考,我很快发现了一种关系项逻辑,从而补充了布尔代数,使其有能力处理所有的二元关系。我从德摩根教授发表于[1860 年]的一篇报告(他现在寄给了我一本)中获悉,他也已经在这方面做了相当多的探索,只是路径有所不同。他本人最初的逻辑思想路线在他的《形式逻辑》一书中有所阐释。

现在该向你们解释这套"关系项逻辑"了。[4] 我先围绕一些非常重要的作品,做一个大事记。亚里士多德以及所有古代和中世纪的逻辑学家都已经认识到"关系"(relation)是逻辑学的研究内容。早在 11 世纪就曾有一篇题为《论关系项》("De Relativis")的文章,后来附在了《西班牙的彼得逻辑大全》(*Summulae of Petrus Hispanus*)一书中。奥康(Ockham)和威尼斯的保罗(Paulus Venetus)在他们的长篇逻辑作品中也都论述过关系项。关于代数学在关系项上的应用,莱斯利·埃利斯(Lesli Ellis)曾有过一段简单易解的评论。为此,哈尔斯泰德(Halsted)教授认为,是埃利斯创立了关系项逻辑。这段评论的确具有根本意义。然而,它太过于简单易解了,没有人接着做下去。后来,就有了德摩根的那篇报告。之后,我在 1870 年初次把布尔的"逻辑代数"拓展至关系项。1883 年,我发表了所谓的"二元关系项代数",施罗德(Schröder)非常喜欢它。就在我撰文的同一本论文集中,O. H. 米歇尔发表了当属整个逻辑史上最具启发性的一篇论文。文中,他给出了一种能够处理多维逻辑论域的方法。我随后表明,这种方法作为一种新型代数方法,可以一般性地处理关系项。我把它称作"通用逻辑代数"(General Algebra of Logic)。我认为它是所有代数方法中最好的一种。1890 年,坎普(A. B. Kempe)先生发表了有关"数学形式"的长篇报告,称得上是对于关系项逻辑的重要贡献。施罗德《逻辑代数演讲》的第三卷详细阐述了这个题目,但那是为代数学而不是为逻辑学目的所写的。最终,就在大约两年之前,我提出了两种密切关联的图式方法:我分别称之为"实体图"(Entitative Graphs)和"存在图"(Existential Graphs)。

今天我将借助于"存在图"来讲关系项逻辑。对于不习惯数学思维的人而言,那是最为简易的方法。尽管如此,我还是不准备详细展开。我甚至不准备给你们讲到九条基本规则,更不会涉及其他为使用该方法而有必要熟知的大量东西。不过,我将以一种含糊但并非不合逻辑的方式介绍该系统的每一个本质特点。

我们假装断定了写在黑板上的一切东西。只要黑板是空的,不论我们有什么样的意见，我们都什么也没断定。假若我们写下的是——

  你是一个好女孩

我们就是那样断定的。假若我们写下的是——

  你是一个好女孩
  你听妈妈的话

我们便同时做了这两样断定。因此它是一个联言命题。当我们想要断定有关一命题的某种东西但并不断定命题本身时，我们就用轻轻画一条椭圆曲线将该命题包围起来，由此表示它被隔离在断定区域之外。譬如：

  你是一个好女孩 是很希望有的一种事实

再比如：

  你是一个好女孩 是假的

  最后这个所断定的是：一命题是假的。它是有关该命题的**逻辑**陈述，因此在逻辑系统值得做出特别处理。它也是当我们谈及命题但并不予以断定时目前最常用的一种说法。基于这样一些理由，我们约定：假若一个命题只是被隔离在断定区域之外，但对该命题并未明确作出任何断定，这是以省略的方式表示该命题为假。

$\boxed{你是一个好女孩}$

因此：

$\boxed{\begin{array}{c}你是一个好女孩\\ 你听妈妈的话\end{array}}$

为联言命题："你不是一个好女孩,但你听妈妈的话。"联言命题的否定为**选言**命题。譬如：

$\boxed{\begin{array}{c}你是一个好女孩\\ 你听妈妈的话\end{array}}$

它否定的是：你不仅是一位好女孩而且听妈妈的话,肯定的是：你或者不是一位好女孩,或者不听妈妈的话。所以：

$\boxed{\begin{array}{c}你是一个好女孩\\ 你听妈妈的话\end{array}}$

断定的是：你或者是一位好女孩,或者不听妈妈的话。也就说,"如果你听妈妈的话,则你是一位好女孩。"这是**条件**命题。它是选言命题的一种。联言命题和选言命题是"**假言命题**"之下的两个种类,而且通常都是这样认为的。康德有意将这种清晰的分类法换成别的一种形式,或被人认为是有这样的意图。康德主义的逻辑学家们一直太过于愚笨,而无法驳斥他们的导师。

现在还剩下一小点就能完成对于存在图系统的刻画了。不过,这一小点极为重要。那就是,我们将采用一条粗线来**断定其各个端词的同一性**。譬如:

┌─ 是一个好女孩
└─ 听妈妈的话

意思是说:实际存在某种东西,是一个好女孩,而且与听妈妈话的某种东西是同一个,即:某个现存的好女孩听妈妈的话。或者,我们最好这样来表示:

┌─ 是一个好女孩
└─ 听……的妈妈的话─┘

也就是说,某个现存的好女孩听从**她的**妈妈的话。而只要这样的同一线(line of identity)只是一条,不论是否分叉,推理形式跟没有同一线时完全一样。但是,一旦有两条或更多这样的同一线,就可能出现普通逻辑中不曾有的新型推理。譬如,我们写下:

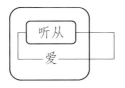

这意思是:存在某种东西,任何爱它的人都会听从它。因为,其中说的是:存在某种东西,不会有人爱它却不听从它。由此,运用简单的一条原则,我们可以推出:

意思是指"任何爱一切东西的人都会听从某种东西"。因为其中否定的是：存在某种东西，不会有某个东西是它不爱的，但也不会有某个东西是它听从的。你们将会发现，用三段论是无法表达如此简单的推理的。

有很多数学上的东西，我想让你们的大脑记住。我希望你们不会由此感到痛苦。现在让你们休息一下。我们来看简单一些的东西。但是，要注意：我对于推理形式的讲解很快，我只是带领你们对于伟大的逻辑世界有了匆匆一瞥，而若不了解这个世界，显然会错过有关唯名论和实在论问题的许多非常重要的启示。

图的任何一部分，如果只需要加上同一线便能成为代表一种断言的完整图，我则称之为"谓动词"（verb）。同一线所加于谓动词之上的那些位置，我称之为"空缺主项"（blank subjects）。根据空缺主项的数目，我把谓动词区分为"零元谓动词"（medads）、"一元谓动词"（monads）、"二元谓动词"（dyads）、"三元谓动词"（triads）等等。"零元谓动词"或非人称动词是完全的断言，比如"it rains"（天下雨）、"you are a good girl"（你是一个好女孩）。"一元谓动词"或中性谓动词只需一个主项便能成为完整断言：

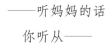
——听妈妈的话
你听从——

"二元谓动词"或简单的主动动词只需要两个主项便可以完成断言：

——听从——
——或——等同于——

"三元谓动词"需要正好三个主项，比如：

第三讲　关系项逻辑　177

——向┐给予——
——同时听从┐和——

请你们注意一条著名的定理。每一个三元以上多元谓动词都可以解析为三元谓动词,但并非每一个三元谓动词都可以解析为二元谓动词。譬如,[四元谓动词]——

——按价┐卖┘给——

[可以解析为下列三元谓动词]

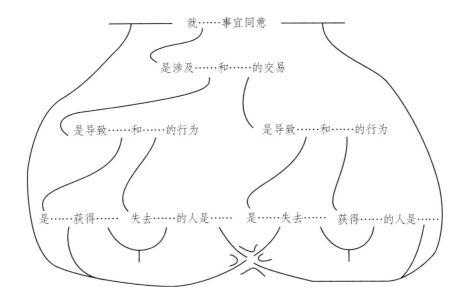

我们从这条定理可以看出,我们的范畴表是完备的。[5] 我并不是说没有"第四性"(Fourthness)这样的概念。我们都知道,"四"对于毕达哥拉斯学派来说是非常神圣的。不过,我相信我能知道其中的秘密。如果是这样,它什么也说明不了。然而,(比如)乐曲中的"第四"是无可争议的。不过,其中并不包含"第一性""第二性""第三性"之外任何独特的理智成分。我要重申一次,我的范畴表与数字"1""2""3"的联系尽管方便我们记住那些范畴,但那种联系不足为道。

在这套图式系统中,有必要提到性质极为不同的三类指号。首先是数不完的各式各样的谓动词。其中就有那种表示同一性的同一线。不过,同一线的那些末端(**每一个**谓动词都可认为具有这样的开放端)则是完全不同的第二类指号。它们是一些指示代词,用来指明所存在的对象。那些对象不必是实物(material things),因为它们也可以是"事件"(events),甚至是"性质"(qualities),但仍旧属于对象,只是被指代为"这"或"那"。第三,构成第三个完全不同的指号类型的有:把谓动词并排书写,以及用椭圆线包围未断定之图但并不包围断定主项。后面这一种在数学中一直都在使用,而且成为了数学中的重要难题之一。第一类指号所表现的是对象的第一性,给出的是那些词项的涵义。第二类指号是把对象表现为现存性的(因而也是反应性的),同时也表现它们的反应。它们赋予了图表一种**断定性**特征。第三类指号是把对象表现为表现型的,即表现它们的第三性,并借此把所有一切都转化为推理过程。事实上,正是对于这些范畴的考察,教会了我如何建构图式系统。

虽然我无法详细展开关系项逻辑,然而有一点我可以提到。那就是,普通逻辑仅仅考虑到一种特别的关系类型,即相似性关系(也是一种平淡无奇、不太重要的关系),而关系项逻辑想到了用一般关系来替代。因此来说,关系项逻辑所考虑的不是一个**类**(class),而是一个**系统**(system)。用以构成类的是因为相似性关系而在普通逻辑中组合起来的大量个体对象或事实,而用以构成系统的则是因为随便任何一种关系而组合起来的对象。譬如,普通逻辑中认可下面这样的推理:

A 不带有任何灰色成分。

B 的确带有灰色成分。

∴ A 不是 B。

但是，在关系项逻辑看来，这里的"灰色"性质所扮演的角色，任何对象都可以扮演。"带有"关系作为一种特征，与任何别的二元关系相比，也不存在逻辑效力上的差别。因此，它认为上述推理不过是下列之类推理的特例：

A 爱每一位名为格雷(Grey)的人。
B 有一位名为格雷的仆人。
∴ A 爱 B 的一位仆人。

不过，在关系项逻辑中**另有**一些推理与普通逻辑中的推理并不大相同。在普通逻辑中认可的那些类中，**一般性的**类(general classes)特别地重要。这些一般性的类，其中所包含的并非实物对象，而是一些可能性。而对于唯名论者(即使是像黑格尔那样温和的唯名论者)来说，尚未实现的纯粹可能性不过是他们所谓的"抽象"，比起虚幻略微好一点，或许还不如虚幻。所以，我们最好弄清楚，关系项逻辑中处在普通逻辑中"一般性"(generality)或中世纪所谓"共相"(the universal)所在逻辑位置的是什么东西。

接下来，我们就来看关系项逻辑中对应普通逻辑中一般性的是什么东西。从"第二性"这种直接关联性的观点来看，两个系统之间最根本的差别是它们的多样度(multitude)。因为同一多样度的系统只需要通过"第三性"上的变化就能彼此转换，但不同多样度的系统却不能这样。多样度为"零"的系统根本上就算不上系统。这里必须向唯名论者让步。它甚至也不是一种性质，而只是性质出现之前尚处萌芽期的抽象可能性。它顶多算是存在**本身**(being per se)。多样度合一的系统是纯粹的第一性。多样度为"二"的系统就像是必然逻辑(necessary logic)中的真假值系统。多样度为"三"的系统是最低级的一种完美系统。多样度为有穷数的系统都有一个标志性特征，即如果该系统中的每一个体都与另一个体处于某一种关系之中，但再无任何其他个体能与这第二个体具有此种关系，那么，对于该系统中的每一个体来说，都有其他某一个体与之处在此种关系之中。接下来的多样度是所有可能的有穷数的数目，即所有整数的数目。具有此种多样度（我称之为**可列**数目）的系统，其典型特征是这样的：虽然是有穷的，但其中的个体却具有我所谓的**生成关系**（generative relations）。这些关系是关系主项（relate）与关系联项（correlate）之间的二元关系，任取这样一种关系，如果每当有一特征属于关系主项时，同样的特征也会属于与之出于此种关系之中的关系联项，并且同样的特征也属于系统中的某一个体（可以称之为此种关系的**原点**），那么，系统中的每一个体都会有这样的一个特征。譬如，在"零"以上的基数系统中，大小次序中的"次低于"（being next lower）关系就是一种生成关系。因为，对于任何特征来说，如果在它属于次低于某个数字的一个数字时总会属于该数字本身，并且它也属于数字"零"，那么，它便属于该系统中的每一个数。下一个多样度是：由[有穷数的]各种不同有穷集体组成的所有可能集体的数目。这是无理数的数目。我称之为**第一个非可数的数目**。再下一个是：由有穷数的各种集体组成的所有可能集体的数目。我称之为**第二个非可数的数目**。再下一个是：由有穷数的各种集体组成的各种集体所组成的所有可能集体的数目。像这样的非可数的数目，存在一个可列的系列。我可以通过下列方式证明这些数都具有不同的多样度。首先我要说的是：任取这样一个集体，我们可以用由 A 所组成的集体来表示，如果每一个体 A 相对于所有其他 A 都具有独立身份，那么，很明显，每一个由 A 组成的集体比所有其他由 A 组成的集体而言都具有独立身份；它们之所以独立，是因为其中包含的个体都是独立而不同的。而诸多全体整数那样的可列集体中的个体全都具有独立身份。因此，我们可以得出：所有非可数的数目都具有独立身份。但是,这并没有证明那些数目彼此是不同的。为了证明那一点,我一开始要像乔治·康托尔博士那样做一下界定。说一个由独立个体(如B)组成的集体在多样度上大于另一个由独立个体(如A)组成的集体,这是什么意思?其中的意思是指:虽然我们可以使得每一个A都有一个独立的B专门指派给它而不指派给任何其他A,但我们却不可以使得每一个B都有一个独立的A专门指派给它而不指派给任何其他B。于是,假设所有A构成了一个具有某一非可数量的集体,那么,由各种不同A所组成的所有可能的集体将构成一个具有更高一级非可数量的集体。显然是可以为每一个A指派一个A集体的,因为我们可以为每一个A指派由所有其他A所组成的那个集体。但是,我要说:我们却不可以为每一个A集体指派一个独立的A。因为,假设有一种A集体的分配使得仅仅有一个A集体指派给每一个A,而我将能找出尚未被指派给任一A的一个A集体。因为,所有的A可以分为两类,第一类之中的每一个A都被指派给一个包含其自身的集体,第二类之中的每一个A都指派给一个不包含其自身的集体。现在我们可以说,全部由第二类A组成而不包含任何第一类A的那个A集体没有任何一个A指派给它。它没有任何第一类A指派给它,因为该类之中的每一个A都仅仅指派给包含它的一个集体,而这种集体并不包含它。它也没有任何第二类A指派给它,因为该类之中的每一个A都仅仅支配给不包含它的一个集体,而这种集体却包含着它。因此,认为任何一个由独立个体所组成的集体(就像所有具有不可数量的集体那样)可以有跟由其所有个体元素组成的可能集体而构成的那个集体一样大的数目,那是荒谬的。

不过,我们现在所要考察的是这样一个集体,其中所包含的个体对应于一个由所有集体所组成的集体中的每一个体,从而使得它构成了一个由每一个不可数量所组成的集体。也就是说,该集体将包括所有的有穷量,再加上由那些量组成的所有可能集体,再加上由那些量组成的集体所组成的所有可能集体,再加上由那些量组成的集体所组成的集体所组成的所有可能集体，如此等等，以至无穷。很显然，这个集体在数目大小上等于由其元素所组成的所有可能集合。但是，我们刚刚已经看到，任何其中个体彼此对立的集体都不可能这样。因此，我们发现，我们现在达到了非常巨大的一个数目，以至于此类集体中的个体相互融合而失去了独立身份。这样一种集体是**连续性的**（continuous）。

我们来看一条封闭的曲线——环。

这条线是由点所组成的集体。因为，如果一个在任一瞬间都占据一个点的粒子一直移动，直至回到其最初的位置，它所刻画的就是这样一条线，其中仅仅包含该粒子在那段时间内所占据的那些点。但是，这条线上的任何一点都不具有能与其他点绝对区分开的独立身份。理由是这样的。假设我们标出这条线上的一个点。

现在，这个标记就代表一种非连续性；因而，我必须承认，由于此种标记，这个点变得与所有其他点都不同了。然而，我们就在这个点把这条线切断：

现在,那个做出标记的点到哪里去了?它已经变成了两个点。倘若把其中的两端连在一起以便能显示我们所要找的位置,它们就又会变成单独的一个点。但是,假若接口处不再有任何区别性特征,即不再有任何非连续性,那里就不会有任何独立的点。倘若**我们**不能区分出接口所在,便看不出有什么独立性。而现在这条线是纯粹设想出来的。它完全就是它所能显示出来的样子;因此,我们可以推出:倘若不存在任何非连续性,那里就不会**有**任何独立的点,也就是说,任何一点都无法绝对区分于所有其他的点。我们再回到那条带有两端的曲线,假设其中一端上的最后一点爆发而出。

该末端处仍旧还有一个点,而如果那个被隔离出来的点被放回去,它们又会变成同一个点。一条线的末端或许可爆发出任一离散量的任意多个点,而它们在裂变以前一直是同一个点。点会飞逸而出,它们的数量和次序就像 0 和 1 之间所有实无理量那样;也许它们整体上会呈现出直线上的那种演替次序。人们会说这是自相矛盾。可情况并非如此。如果是这样的话,就得证明一下。关系逻辑是证明任何自相矛盾东西确实为自相矛盾的极好工具,但这一工具不仅没有表明这是自相矛盾的,而且反过来证明了情况并非如此。当然,我无法告诉你们整个证明过程。不过,那的确不是什么**意见**而已。那是一目了然的证明。关于非可数量的那个系列,我或许会在某种细节上出错。我承认这是有可能的,这就好比是一个人把列出的 5 个数字以总共 120 种不同次序一一相加,每次计算结果都是一样的,但他还是可能算错了结果。即便是如此,我仍然要说:虽然我所有关于非可数量的结论全都毁于一旦,我现在关于连续性所讲的一切将牢不可破。那就是,连续统(continuum)是一个带有非常大数目的集体,以至于整个可能性全域中已经不容许其元素保有独立身份;那些元素变得彼此融合在一起了。因此来说,此连续统就是所有可能的一切,不论从何种维度来看,它都是连续性的。不过,普通逻辑中的一般或共相也包含了一切符合某种描述的可能之物。因此,"关系项逻辑"所表明的是:真正的共相应该是**连续统**。我是说,**真正的**共相;因为**任何**实在论者**都不会**傻到认为共相乃虚幻的地步。

这样一来,唯名论和实在论的问题已经开始成型:连续统是实在的吗?康德像是一位忠实的唯名论者(阿伯特[F. E. Abbot]博士[6]已经指出康德就是忠实的唯名论者)给出了否定回答。"时间"和"空间"的连续性都只是主观的东西。在物自体中没有任何此类的东西。因此,争论还尚未真正结束;但我认为就快结束了。[7]

何为实在性?或许就根本没有这样的东西。正如我反复强调的那样,它不过是一种溯因,是我们尝试所用的假说,是我们在认识事物时极其需要的一种渺茫希望。另外,关于实在性的这个假说或许能很好地回应真实的一切,但并不会完全符合真实的一切。任何超越这一点的更好希望,似乎都显得过于大胆。但是,如果有实在性的话,那么,只要有实在性,此种实在性就是这样的:在万物的存在中有某种东西与推理过程相符合,我们这个世界在关系项逻辑中**居住**(lives)、**变动**(moves)并**成其所是**(HAS ITS BEING)。我们都认为大自然能做三段论推理。即便是像科学人那样具有唯名论倾向的机械论哲学家也都这样认为。不变的机械法则以及相吸相斥法则构成了大前提,所有粒子在"创世第六日结束时"(你尽可以将其追溯到无穷远的过去,尽管还是会具有神迹色彩)或任何其他时间点上的瞬间相对位置和速率乃是小前提,由此所产生的加速度便构成了结论。机械论哲学家就是以这样的方式看待宇宙运行的。

我没能说服我的同辈人,让他们相信大自然也会做归纳和溯因推理。他们似乎认为，大自然的心灵处在亚里士多德学派和斯多葛学派哲学家的幼稚阶段。我指出：每当发生进化时总是伴有大量一系列的一般化，由此物质逐步服从于越来越高级的法则。我还指出大自然的无穷变化来证明她的"原创力"或"溯因"能力。但是，迄今为止，那些陈旧的观念还是太过于根深蒂固。极少有人能接受我的观点。

我要请你们考虑下面一条具有溯因性质的形而上学原则：不论大自然中**看起来**有什么不可解析的**独特**成分，尽管它并非真的就在看起来所在的那个地方，但**确实**一定位于大自然中的某个地方，因为即便是有关此种**独特**成分的错误印象，其他任何东西也都无法产生出来。譬如，我此刻可能是在做梦，虽然我认为我是在讲话而你们是在认真听，但我可能一直舒适地躺在床上熟睡。是，这是有可能的；但是，我感觉到有东西反作用于我的意志和感官，单是这一点就足以证明：在我的内部生活世界与外部生活世界之间确实有一种反应，尽管不在这个梦境中，但一定是在某个地方。

同样地，这个世界上似乎有"第三性"，尽管不是在它看起来所在的地方。这一事实本身就可以证明：某个地方一定有"第三性"。即便我们内外感官的连续性不是真实的，它还是可以证明：那种连续性的确是有的。因为，否则的话，感官何以有能力把它创造出来呢？

有人说：时间感并非真的是连续性的，我们只是将其想象成了那个样子。假若真的如此，那便大大加强了我的论证。因为，除非在现象的真实存在中有某种东西把一种简单性（显然它会与时间自身的特征形成鲜明对照）赋予了时间观念，否则怎么连单纯质朴之人面对那些现象时，都认为把时间想象为连续性的（这等于是将它与迄今为止哲学家所曾设想出来的最为棘手的一个概念建立了联系）会更为简单一些呢？而这里的"某种东西"一定是在某种意义上与"**连续性**"相像的某种东西。任何东西都不可能与这样奇特的元素相像，除非它本身就是那种元素。

在形而上学家所曾提出的各类假说中，在方方面面均与事实彻底相悖的莫过于它们所钟爱的一套说辞,即认为连续性乃虚幻。他们之所以坚持这一点,只是因为他们认为:连续性是自相矛盾的,**而且**关系项逻辑一经详细研读将会被彻底推翻。我**已经**在你们面前驳斥了这种观点。因为我向你们表明过,当数目推向其最大的可能性时,就会变成连续性的。更为细致的研究将能提供更为充分、更能令人满意的反驳。

人类有一种非凡的倾向,能在棘手到几乎难以理解的连续统形式下思考一切。要解释这一点,只有认定:我们每一个人在其真实本性上都是一种连续统。我本人持有一种极端形式的实在论,即认为每一个真正的共相、每一个连续统都是活生生的有意识存在。对此,我不准备向你们长篇大论地讲。我只想说:即便在此生此地,唯一有价值的东西都是一些连续性。

零度集体(the zero collection)是单纯的、抽象的、原发的可能性。连续统乃具体而展开的可能性。所有真真实实的可能性整个构成了一种连续统,而我们这个"现实存在"宇宙由于其本质上是"第二性的实存",不过是其中的一个非连续性标记——就像是在黑板平面上画的一条线。在这个可能性世界上可以找到任意数目的此种实存性宇宙。即便是在短暂的生命时期中,所有带有现实性标记的随意安排,不论是早在"创世第六日结束时"就一直存在的,还是像我认为的那样在创世过程中时时处处迸发而出的,它们的价值都只是:可以经过造世主之手被塑造成为一幅连续性的勾画图;而对于我们来说,它们的用处也只是:确保我们每次获得一种教训,从而使得我们能做出理智概括以及更为重要的情感概括(此乃我们这个世界的真正价值所在)。等我们死后,我们到底会立即消失在无边无界的可能性宇宙中,还是会进入到我们这个表层世界背后的一个本身为更高维度非连续性的世界,我们不得而知。只要我们对此不作任何临时性假说,我们将无法进入一种真正同时考虑到理智与情感的逻辑活动。

致力于实现连续性,此乃整个19世纪的一大任务。我们伟大的祖辈们所面对的工作就是整合观念，整合事实，整合知识，整合情感，整合人类意图，整合产业，整合伟大的作品，整合能量，整合民族，从而成为各类自然、生动而持久的系统。而且，我们今天可以看到，这项事业就要达到第二个更高阶段成就了。若是把连续性视作非真实的虚幻之物，将无助于这项事业。要想推进这项事业，我们必须将连续性视作真实可能的永恒的万物秩序，我们要尽量把所有的随意性与之相符合。

至于那些彼此独立的观念，它们的价值所在只是：它们能够直接或间接地有益于各类观念系统的发展。不存在任何所谓绝对独立的观念。那根本就不是观念。因为观念本身都是连续性的系统。但那些虽然看似彼此独立而其实为更大系统之断片的观念，非常具有启示性。

思想中、情感中、行为上的概括，即连续性系统的涌现，此乃生命的真正目的。每一位投身工作的读书人都应有一门业余爱好，但最好选择距离其工作领域不是太远的一门爱好。它一定得适合每个人的个人喜好。不过，不论是什么爱好，其中都应该涉及对于近代数学的掌握，至少要掌握包括拓扑学在内的现代几何学以及函数理论，除非这个人的推理能力实在不行。因为在那些科目中有大量各式各样的概念是在其他地方无法获得的。除此之外，那些科目将会让你厌恶与鄙视各类伪推理、各类简略思维以及各类试图以非图式概念进行推理的做法。

第四讲

逻辑学第一规则

  许多种数学计算方法都有这样一种特点：若是出现了什么错误，我们只需要继续下去，错误将会自动修正。譬如，假设我想找到 2 的立方根。我上下紧接着写任何三个数字。我将该列数字中的后两个相加，并将所得之和的三倍同数列中紧接后面这两个数字之上的那个数字相加，然后在数列的下面写出结果。我继续这样做下去，时间越长越好，于是，倒数第二个数字除最后一个数字，其结果将小于 2 的立方根。

		1			0			10		1		
		2			0			0		4		
错误		3	5	15	1	1	3	−1	−1	−3	16	20	60
15	18	54	16	19	57	3	4	12	7	6	18	61	77	231
56	71	213	59	75	225	12	15	45	18	25	75	235	296	888
216	272	826	228	287	861	46	58	174	74	92	276	904	1139	3417
831	1047	3011	877	1105	3315	177	223	669	283	357	1071	3478	4382	9146
3197	4028	3084	3374	4251	12753	681	858	2574	1089	1372	4116	13381	16859	50567
12300			12981			2620			4190			51471		
1.259919			1.259918			1.259924			1.259905					

正确 $\sqrt[3]{2} - 1 = .259921$

  如果你们坐下来解答十个未知量之间的**十个**普通线性方程式，就会找到根据去评说数学过程的不可错性。你们几乎必然会得到一个错误答案。很自然，我认为你们都不是熟练的职业计算师，因为一位职业计算师使用的方法将能在他计算出错后为他修正错误。

这令人想到了有关推理的非常神奇的特征之一,它也是科学理论中非常重要的哲学命题之一,但你们在我能想到的任何一本书中都完全找不到有任何提及。它就是,推理往往能修正自身,而且推理方案越是设计明智就越能修正自身。不仅如此,它既修正结论,甚至也修正其前提。根据亚里士多德的观点,必然性结论就如同其前提一样确定,而或然性结论却有点不同。因此,他被迫做出一种奇怪的区分:为大自然所熟知的东西与为我们人所熟知的东西。但是,倘若每一个或然性推理都不如其前提那么确定,由于科学常常都是大量推理的彼此堆积,它会很快便走上歧途。然而,每一位天文学家都熟悉这样的事实,即通过精细推理出来的一颗恒星的星表位置,比起推演该结果所用的任何一个观察数据,都远为精确。

归纳趋于修正自身,这是很明显的。当一个人基于人口普查着手构建一张死亡率表格时,他就是在从事归纳型探究。你瞧!假若他之前并不知道,他从这些数据中首先发现的一点将是:这些数据存在非常严重的错误。年纪轻的人觉得被人以为比实际年长些比较好,而年纪大的人觉得被人以为比实际年轻些比较好。正好为 21 岁的年轻人数目完全超过了 20 岁的人数,但在所有其他情形下,以约整数表示的年龄要多得多。像这样从一连串的观察数据中推断一条法则,这种运作过程从广义上讲便是归纳性的。因此,我们可以看到,归纳型研究若是正确开展,是能够修正自身前提的。

演绎型探究同样也是这样的。对此,我们算术上的例子可以表明。我承认,**在理论上**,必然推理中不存在错误的可能性。"理论上"那样讲,指的是匹克威克意义上的言语方式。在实践中以及事实上,数学并不豁免人类每一事情所带有的那种易错性。严格说来,二二得四这并不确定。如果说在普通人相加所得到的数字中平均每一千个出现有一次错误,而十亿个人每人都做过一万次 2 加 2 运算,那么仍旧有一种可能性是:他们每次全都一样加错了。如果每一种情况都充分考虑在内,我不认为二二得四比起埃德蒙·盖尼（Edmund Gurney）认为垂死之人或死者真的有幽灵更为确定。因此，演绎型探究会出错，而且也能修正错误。但它修正错误时绝没有归纳型科学那样肯定，至少不像归纳型科学那样迅速。《天体力学》中关于月球平均运动的理论加速度的值有一个众所周知的错误，它欺骗了整个天文学界长达半个世纪。两千年来，《欧几里德原本》第一册中的逻辑所遭受的严肃批评有甚于任何其他一本推理著作曾经遭受或也许将会遭受的批评，但其中的推理错误只是在非欧几何得到发展之后才得以发现。然而，数学推理的确定性是在于这一点，即一旦错误被觉察到，整个数学界都会迅速就此错误达成一致。

至于溯因型探究或解释型科学如地质学、进化论等，它们一直以来总是争论不断，而且必定永远争论下去。但经过一段时间之后，在坦诚的探究者看来，这些争论已然得以解决。只不过，争论双方并不是总能认同决议的公正性。通常的意见也并不是总能合乎逻辑或显示出正义。

因此，似乎可以说，理性的这种神奇的自我修正性（黑格尔对此作过颇多论述）属于每一门类的科学，尽管只是在最高级推理类型"归纳"中才看得出它是其中本质的、内在的、必不可少的特征。但关系项逻辑向我们表明：其他类型的推理，即"演绎"和"溯因"，并非如它们被人所认为的那样完全不同于"归纳"，至少不像"演绎"通常被人所认为的那样。在过去的逻辑学家中唯有密尔不一样。他对"驴桥定理"的分析非常接近于关系项逻辑所要求我们采取的那种观点。在就是说，借助于存在图（我上一讲中略作描述）来考察（姑且说是为了确定我们的观念）的关系项逻辑中，"演绎"的一开始都是先把所有前提写下来。然后，这些不同的前提被置于同一个断定域中，即惠威尔（Whewell）所说的**"综合在一起"**（colligated），或者说，接成一个联言命题。紧接下去，我们仔细对图表进行观察。这里的"观察"过程完全就跟对于蜜蜂进行观察一样。[1] 这样的观察使得我们能对图表进行**实验**。也就是说，我们首先复制图的某些部分；然后再擦去图的某些部分，即将断定内容的某一部分忽略掉以便能看清余下部分是什么样的。我们由此可以观察实验的结果,而那就是我们演绎出的结论。任何"演绎"的所谓"实验"中都只涉及这样的三件事——"综合法"(Colligation)、"重写法"(Iteration)、"擦除法"(Erasure)。剩下的事情就只是对结果进行"观察"。然而,并不是所有这三种可能的实验成分会出现在每一个演绎之中。特别是,在普通三段论中,可以说是缺少重写法的。而这也正是普通三段论之所以能由机器处理的原因。借助于普通三段论,从给定前提只能得出一个推演结论。因此,我们养成了一种习惯,总是在说"唯一结论"(the conclusion)。但在关系项逻辑中,根据"重写法"运用的次数多少,会存在具有不同阶的多个结论。从最为简单的基本数论原理可以推演出什么样的唯一结论?说"唯一结论",这是荒谬的。"该唯一结论"至少是一个由所有已被发现或将会发现的高等算术定理组成的集合体。现在我们来看归纳。这种推理模式也是从"综合法"开始的。事实上,正是"colligation"(综合法)提供了归纳推理的名称,即苏格拉底的"ἐπαγάγειν",柏拉图的"συναγωγή",亚里士多德的"ἐπαγωγή"。依据预先标示规则(the rule of predesignation),它一定是被作为一种"实验"来规划的。在普通归纳中,我们将依次对每一种实例进行观察。而关系项归纳(relative induction)的情况,我们可以通过由松球鳞苞分布算出一条法则的过程来说明。我们有必要先标出一片鳞苞作为一种实例,然后顺着特定的方向计算直到回到所标记的那片鳞苞。这样对同一实例进行两次观察,对应于演绎推理中的"重写法"。最后,我们再擦去这些具体实例,让样本所在的整个类和系统直接与样本中所发现的那些(关系项或是其他的)特性建立起联系。

于是,我们可以看到,"归纳"和"演绎"其实并非完全不同。的确,在归纳中我们通常进行多次实验,而在演绎中仅仅一次。然而,情况并非总是这样。化学家只做一次实验便能确立一种定性事实。不错,他之所以能这样做,是因为他知道化学物质的变化有一种齐一性,再做一次实验只会重复第一次实验中的各种变化。但也正是因为知道有这样一种齐一性,数学家才可以只做一次实验。初学数学的人会先在心中做大量的几何实验,最后才能够得出一般性结论。但那么多实验在数学老手看来会显得多余。譬如,假若问题是:"有多少条射线与空间中固定的四条射线相交?"有经验的数学家只需设想:两条固定射线彼此相交,其余两条同样也相交。然后,他就会看到:有一条射线穿过这两个交点,另有一条射线则沿着这两对相交固定射线所在的两个平面相交所构成的断面。由此,他会毫不犹豫地宣称:倘若固定射线的位置分布没有使得无穷多条射线与它们全都相交,那就只会有两条射线与四条固定射线相交。但是,我敢说,你们许多人都会希望先对这四条固定射线的其他位置分布进行实验,然后才能自信地做出某种断言。我有一位朋友,不大会算账。我曾建议他将每一组数字加五遍,然后取不同结果的平均数。很显然,当我们来回计算进行检查时,或当我们检查证明过程以便能找出推理中的任何可能毛病时,我们所做的事情就像是我们在归纳中扩大样本以实现归纳的自修正效果。

至于溯因推理,它本身就是一种实验。溯因型研究就是实验性研究;而当我们从"实验"和"观察"的视角看待归纳推理和演绎推理时,我们不过是在探寻这些推理类型与溯因推理的亲缘性。显然,溯因推理的一开始总是把有关假说对象的各种孤立的观察事实综合在一起。顺便提到一件需要注意的事情,那就是,从芝诺(Zeno)到维特利(Whateley)之间有着那么多的逻辑学家,竟只有惠威尔这位矿物学家认识到:"综合法"通常为推理中的一个基本步骤。² 我们再回到溯因推理。它从综合法开始。相应于"重写法"的某种东西可能发生,也可能不发生。再然后就是"观察"了。但这不是像归纳推理中那样**从外部**观察对象,也不是像演绎推理中那样"观察"图表之中的各个部分。尽管如此,它仍旧称得上一种真正的观察。观察是为了什么呢?什么是经验呢?它是我们生命史上的强加性成分。它是位于我们所思对象之中的一种玄妙力量迫使我们意识到的东西。观察行为便是我们有意让自己屈从于这种"不可抗力"——及早决定退让,那是因为我们可以预见到:不论我们做什么,最终我们都必定被此种力量击败。而我们在溯因推理中所作的退让是向一种"观念"的"执著力"(Insistence)退让。正如法国人所言,"C'est plus fort que moi"(我无能为力)。它是无法抗拒的;它是命令性的。我们必须敞开大门接受它,至少是暂时接受。[3]

如此一来,每一类探究只要充分开展,都有一种自我修正与成长的生命力。这种特性深深地渗透于探究的内在本性之中,我们甚至可以说:要获知真理,只需要一件事就行,那就是热诚而积极地渴望知道真相。如果你真的想获知真理,那么,不论道路有多曲折,最终你都一定会找到通往真理之路。不论你最初对于方法的认识中包含多少错误,只要你的探究活动受到此种真诚渴望的推动,你最后一定能修正那些错误。不仅如此,即便你一开始的渴望不是那么热切,只要经过足够长的时间,最终你的渴望会主导一切。不过,你越是一开始便有着强烈的渴望,你的探究之路越是能大大缩短。

为了显示事情的确如此,我有必要指出"学习意志"(The Will to Learn)中实质上包含了什么东西。"学习意志"设定的第一件事是不满足于自己当前的意见。我们美国大学之所以如此没有什么地位可言,其中的秘密就藏在这里。它们对于文明的进步做了什么贡献呢?有什么重要思想或有哪一位伟人能真正说是美国大学培养出来的呢?英国大学虽然总是有懒散这个问题,然而却在过去产生出了洛克和牛顿,又在我们今天产生出了凯莱、西尔维斯特(Sylvester)和克利福特(Clifford)。德国大学一直都是全世界的光芒。中世纪的博洛尼亚大学曾为欧洲建立了法律体系。巴黎大学及其备受贬抑的经院学术曾接受阿伯拉尔(Abelard)并因此而产生出了笛卡尔。这一切的理由就在于:他们这些大学是学术机构,而我们的大学是教学机构。一个人为了能全身心投入教学,他必须充分了解他所要传授的东西中有什么东西是至关重要的,有什么东西是绝对的真理。然而，为了有可能在学术上获得一定的成功，他又必须深刻感觉到对于他现有知识状况的不满。这两种态度几乎是不可调和的。但是，能让群众认识到罪恶感的人并非那些自以为是的人，而是那种本身深刻意识到自己有罪的人；同样道理，能让其他人觉得有必要学习的人并非那种认为他知道一切的人，一个人只有深深感到自己极其无知，才能激励他走上艰苦的学术之路。根据我自己的粗浅理解，正因为这一点，我们似乎就可以说，美国教师们所精通的那些教学良方就像是衣服款式一样，并无太大意义，与学术热情相比，不值一提。因为那种热情不仅会强烈影响一个人的灵魂，而且这个人还能让别人都看似染上同样的疾病一样。关于哈佛大学的现状，我得说：我知之甚少，只知道哲学系的那些领头人都是真正的学者，尤其突出的一点是他们渴望学习而又不教条。在任何时代中，唯有那个时代的哲学才能够激发出具体的科学成果，从而把人类心灵真正地推向某种新的宝贵真理。因为但凡宝贵的真理都不是孤立的，而是为了扩充我们的现有知识体系。

"归纳方法"直接源于对现存知识的不满。它一定要由著名的预先标示规则加以引导。这条规则大意是说：但凡有效的归纳，之所以提出来都一定是因为一种明确的怀疑或至少是因为一种疑问。而这种疑问无非是说：先觉得我们有某种东西不知道；然后，渴望知道这种东西；再后是，力图（意味着愿意付出劳动）查明真相到底如何。假若有这样的疑问推动着你，你定会去考察具体实例；而假若没有，你将与其擦肩而过，不会留意它们。[4]

我重申一遍，关于今天的哈佛，我一无所知。不过，我这次待在**剑桥**，希望知道一些事情。其中一件就是弄清一个问题的答案。这个问题就是：马萨诸塞州建立这所大学，是否就是为了让来到这里的年轻人接受良好的教育，从而使得他们能够赚取高收入、吃上帆布潜鸭（canvasback）、喝上伏旧园葡萄酒（Clos de Vougeot），是否这些就是大学追求的目标？或者说，是否由于知道了整个美国都主要期待马萨诸塞州之子来解决每个时代最为迫切的一些问题,而希望这所大学能提出某种东西帮助解决那些问题?简而言之,我希望弄清楚哈佛到底是一套教育组织,还是一所为了获知尚未透彻了解的东西而成立的机构。它到底是为了学生个人的利益,还是为了整个国家能够好起来,进而加快提升人类作为理性动物的品性(目前人尚处在理性动物的胚胎时期)。5

有一件事是我确信哈佛在教育过程中一定能做到的,因为我当时在校时它就曾讲过很多。对于一位无忧无虑的学生来说,我这里所指的是,它一定会让你摆脱掉一个流行观念,即认为现代科学如此伟大以至于能与大自然相当而且实际上本身能构成对于宇宙的某种解释;它一定还会向你指出,正如牛顿所认为的那样,现代科学仍旧只是小孩子在沙滩上收集来的一堆石块——那里尚有浩如烟海的"存在"未经探明。

这不仅仅是说,我们在摸索中碰到了一些我们不知道如何解决的难题。譬如,假若空间的确只有三个维度,那么,为何就只能是三个维度呢?假若用以界定空间形态的里斯丁数的确全都是一样的,那是为什么呢?假若的确如里斯丁本人及许多几何学家所认为的那样,某些里斯丁数为零,那又是为什么呢?为什么力所决定的是空间的第二导数而不是第三和第四导数?物质应该包含大约七十个不同的种类,每一种类之下的所有物质都看起来完全一样,它们不同的种类所具有的质量几乎是但并未完全以算术级数分布,这些又是为什么呢?假若彼此隔开的原子的确以特有的方式相互吸引,那是为什么呢?而假若不是那样,是什么产生了涡流,又是什么使得那些涡流呈现出奇特的吸引法则呢?物质得到筛选以至于不同种类的物质出现在相当多的集合体之中,这是为什么,或者说,是借助了什么样的影响力?某些类别原生质之中的某些原子运动伴有感知,又是为什么?如此等等,可以列出一大张纸的难题。这些问题的确能表明我们的科学依旧何等肤浅;但是,当我们考虑到我们所有的探究迄今仍在多么狭隘的领域内开展时,科学会的渺小就会愈加明显。一些与营养需求相关的本能使得所有动物都可以说拥有某种有关空间与力的知识，从而使得他们都属于"应用型的物理学家"。而一些与有性繁殖有关的本能使得所有与我们有点相似的动物都可以说拥有某种对于同类其他动物思想的理解力，因而他们都是"应用型的心理学家"。现在，不仅是我们已经取得的科学成果，即便是我们所提出的科学问题，全都局限于对于这两大自然知识分支的发展上。或许还有上千种跟动力关系和社会关系一样的其他类型的关系，它们同样也关注诸现象之间的关联，并从一个现象推导另一现象。"星相术""魔术""幽灵""先知"可以帮助我们想到那些类型不同的关系都会是什么。

我们的知识范围不仅仅是局限的，更重要的是，我们应该充分意识到：即便是我们作为人类而言知道最为充分的那些东西，我们也仅仅是以一种不确定、非严格的方式知道的。[6] 没有人会声称：因为目前为止太阳每天都有升有落，我们就有理由认为太阳会永远这样继续下去。但是，当我说"我们完全没有理由认为任何物质原子都无生无灭"时，一般人都会不同意。而之所以这样，我觉得是因为他们隐约觉得在纯粹而简单的归纳法之外还有某种理由能让我们认为物质是不生不灭的。因为，很显然，假若单从我们所做的称重或其他经验来看，所看到的结果只是：灭失的原子只占不到百万分之一或千万分之一，而且，很快地，此种缺失的质量一定会因为另外原子的创生而得到完全弥补。但是，当我们谈到原子时，百万或千万这些数量都太小了。因此，仅就单纯的归纳证据而言，我们还远不能认为物质是绝对恒常不变的。假若你把这个问题抛给一位物理学家，他的回答很有可能是（当然也应该是）：物理学家所处理的现象都是他们能直接或间接观察到的，或是有可能在经过某个重大科学革新之后能够观察到的。他非常有可能还会补充说：任何对于物质恒常性的限制都是纯粹的无端假设，找不到任何的支持理由。上述回答的最后一部分，从这位物理学家内心考虑的顺序来看，是非常有道理的。但是，从绝对的观点来看，我认为它漏掉了某种东西。你相信罗斯柴尔德家族的财富将会永续吗？显然不相信；因为虽然就通常能够吞没财富的那些原因来说，他们的财富可能是安全的，然而总是有可能出现某种革命或大灾难，从而毁灭他们所有的财产。不论从接下来的十年或一代人来看这样的可能性有多么小，但若是放在无穷多个十年和无穷多代人来看，我们可以非常肯定，这个水壶最终会破掉。不管是多么轻微的风险，只要有无限多的场合，其发生概率就近乎是绝对的确定性。我们几乎可以确信，人类这一物种的存在最后将会终结。因为，且不说我们所知道的一些作用因，比如潮汐运动、阻尼介质、能量耗散，一直总是存在某种风险，即：地球可能会被一颗巨大的流星或漫游星撞击而亡，或者会因为某种毒气而灭亡。的确，一种纯粹无端的假设最终变成真的，这种可能性太小了，以至于我们称这种可能性为零也不会有太大的错误。尽管如此，在无穷多个无端假设中有无穷小比例的假设（其本身也是有无穷多个）最终变成真的，这种几率是零乘以无穷大，它是绝对无法确定的。也就是说，我们完全无法知道其可能性到底有多大。现在我们来看：任何一个原子将会灭失，这属于无端的假设。但是，我们可以认为，存在有无穷多个原子，而其中每一个都对应着一个类似的假设。由此我们返回到我之前的那种说法，即：至于**每**一年是否都有某一特定数目甚或无穷数目的原子灭失，对此我们是完全无法知道的，除非我们能找到某种完全优于归纳法的推理方法。因此，倘若我们发现有某种一般的自然现象在解释这种现象时，我们不认为这是某种明确的对于自然法则的背离（因为这完全无法称作解释），而会认为每时每刻一直在背离所有自然法则本身就是自然法则或自然惯常性之一，那么，单从归纳出发是无法提出任何逻辑上的异议的。但是，只要我们意识到并无任何一般现象能够显示自然法则一直有这样的不精确性，我们就绝对无法就这个问题发表任何理性的**支持**或**反对**意见！

人类有天然的高傲与自负，他们以各种各样的方式试图不承认自己的完全无知。但看起来都完全没用。其中最为常见同时也是最为愚蠢的一个论证是说：出于各种方面的完美考虑，上帝永远不会以无规律的方式行事。我认为,这样说话的人全都是眼光短浅。因为,一个人可能看到过行云,领略过广阔的风景,并记录下其中美妙的细节,但当与整个地球的面貌(更不用说太空中数以万计的天体了)相比时,他都会认为所有这些何等渺小;他更不会妄自预测墨菲(Morphy)与斯坦尼茨(Steinitz)在下棋这样简单的事情中会走哪一步。若是认为他保证能说出上帝要做什么,那似乎是在怀疑他神智不正常。而如果不是说我们都是上帝的镜像因而能够理解上帝,而是说有某种更加难以理解的、形而上的存在原则,人类想要计算出这条原则,那就似乎更加显得荒诞不经了。[7]

  人们总是在存在真实因(vera causa)的地方谈起一种假说。但这里的推理都不是假设型的,而是归纳型的。"真实因"是指有一种事态,我们知道它是在那里,而且至少部分知道如何解释这个现象,但不知道如何以定量的精确性加以解释。譬如,我们观察到身边的普通物体加速向地球中心运动,同时观察到**反照率**和[火山]外观全都像是石头的月球同样在加速朝向地球运动,我们还发现这两个加速度与地心距离之间具有逆向的平方比关系,于是我们便得出结论说:它们的本性,不论到底是什么东西,都是一样的。这时我们是做类比推理,这种推理类型具有归纳推理的所有效力,而且较之更强。为了能够简单一点,我在这门演讲课程中一直没讲类比,但这里不得不提到。此外,如果我们认识到我们关于月球重力所推出的只是地月现象之间的连续性(这种连续性贯穿在整个物理学之中),同时我们又能发现在电吸引和磁吸引(二者都与距离的平方存在反比变化关系)方面也存在类比,我们这时显然就达到了科学所能提供的最强论证之一。当牛顿说"我从不编造假说"(Hypotheses non fingo)时,他完全是正确的。倒是批评这句话的那些人的逻辑有问题。他们把一种含糊的心理学涵义赋予了"力"(force)或"惯性力"(vis insita),而在物理学上这两个词所表示的只是加速度方面的一种规律性。因此,有关"真实因"的那些推理都是归纳而不是溯因,当然它们也只具有那种属于归纳推理的不确定性和非严格性。

当我说溯因型推理的结论根本算不上什么信念时,我遇到了一个困难,那就是,科学上所考察的某些推理毫无疑问都属于假说,而它们在实践中都非常确定。举例来说,我们推出:拿破仑·波拿巴(Napoleon Bonaparte)的确生活在大约本世纪初。我们之所以接受这样一个假说,是为了能解释上百本书中同时提到的证词、公开的历史记载、传统以及不计其数的古迹遗址。若是有人怀疑拿破仑的存在,那一定是十足的疯子。更好的一个例子是楔形文字的翻译。那些翻译一开始都是纯粹的猜测,翻译者本人并不是真的有信心。然而,随着不断有新的猜想与之前那些看似得以证实的猜想累积起来,我们眼看着这门科学已经能够发展到一定程度:各种文本彼此之间的相符使得它所产生的结果与其他历史以及与已知的语言学事实结合在一起,以至于我们不再愿意把"理论"一词用在它上面。你们会问我:我如何调和这样的事实与我说过的"假说根本算不上什么信念"? 为了回答这个问题,我必须先从科学维度考察这些推理,然后再从实践维度考察。科学本身的唯一目的是懂得一种训言,即宇宙一定得教导它。在归纳推理中,那就是:科学得向事实的力量让步。不过,我认为,它同时发现——为了能按逻辑次序来讲,我这里有点颠倒了历史顺序——这样还不够。它竭尽所能让自己与自然保持内在同情,唤起自己的求助本能。我们看到伽利略在现代科学起步时让自己求助于"自然之光"(il lume naturale),他就是这样做的。但是,在科学这样做时,它没能达到牢固的事实根基。从那时起它便觉得它的立场只能是临时性的。然后,它必须寻求证实,否则就得转换立足点。即使它的确得到了证实,但那些证实也只是片面的。它仍旧没有站在事实的硬基上。它行走在沼泽地上,仅仅可以说这片地方现在似乎能支撑得住。我将停留在这里,直到这片地开始塌下。此外,每逢科学取得进步时,它模糊觉得自己只是在学习一种训言。"**事实**"**对于它**的价值仅仅在于此,即:事实都是属于大自然的,而且,大自然是伟大、美丽、神圣、永恒和实在的东西,是科学崇拜和向往的对象。它在此对于事实的态度完全不同于"实践"对于事实的态度。对于"实践"来说,事实都些随意性的力量,它必须设法揣摩并对付它们。当科学要理解自身时,它把事实只是视为永恒真理的载体;然而,对于"实践"来说,事实永远都是需要克服的障碍,是它下定决心予以击败的敌人。科学虽然感到自身的理论中有一种随意性成分,但仍旧继续开展研究,相信自己会逐步变得纯净,能越来越多地除去主观性的渣滓。不过,实践要求有某种由以前行的基础,单是知道它正在通往客观真理的路上,并不能让它获得安慰——它必须掌握现实的真理,或者,当无法获得确定性时,至少必须拥有很高的概率,也就是说,它必须知道尽管会有几次冒险失败但大多数都会成功。因此来说,某个满足理论目的的假说对于"技艺"(Art)来说却可能毫无用处。之后,随着"科学"的进步,这个假说开始获得更为坚实的基础。现在才会想起来,这片根基已经持续了很长时间而且不存在松动迹象。我会希望该假说能继续保持更长的时间。然而,这样的想法与科学的目的毫不相干。它完全不会改动科学本身的程序。它是科学之外的东西。不过,对于"实践"来说,那却是至关重要的,完全能改变形势。从实践的角度来理解,结论已不再只是依赖于溯因推理,而是从归纳上得到了支持。因为,在所有能使得该理论与事实相对照的那些场合中,现在已经抽取了很多场合样本,而且其中压倒性的比例(其实是所有出现的场合)都能证实该理论。于是,"实践"说道:我可以放心地认为,在我将要根据该理论而行事的绝大多数场合下,尤其是因为它们与那些充分检验后的场合极其相似,该假说将会得到证实。换言之,现在有理由相信这一理论了,因为所谓信念就是指甘愿为一个命题而冒大风险。但是,这种信念并不是科学所关心的。科学不会为任何世俗之事而冒险,它追求的是永恒的真,而不是近似真理。它不认为这种追求是某个人的一生工作,而是将其看作一年又一代人永远继续下去的工作。因此来看,那些最终获得高度确定性以至于概率如此之大的溯因性结论,并不是纯粹的溯因,并不属于科学本身。而只要是科学上的东西,只要是纯粹的溯因,都不会具有真正的概率,都算不上什么信念。我们在科学上将它们称作已确立的真理(established truths),也就是说,只是"努力的经济性"规定了我们暂时不要再探究这些命题了。[8]

著名的宗教导师卡罗斯博士好像认为,我看待真理概念模糊不清这一学说时,没有显示出足够的恐惧。因为,他在一篇文章中公开指责我有几处道德缺陷,其中最为突出的一点是他提到我竟然崇拜邓·司各脱这位主张"一个命题或许在哲学上为假却在宗教上为真"的人。他还在司各脱文集中具体标出了两段话的出处,读者可以在其中找到司各脱的上述立场。有一段话实质上什么也没谈到,而另一段话所谈到的东西与这个话题毫无关系。邓·司各脱有可能讲过类似的某种话,但假若他果真讲过,我不知道那会藏在什么地方。不过,有一点我是知道的:上述观点是阿威罗伊(Averrhoes)信徒的特有教条。根据我对于司各脱的阅读,我只知道他在一个地方不友好地谈及其对手,他当时说起"Iste damnatus Averrhoes"(那个可恶的阿威罗伊)。这很难看出他会追随阿威罗伊的主要立场。但是,不论"真理"(truth)一词似乎具有双重意义,我的确理所当然地认为:"视之为真"(holding for true)具有两种意义。一种是指在实践中视之为真,也只有这个才有资格被称为"信念";另一种是指出于纯科学上的考虑而永远只是暂时接受某一命题。绝对明确地固守某一命题,我认为这种说法的意思是说"相信该命题的人已将个人命运与该命题捆绑在一起",而这放在实践事务中(譬如在有关对错的事情中)就是指:有些东西我们是无法也不应该避开的。但是,在科学中这样做,简直等于是不希望学习了:任何不希望学习的人都被完全排除在科学之外。

为了学习,你首先必须渴望学习,而且在如此渴望学习的过程中,不要满足于你已有的思想倾向。这是理性的首要而且在某种意义上也是唯一的规则。由此,又产生出一种值得镌刻于哲学之城每一面墙壁上的重要推论。[9]

>不要阻碍探究之路。（Do not block the way of inquiry.）

虽然我们在研究中尽量讲求方法，尽量考虑"研究的经济性"，[10]然而，对于我们所想到的任何理论加以**尝试**，只要它在被接受之后能够允许我们的研究继续畅行无阻，这在逻辑上是不存在任何过错的。相反，建立一种阻碍未来朝向真理前进之路的哲学，就是推理上一件不可宽恕的罪过。它也是各个时代的形而上学家最容易犯的错。

我请你们注意，这种侵袭我们知识的恶毒有四种常见形态：

第一种形态是绝对断言。我们在科学上不能确信任何东西，这是一条古老的真理。雅典学院就是这样教的。然而，科学已经染上了过度自信的断言，尤其是三四流的那些科学家，他们往往更多关注于教学，而不是学术。无疑，一些几何理论仍在教导我们：命题"若同一平面的两条直线与第三条直线相交后使得同一侧的内角和小于两直角和，则这两条直线经过充分延长之后将在同一侧相交"，是自明的真理。欧几里得的逻辑思维比较缜密，他只是把这个命题看作一条"公设"（Postulate）或随意的"假说"（Hypothesis）。然而，即便是他也把命题"部分小于整体"当作另一条公理，结果造成与我们最新的现代几何学存在多处冲突。不过，我们不必在此考察这些需要某种缜密思想才能发现其所作断定并不可靠的例子，因为每一本试图把哲学应用于生活处事之中的著作都会把一些很容易发现不可信的命题当作完全的确定性。

哲学家们经常在探究之路上设置的第二条障碍在于认为某某东西是永远无法认知的。奥古斯特·孔德曾被要求指出有什么实证事实是任何人都绝无可能获知的，他提到了有关恒星化学构造的知识。你们可以看到，他的回答记载于《实证哲学》一书中。不过，该书刚出版不久，分光镜便被发现了，于是他曾经认为绝对无法知道的那种东西已开始逐步被探知。在今天提出一个我不知道答案的问题，这相当容易。但是，若是断言明天不会知道其答案，就有点风险了；因为，很多时候，正是那些不指望获得的真理最后成了研究成果。而若是绝对断言这条真理永远无法发现，根据我们时代的历史记载，我认为其风险比安德烈的北极探险要大得多。

试图切断探究道路的第三种哲学阴谋是认为某某科学元素是基本的、最终的、独立于其他一切的、完全无法解释的——这与其说是因为我们认知能力不足，不如说是其背后根本就没有什么可知道的。若有可能得到此种结论，唯一可用的推理类型就是**溯因法**。但是，没有什么能为一种溯因性结论提供辩护，除非它能充当对于事实的解释。而宣称某一事实**无法解释**，这根本就算不上是解释。因此，任何推理都永远无法为那种结论提供辩护或借口。

我想提到的有关知识进步的最后一道哲学障碍是认为某某法则或真理已经达到了最终的完美表述——尤其是认为那些习以为常的自然规律是永远都无法打破的。拉普拉斯（Laplace）曾说过"石头不会从天而降"，尽管从远古时代就一直每天都有石头降落在人的居住地。但是，对于如此绝对地否定一种奇异现象的论断，任何推理类型都无法为其提供丝毫的概率。

第五讲
推理训练

我们这个国家流行着赫尔巴特（Johann Friedrich Herbat）的教育学。但愿在我个人熟悉的科学门类中，其流行程度与在其他领域相比算是最低的。然而，只剩这门实践科学还在继续推崇一种理论内容并不怎么严谨的哲学，这似乎有点奇怪。自从赫尔巴特教育学流行以来，曾经围绕"人文教育"（Liberal Education）说法的一整套古老思想已经变得支离破碎。那些古老思想中，有一个是说：通常教育中，教学内容不及人的能力训练重要。今天的教育学家对此嗤之以鼻，认为那是一种陈旧而粗浅的认识。但是，就我而言，我还是相信：国家的福祉不怎么取决于全体民众能否认同某些特定的命题。比如说，"执法、立法和司法功能独立"这一套学说，毕竟还是容易被统治者操纵利用。我认为，国家福祉更多取决于能否找出能够让政府和民意充分信任的某类思想以及某些方法。说到底，那就是：通识教育的焦点和中心应该放在思维艺术上，其中包含着通往所有方法原理的道路。我不知道人为何不能专注于训练自己的推理能力，就像做体育运动那样刻苦。

论述这一科目的书籍非常之多。有些以"逻辑学"为题的著作关注了这个问题，比如波尔·罗亚尔学派（the Port Royalists）的《思维的艺术》（*L'Art de Penser*）、贝内克（Beneke）的《逻辑学》（*Logik*）以及德雷斯勒（Dresslor）的两本书。然后，偶尔还有一些逻辑散论，比如笛卡尔的《指导心灵的规则》（*Regles de l'esprit*）以及《新工具》（*Novum*

Organon)一书中的第一卷。也有一些著作是专门考察这个问题的。《心灵药方》(*Medicina Mentis*)一书没能兑现自己的承诺。不过,或许可以提到洛克的《理解能力》(*Conduct of the Understanding*)、沃茨(Watts)的《心智改进》(*Improvement of the Mind*)——约翰逊(Johnson)曾评价该书是"最有用处又最让人喜欢的一本书"——塞内比尔(Senebier)的《观察家的艺术》(*Art d'Observer*)以及其他人的许多著作。此外还有各式各样的练习书,其中的练习题不少都是琐碎无用的,不少只是在重复一些机械死板的讨论题,都是些英国报章社论式的简易逻辑——这对于所有生动而健全的推理而言是一种致命的不良习惯。然而,我并不打算说:适当地用些这样的书,全然无用。我甚至也不会绝对地指责耶芳斯(William Stanley Jevons)的《演绎逻辑研究》(*Studies in Deductive Logic*),尽管该书作者以自己为例向我们表明了一位能力非凡的人也可能是何等拙劣的推理者。

但是,读书或做练习题都不足以开发推理能力,不论那些书籍或练习题琐碎还是重大。探究工作中涉及各种不同的心智能力,需要有一套分析性的流程方法对它们逐一完善。而推理过程关系到的心智能力有三种。第一是"观察",第二是"实验",第三是"惯常化"。

观察包含两个部分。这两个部分虽然从理论上看相同点颇多,但在实践中几乎具有相反的性质。第一个部分是某种下意识的归纳法,由此,在反复查看一个知觉对象之后,对象的某一成分获得了很大的结合力——就是说,具有一种明显化的倾向性,能够唤起其他一些观念。譬如,我用眼睛观看(姑且说)一幅印象派的海洋画。它上面的一种东西是:湿润的颜料结成一块一块的,大小就像你的小指头尖那样。它样子很难看,而且似乎没什么意义。但是,当我凝视这幅画时,我发现自己嗅到了海风的味道,海面上的微风正向我的脸颊吹来。我坚定地认为,观察中的这种下意识成分是实践推理中最为重要的构件。观察的另一部分在于:在上位意识(the upper consciousness)中塑造一种稍作概要化的观念，直至觉得已经回应了观察对象。如果有人想要试着对眼前对象形成一套理论或者是以言语描述对象，那么，这后一种成分一定不能缺少；但是，它很容易把下意识观察中的种种精致性破坏掉、否定掉或者对其嗤之以鼻。因此，当它试图做出不当干涉时，要很有技巧才能够克制住它，令其回到应有的位置上。你们千万不要让自己被自高自大的上位意识所强迫。

根据被观察要素的不同性质，观察也可以分为三个近乎独立的类。也就是，观察所指向的可能是对象性质，或是关系型的经验事实，或是某人幻想出的某个影像之中各个分部之间的关系。这些全都属于观察，包含着我刚刚所提到的那两种成分。然而，它们之间的差别很大，对于其中一种观察的训练并不一定能明显地强化其他任何一种观察。因此，有必要把这三种观察方式分开来，逐一进行训练。

首先，我们所观察到的性质可能是可感质，比如色彩、声音、大小、形状，等等。其次，也可能是第二性的或情感性的性质，比如审美上的性质。对于可感质的鉴别力训练将会显著影响对于情感性质的鉴别能力，反之亦然。第三，还有对于心灵状态的观察鉴别。根据我的经验发现，这经常与感官鉴别力联系在一起，其频繁程度远远超出我的预期。

所有这些能力在推理中都很重要；不必多说，正如一个不常去健身房或类似地方的人，通过集中一个月的系统锻炼惊奇地提升了某一组肌肉的力量，一个一直忽视观察鉴别力的人通过类似的锻炼也能达到非常令人吃惊的效果。

我确信，不用我讲，你们也都知道，用光度计或彩箱做练习，有助于鉴别力教育。但是，你们或许会感到惊讶：我竟然这样强调此类练习对于推理能力培养的帮助。我当然知道有些观察鉴别力强的人却显示出可怜的推理缺陷。但是，我从未见过有哪个人推理之精明令我敬仰，然后却看不出他在鉴别力上经过大力培养。或许，正是造就一位优秀推理者的那种热烈的学习渴望同时驱使他去培养他的感觉力。我知道有一位热情追随真理的人,他自己曾跟几个著名酒窖的斟酒服务生学习,直到他不仅能立即说出尝过的是哪一类波尔多酒,而且能说出特定时间范围中的精确年份。他本人认为这其中有理性教育的成分。他并没有变成只爱享乐的人,而是继而成为了关注大自然的一位伟大诗人,喜欢有——

A *cru* that's not too high and good(品质尚好的葡萄美酒)
For human nature's daily food(作伴人性的每日三餐)。

这得是一位大诗人才能写出这样的诗句。[1]

我并不想说每一位品酒师都是感觉力强的人;而我想说的是:如果有人能像我的一位熟人那样闻出玫瑰精油的纯度而且误差控制在2%左右,那么或许我们值得结识这样一个人。

如果通过感官鉴别力的培养毋庸多疑可以让我们在理智上受益,那么,通过审美鉴别力训练所得到的益处更是自不待言。

关于心灵鉴别力,更没什么需要说的,因为其实践功用太过于明显了。坦率地讲,当我读西奥弗拉斯托斯(Theophrastus)——顺便说一下,他的强项在于他有能力鉴别自己写的是逻辑学、心理学、植物学或是别的什么——在读拉布吕耶尔以及法国其他一直到莫泊桑的人物描写大师时,在读乔治·艾略特时,令我印象深刻的倒不是他们异常精细的鉴别力,而是他们认为值得记录的那些相对明显的评论——我这样说时,没有把拉瓦特包括在内。因为我遇到过远比他们精细得多的观察家。不过,需要铭记,那种首要的也是最真实的观察成分——下意识观察——并不是这些文学艺术家们的主要任务。他们主要所做的是把观察转变为语词——并通过一些人物素描,让那些还算精细的读者从中看出与其自身的下意识印象相符的东西。

观察一个人然后读出他内心所隐藏的东西,这门艺术我确信并不需要什么非凡能力；不过，它可以变得相当完美，以至于看起来很神奇。拉瓦特的《论相面术》非常值得认真研读并与大自然这本书对照。他反复提到的观点之一是：一定不能把高等意识(the higher consciousness)强加在观察者与其对象之间。因为这一点，我们对于他相面术中的那些命题可以相对不那么看重。当他告诉我们他根据鼻子形状来判定一个人时，一定要记住，那只是他对于一种过程的理解。在他自己看来，这个过程发生在一道永远无法掀开的幕布之后。据说，他本人所作的判定常常都很令人惊奇。我相信，像歌德这样的人也会认为那些判定很绝妙。但是，他告诉我们，他最大的成功之处一直都是一些未加研究过的、瞬间出现的、不可抗拒的印象。另一方面，他还公开承认，自己犯过一些非常愚蠢的错误。他非常诚实而坦率地对于那些错误做了清楚说明。譬如，他告诉我们：有一次，他以为收到的是一幅诗人赫尔德(Herder)的画像，实际上所收到的却是画有一位凶残而愚蠢的杀人犯的素描，当时，他还没有看信件如何解释，便对于他认为那些可以在头像中找到的崇高习性大加赞赏。此类差错非常具有指导意义。当你想要提高一架天平的灵敏性时，你得把横梁的重心升高。为此，精密的天平都会在支点上方的立式螺杆上配备砝码。如果你极其努力地追求灵敏性，你会通过螺旋把重心调高到支点之上；然后，接下来的事情是：你下一步选错的砝码将会打破天平的平衡，而且这种衡量差错几乎会一直存在。一位精细的观察家，当他过于苛求精细度时，同样会遇到这样的情况。他会暂时失去方向——于是，大品酒师会把雪莉酒错当作马德拉酒，名画鉴赏家会把伦勃朗(Rembrandt)的画错当作哈尔斯(Frans Hals)的画作，相面师会把一位杀人犯错当作一位道德楷模。这种事情给予我们的寓意是：我们对于精细辨别力的判断，一定不能根据偶尔几次的严重过失，而是知名成功案例的比重。

譬如说，"未卜先知"(clair-voyance)也是这样的。如果你不加考察便认为那是骗人的东西，我本人将佩服你的健全常识。因为，生命太过于短暂了，任何有工作要做的人也不可能把所有听到的怪异故事都调查一遍。但是，一旦你决心开展这样的调查，你就不能因为你所见到的那位"未卜先知者"是一位骗子而从逻辑上得出否定结论。你早就知道她神经错乱；而每一位神经不太正常的人都会撒谎。因此，你从一开始就必须想到那一点。[2]

　　有关对于人物的鉴别力，我们就讲这么多。我们现在来看标准的"观察"，也就是说，对于我们外部真实的对象以及对象分部之间关系的观察。此种标准观察有各式各样的，而我认为其中最容易的是对于"自然史"对象的观察。我这里所用的"自然史"一词意义宽泛，可以包括（比如）对于钞票的观察——简言之，包括了对于**万物**的观察。因为，你们通常都是先找出各种样本。然后，拿起其中一个，翻转过来，从不同的侧面观看，甚至会借助于工具来观察。然而，人人都知道，即便是这种观察也需要专门训练。对于事件的观察，尤其是无法重现的事件，必然要困难得多。变戏法之所以算是一门手艺，就是因为有这样的困难。我们在罗伯特·霍当（Robert Houdin）的生活中可以看到：为了学习"第二视力戏法"（the Second Sight Trick），他和他的儿子做过很多这样的练习。这件事可以起到很好的提示作用。接下来，我们看看人物观察。顺便说一下，这种观察与人物特性的鉴别极为不同。在我曾认识的观察敏锐的人当中，有一位具有这种观察习惯。他看到我懂一点此类观察，于是向我吐露了秘密，他觉得那样我就不会揭发他了。有一些经常举办的大型精英聚会，每次参加这样的聚会，他会预先认真挑选一个话题，然后就这个话题与大量的人单独谈话。一旦他了解到了某个人在这方面的感受，你就会看到他假装心烦意乱地拿出他的便签簿，做上一个记号，然后又放了回去。当他回到家后，他首先仔仔细细把那些人的相对感受记到分类账中，然后才会躺下睡觉。所谓相对感受（relative sentiments），我是指：在这本分类账中，每一个人的记录页上都会写上"倾向于如何如何认为，略高于平均水平"。如此观察的结果是：经过几年的工作，他能够精确说出任何一位大人物就某一指定问题会有什么样的感受。

我不建议人太多地观察自己。从自我解放出来，这才是重要的。[Γνῶθι]σεαντόν[认识你自己]，与你自己结识，并不是指"要内省你的灵魂"。它是指："像与你足够亲密的人那样看待你自己。"相反，"内省"，即我所指的那种着了迷似的内省，是从一个狭隘的、独立的、虚幻的视角观察你自己，但其他人谁都不会那样看你。当然，一个人必定会以某种方式寻求内心。那是很有必要的。只是不要追求那种东西。

还剩下一种观察能力应该得到训练，那就是观察我们自己的创意想象物的能力。对于此类对象，可以具体观察其中三种不同的成分。第一种是感性成分；第二种是对象不同分部之间的关系，可能是各分部彼此协同，也可能是一个分部支配另一分部；第三种是整个系统、形式以及观念。关于感性想象的生动程度，不同人之间的差别相当之大。有些人（包括我本人）几乎完全缺乏这种能力。我可以凭着记忆匹配颜色，精确程度大大高出普通女性（但巴黎女性除外）。然而，如果我观察一件红色东西，然后闭上眼睛，我视觉中完全无法**看到**任何东西。你偶尔会遇到有心理学作家全然否认谁有能力复制外围感知；我也曾经这样认为，但后来我与精细观察家们的交流让我相信：那只是我个人的特异体质。你可以看到，艺术家想方设法让自己站在画作旁边的一个暗处，他在那里可以呈现他所要复制的影像而不至于令其色彩因为原本的实际色彩而改动。³ 经过长时间的怀疑之后，我现在确信：这种观察图像中感性成分的能力在整体上有益于正确推理。⁴ 为了增强精确处理图像各分部之间关系的能力，有一些练习可以做，比如下棋、解答《教育时报》上的数学题。英国人在某些方面不愧是欧洲受教育程度最高的民族。尽管他们对艺术不太关心，却比任何民族都更加关注数学智力题练习；这是一种应该得到效仿的练习。

最高级的一种观察是对于系统、形式和观念的观察。对于增强这种能力而言，我所知道的最为有效的练习途径是学习纯数学理论并试着自己创造这样的理论。我不会建议任何人不要读黑格尔的《精神现象学》；但在我看来，它对于心灵训练的作用完全无法与数学研究相比。

关于推理涉及的三种心理活动的第一种，我就讲这么多。第二种是实验。在观察中，最为基本的条件是被动性，抑制那种试图干预、猜想性修改大自然律令的天然冲动。与之相反，实验中最基本的成分是能量，是毅力，简言之，外部以及内部的意志作用力。用中世纪神秘科学著作家的行话来说，"laborare"（劳动）便意味着做实验。譬如，我们现在抽象思考一下，即我们抓住转瞬即逝的思想要素，然后将它们作为思想对象固定下来。据此，一个不容怀疑的事实是：凡是能够增强意志力的东西都能增强推理的能力。我过去常常发现，一周三次练习举起一千磅的重物是有益的。[5] 这样做之后，你将不再惧怕有什么思维方式太过于困难、太过于数学化了。

实验中也要求有一定程度的技巧。那并不是什么奇特的技巧。这种技巧所要求的主要品性：首先是机敏的创意想象力，那是一种不知疲倦、永远追求更难挑战的意志力；其次是一种天资，让人能够选出或许最值得研究的建议从而减少劳作；第三是毅力，能够提出各种不同的建议，并对它们加以充分描绘，弄清它们各自的优缺点。解决棋局难题可以提供相当不错的技巧练习。

彼此独立的实验，就像是彼此独立的思想或士兵一样，几乎不具有什么重要性。只有当它们聚集成班、队、营、团、旅、师、军时，才能变得越来越强大。有大量的实验都是很容易做的，而当它们结成体系时将成为有力的学习工具。一颗积极的心灵总是应该开展某种系统性实验。

任何一种系统化，都有一个不可或缺的条件，那就是**系统性的**记录。一切值得注意的东西都值得记录下来；而且所做的那些记录应该容易整理的，尤其是要便于**重新整理**。我推荐就像这样大小的硬纸片。一次订购 20 000 张，会很便宜；20 000 张够一位勤奋的学生用上一年。因为，你每天平均不会用到 60 张，而且一年中总会有一个月时间闲着不做记录。在这些纸片上，记下你所看到或读到的每一件值得记录的孤立事实。此外，你几乎每天都要有一本同样大小的、30～40 页的小册子。一摞这样的小册子只要花费一二块钱。每本小册子都是某一小项研究的连续记录。到了年底，你就有 10 000 到 20 000 张整理成堆的、装在信封、抽屉或盒子里的纸片；你还会有将近一摞的小册子。**这些**就是你全年经验的一部分。经过三十年的系统研究，你可以对每一种事实了如指掌。想想你将积累多么大的一笔财富！只要是你所研究过的人或关注过的主题，你都可以随便查到它们的整体特征。稍后，我将提到其他一些应该做的系统记录。

实验分为三类：对于我们自身创意图像的实验，对于外部事物的实验，以及对于人的实验。不过，在讲到观察时，我已经对此谈了很多。"观察"训练与"实验"训练的主要差别在于这一点，即前一类练习的选择是根据观察过程中被动成分的困难程度，而后一类练习的选择是根据其中能动成分的困难程度。

推理过程中所涉及的第三种心理活动是**惯常化**——随时准备养成习惯以及随时准备抛弃习惯的一种能力。这种轻松养成并能轻松抛弃心智习惯的习惯，可谓是最有益处的一种习惯。让我来简要勾画一下我认为习惯所具有的逻辑重要性。我曾经讲过，从逻辑的观点来看，一般性就是连续性。连续曲线（其导数为连续函数）是可以一般词项进行描述的，也就是说，它具有一个方程式。的确，这样的曲线可能具有一些显然属于非连续性的奇点。要答复此种异议，我现在只准备指出：一条曲线所能具有的奇点（point-singularities）只能是"结点"（crunodes）或曰交叉点：

"尖点"(cusps):

以及孤点(acnodes)或曰隔离点这三类。结点和尖点严格来说都不属于点的非连续性,而只属于导数的非连续性。至于"孤点",它是以此种方式出现的。一条曲线具有两个分支。

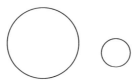

这里并没有因为断裂而出现非连续性;有的只是多元性。现在,其中一个分支缩小为一个点:

如此便产生了孤点。该曲线的其余部分都是连续性的,而且孤点本身也并未出现**断裂**。二者合起来不过是一条双分支曲线。因此,在任何一种情况下,都不存在像极值(extremity):

或分叉（furcation）那样的：

纯粹非连续点（point-discontinuity）。

这些真正的非连续性，是不可能有的。我在最后增加的那一讲中会再次谈到上述异议，并给出更为全面的答复。我将充分解释此类奇点为何会出现，并表明它们充分支持与证实了连续性与一般性之间的同一。我要承认，我现在对于异议的答复不能完全令人满意，因为那种孤点至少无疑算是一种**例外的**（exceptional）点，因而打破了一般性。不过，即便如此，我们所要回答的仍然是：像方程式那样完美的一般性描述何以内在包含有一种例外情形？我届时给出的全面答复将表明：实际上，**不会**那样；那种例外情形并非源自一般描述，而只是试图调和两个相互矛盾的假说而已。

于是，一般性在逻辑上就等于连续性。而连续性就是圆满实现的"第三性"。"第一性""第二性"和"第三性"都是无处不在的范畴，它们在心理学中体现得非常明显。"感觉性质"（Feeling-quality）或曰"即时意识"（Immediate Consciousness）乃第一性的；因为凡第一性者都是因其自身而在的东西。"内部"与"外部"之间的那种"反应"感，有"强使"（Exertion）和"经验"冲击这两种形式，它们都是第二性的，因为凡第二性者都是像有其他某物意外出现一样的。我与里德（Reid）一样认为，不论是在"强使"时还是在"经验"中（二者的差别只是程度不同），我们都能直接意识到一个"自我"和一个"他者"。这并非什么为了解释一种"予料"（datum）而提出的假说。它就是一种"予料"，它在同样的意义上跟其他那些内省分析结果一样被称为真正的"予料"。除了这些成分，还有一种对于习惯养成或曰学习的直接意识。它同样也是"予料"，尤其会出现在我们对于时间流的意识中。因为,"第三性"(Tertium),你们清楚它就是"媒介"(Medium)的同义词,可以界定为类似把其他两种东西匹配即将它们彼此关联起来的东西。意识到心智习惯或曰观念结合力的形成,就是意识到有某种东西在我们内部穿过,并由此把某一种"经验"与某一种"努力"(Effort)关联起来。你们可能会提出异议:这并非有关意识的而是有关推理本性的直接"予料"。倘若你能证实这一命题,你只会更加凸显第三性及其与"感觉性质"和"反应感"之间的根本差别。我承认,这中间有一种"推理"特征。它就是"第三性"的本性之所在。然而,我认为,有一个事实是不能错过的,那就是:(比如)时间流是意识的直接予料。有人会举证说:意识在阈限内以每秒30波的速度上下震动,因此我们实际上无法直接意识到任何这样的流动。出于论证的方便,我姑且认同**这一点**,但每一种这样的异议只会增强我们的结论。因为,那样的话,我们如何得到"流动"这一观念呢?假若在感觉中没有任何类似的东西,就一定会认为它是某种康德式的感觉形式,一种尽管有予料在面前我们仍必然要有的先天假说。但这不过使得它更像是一种直接"予料"。你那是在假定感觉意识(sense-consciousness)的背后有一种意识能看到感觉意识上的裂隙。意识中的各个原子要得以综合,不可能是任何其他的方式。说它不是真的,正如康德实际上所言,那等于忘记了"真"是什么意思。也就是说,真正的康德主义与里德主义最终是一回事。意识到正在"推理",这在一定程度上是推断而来的;但是,就其为推断而来这一点,它是一种直接"予料",因为它所意识到的正是那种实实在在的实际运作过程。简言之,你所提出的异议越是多,你最终越是充分认识到:此种学习意识是一种独特的意识成分,既不同于感觉性质,也不同于反应感。如果你说如此把意识解析为三种成分,属于纯粹的逻辑分析,我的回答将是:它是彻彻底底的逻辑分析,不仅属于主观逻辑,而且还属于存在逻辑(the logic of being)。不过,我们现在没时间就此再往下讲了。

获得联结力,此种过程属于推理中所包含的第三种心理活动。它是某种概括化,借此(比如)可以把中项去掉。完全准备好获取新的结合力,这意味着完全准备好抛弃旧的结合力。这就是童年的可塑性:一个人若是准备成为一名教师、固定理念的倡导者、某个不动产行业的维修工或是在任何方面固守己见的人,他最好快点长大以摆脱这种可塑性。但是,只要有人想成为一位学习者,一位**爱**智慧者(philo-sopher),非常关键的一点就是:他要保有这种可塑性。而要保有童年的可塑性,他必须与自然成长法则作斗争。作为哲学家或科学人,你必须有点像一个孩子,具有孩童般真诚而单纯的观察力,具有孩童般极其可塑的心智习惯。

什么练习有益于此呢?首先是广泛的阅读。每年读一百本或每三又三分之二天读一本,并不算是艰苦。若是你能找到很多好书的话,要自由轻松地读完五十本。真正的阅读是要置身于作者的立场之下吸收他的思想方式。与各类我们并不完全了解的人进行谈话,也可让我们的心灵焕然一新;不过,有趣的人正如有趣的书一样是很难发现的。作为一种补救,要有适量的沉思与独处;能提供这一点的,并不是闲着发呆,而是深入系统地开展一些非常明确的图式思维。[6]

为了能让思想成系统,应该把思想记录下来。记录应该简洁,尽量做成表格形式。格言警句不许出现在记录中。它应该有方尖碑那样的风格,把必须表达的东西完整而清晰地写下来,不掺杂任何其他东西。要把你的思路一推到底,并在一个专门的复写本上做个进度表。进度表的形式要使得你在三十年之后若想回过头来看,还能把握该思想的力度、健全感以及完整性,从而可能会迫使你说:"毕竟,我当时所看到的一切没有那么蠢,不管还有多少东西我那时未能看到。"[7]

有三类练习似乎特别适合增强惯常化能力。练习分类和划分,练习下定义以及对观念的逻辑分析,练习把理论或系列推理紧凑夯实一些。

在谈论有什么好方法来提高推理能力的最后,我要提醒你们注意三个谬误。根据我的经验,这些谬误非常容易欺骗思想者。我所指的是绝对的(positive)谬误。思考得不够深入以及思想没有贯彻到底,虽然这些是非常不好和十分常见的思想缺陷,但并不属于绝对的错误。不过,我要顺便说一下,虽然在实践事务中最不明智的做法莫过于把一种想法推向极端,但在理论思考中,那是踏上真理之路的最大推动力。实际上,唯有那些极端情形才教会了我们新的东西。

我希望提醒你们注意的谬误,在溯因法、演绎法和归纳法中各有一个。在我看来,最常见的溯因推理谬误是,认为概率最高的假说就是最好的假说。查阅几乎任何一本逻辑著作,你都会发现其中遵照亚里士多德的做法写着:一个假说的前提概率应该高于它所要解释的那些事实的概率;同样道理,一个具有更高概率的假说要优于概率低的假说。这样说也存在某种理由。假若你确实发现一种具有足够概率的解释值得去考察,你很有可能不再依赖溯因法,转而做归纳推理。但是,就这个词可能具有的有价值意义而言,概率乃是你所拥有的某种正面信息。它不仅仅是看似怎么样,也不仅仅是不知道。困难之处在于:在很多必须求助于溯因法的情况下,你对于事实的概率一无所知。更为有用的一条准则倒是:谨防因为某种东西有可能或属于自然常情而认为它就是真的;因为此乃最大的谬见之源。所有那些好的溯因规则都多少与此相关;譬如,本特利(Bentley)认为,在对著名手稿的各式各样解读中,应该优选最困难的一种。现代表述得更好的一条公式是说:如果一种解读法虽然不能在任何一部手稿中找到,但却可以很好地解释已找到的那些解读法,那就应该采纳它。你将会看到,这一定最终导致我们采纳一种之前完全无法想到的解读法。你必须记住,任何假说都只是暂时性的。它一定会逐步得到修正。但是,作为一开始的假说,你希望它在综合已知事实的同时能非常便于我们通过对照几乎随时可做的一些观察而进行初步检验。很遗憾我没时间举例来讲这种谬误;因为任何恰当的例子都要求长篇讨论。不过,你们可以在任何一位近代内部批判法(modern method of internal criticism)大师的古代史著作中找到大量实例。那些人的研究结论受到了新近考古学方法的大力批评。赫尔茨（Hultsch）《希腊和罗马的计量学》就属于这种建在流沙上的宝塔。策勒的《古代哲学史》也属于这样的著作。不妨看看他论述毕达哥拉斯的方式。他似乎认为，因为我们所有关于毕达哥拉斯的主要证人都极其不值得信任，因此，最安全的做法就是不相信他们说过的一切。大多数时候，他们全都见证过的事情或许发生的概率会很高，而他竟然不相信他们所有人。他的方向是对的，但他的做法非常成问题。当你不得不全部依赖于证词时，不论你的证人可能会如何说谎，一开始最好的办法就是：按照你对于他们所有人的相信程度来接受他们所说的话，而当你做不到这样时，要接受那种能够解释他们所提供证言的最简单假说。通过这样的方式所达到的对于毕达哥拉斯的认识可以相当充分地解释每一项证据。它可能并不全然为真，或许就不是真的；但它是我们目前所能形成的最为理性的假说。

演绎推理中最不好的一种谬误在于：根本不是在推理，而只是按照经验常识（the rule of thumb）来做。也就是说，伪称的推理者（soi-disant reasoner）习惯于以某种方式推断那些他经验中在早已有的东西，而现在他却坚称那些东西的绝对必然性。此种谬误最常见的形式是：把每一集体都看作有穷集一样的，把每一序列都看作有第一元素或最后元素一样的，但这种预设完全没有任何理由，只是建立在简单的习惯之上。令人震惊的是，好多人成功地走遍天下，其理性思维却似乎一败涂地。欧几里得的预设，即每一整体都大于其部分，是此种谬误的一种略微精致的形式。同属此种精致形式的还有一种有关极限学说的推理，它认为通过（或许是）说"假设一个数量的值为 E，然后又表明该值小于 E"便可以证明该数量为零。那样说，真正得到证明的是：该数量的值小于任何选定为 E 的、通常都是有穷量的数量的值。实际得到证明的那个命题**并不属实**（less than the truth），即便以为要证明的那个命题**完全属实**（more than the truth）。

归纳推理中最危险的一种谬误在于：考察一个样本，从中发现某种晦涩难懂的属性，然后便立即得出结论说它属于整个集体，而不是先明确指定所要检验的那个属性到底是什么，然后选取一个样本，检验该属性在这个样本中的情况。为了说明此种谬误，我以卡罗斯博士论述各行星轨道距离之间关系的一篇文章为例。卡罗斯博士说：他所阐述的那篇法则是一种"已确立的事实"。因为所谓已确立事实是指所有能人贤达都认同的，所以这是一种非常强的说法。在写过一些无关痛痒的序言性文字之后，我们看到他把这条法则规定如下："该理论是指一行星公转时间乘以二等于其临近两颗行星之和。"这里说得很别扭的一种观点其实是：前后相继的行星的公转时间呈现算术级数。"因而"——我照原句引用——"因而，金星运行周期的两倍，即 450 天，约等于其内部行星水星的公转时间加上其外部行星地球的公转时间。"我们来做一张小表：

	周期 天数	
		△
☿（水星）	87.97	
		136.73
♀（金星）	224.70	
		140.56
⊕（地球）	356.26	

这非常符合所说的法则。但接下来火星的情况是——

♂（火星）	686.98	
		321.72

这该如何办呢？我们来看卡罗斯博士对此如何讲。他说："再把这个数字翻倍（他意思是说把双倍的金星周期再翻倍），我们便得到金星和火星的公转时间之和。"这相当于是说火星周期是金星周期的三倍，从而使得火星周期只依赖于**一颗**而且并非其紧邻的行星。

$$\begin{array}{r} 224.70 \\ \times \quad 3 \\ \hline 674.10 \end{array}$$

然而——

$$3♀ = ♂$$

这种关系并没有 2% 的出入。那么，那些小行星又会怎么样呢？它们的周期从 $3^{1}/_{4}$ 年到 $6^{1}/_{2}$ 年不等，或者说从 1200 天到 2400 天不等。对此，卡罗斯博士的说法是："再一次地，把这个数字翻倍（他意思是说把 $1^{1}/_{3}$ 倍的火星周期再翻倍）后，约等于地球的公转时间加上其中一颗小行星的公转时间。"现在，$2^{2}/_{3}♂ = 1832$ 天。减去 365 天之后，还剩下 1 467 天作为他所谓的那颗小行星的周期。至于这条法则如何规定 ♃、♄、♅ 等行星的周期，他什么也没给我们讲。而我也一定猜不出来。有关数据如下：

		△
♂(火星)	687	
		780
Ast(小行星)	1 467	
		2 865
♃(木星)	4 332	
		6 428
♄(土星)	10 760	
		19 929
♅(天王星)	30 689"	
		29 499
♆(海王星)	60 188	

我确信它们并不能呈现算术级数。不过,关于周期为60 188天的海王星,他的确告诉我们：♄、♆、♂是呈现算术级数的。然而,我认为他这样说是因为出现了小差错。在展示如此精彩的法则证明之后,卡罗斯博士说：不用数字2,用2.03会更精确一些。现在,2.03是1.61即½(1+$\sqrt{5}$)的立方的平方根。这些数字并不十分精确;2.06才是½(1+$\sqrt{5}$)的立方的平方根。不过,这些作为无效归纳的模型已经够用了。

第六讲
因果与力

有些人(你们将发现我不属于他们)认为因果性(causality)是最原始而**古老**(uralt)的宇宙成分之一或者最基本的思想范畴之一。他们面对一个非常尴尬的事实,需要做出解释。那就是,人们的"原因"概念在不同阶段的科学文化中晚期不同而且彼此不一致。我们被告知那条重要的因果关系原则是绝对无法不去相信的,但它总是在一个历史时期为某一命题,而在另一历史时期却又是完全相异的命题,对于现代的物理学家来说,甚至又是第三种命题。只有它这个**名称**倒是唯一保持不变的,用我的朋友卡罗斯的话说,那是唯一的"κτῆμα εἰς ἀεί"(永久财物)——永远都一样。正如亚里士多德所指出的那样,伊奥尼亚(Ionian)哲学家们试图找到万物由之构成的一种东西来作为万物原理。我不必提醒你们也知道,亚里士多德本人认识到有四种各有不同的原因可以确定一种事实:该事实由以获得存在的**质料**(matter)、该事实由以具有本质的**形式**(form)、从过去对该事实产生作用的**效力因**(efficient cause)以及从未来对该事实产生作用的**目的因**(final cause)。不过,人们普遍认为,这些区分只是字面上的。根据我的理解,这属于最肤浅的一类解释:它们在有人考察之前会一直流传,而且能像一位体面的银行家所开出的票据一样,骗取那些不当心的人(*pour donner le change* to the unwary)。我认为,那些分法表示根据溯因法推断而来的事实类型之不同——这些事实被认为为我们提供了普遍的"自然"过程,从中可以引出各种不同的事实特征。这其中的想法是:大自然从一个宏伟的大前提出发做三段论推理,而那些原因乃大自然三段论推理过程中各个不同的小前提。通常都认为,"原因"(cause)一词已经被简单化了,被限制在亚里士多德"四因"中的一种。这种因由于唯有它才会产生**效力**(effect)而获得了自己的名称。但是,认为我们的原因概念就是亚里士多德的效力因,这种观点很难经得起考验。效力因首先来说通常都是事物而非事件,因而不需要做任何事情;它只要存在或许就够了。所谓的效果也非总是必然会出现。确实,当效果出现时,那都被认为是不得不发生的(be compelled)。但那不是我们现代意义上所说的"必然"(necessary)。也就是说,它并非总是发生的(invariable)。即便在古代文献中,我们偶尔也会碰到有人认为原因这样一种事件后面必然伴随作为效果的另一事件。在今天,这是主流观点。但是,这种概念只是在最近两个世纪才开始占据主导地位。笛卡尔时代的大多数精细的思想家都不持有这种概念。那些对于密尔抱有无限崇拜之情的人认为密尔最绝妙的见地之一就是:他认为原因就是事件发生当时所有情况的总体。不管这种观点是否绝妙,它显然在密尔写书之前就已经是一种常识看法。不过,其实这种说法建立在于一种错觉之上。只要原因概念能在有限域下具有某种有效性(我将向你们指出这是什么意思),原因及其效果就是两个**事实**。密尔似乎因为考虑不周或因为唯名论倾向而认为,事实就其客观存在状态本身而言正是宇宙短时间内的客观历史。但这并不是所谓的事实。事实乃其中经过抽象的一种成分。事实就是表现于单个**命题**之中的那种实在性。如果一个命题为真,那么它所表现的就是一种**事实**。如果按照作为大前提的一条真实自然法则由一个命题为真以三段论的形式推出另一命题为真,那么,前一命题所表现之实在性中那个被抽取出的部分就是后一命题所表现之实在性中相对应的部分的**原因**。譬如,一物体在不平滑表面上运动,这一事实就是它停下来的原因。

要说其色彩是其中原因或效果的一部分，那是荒谬的。色彩的确是实在性中的一部分；但它并不属于实在性中构成这两个**事实**的那些部分。

人们通常认为，那条重要的因果关系原则是最为确定的一条真理，简直是不容置疑的。因此，假若有科学家试图限定它的真实性，我们就有理由怀疑他是否诚实并批评他的整个道德品质。但是，我要请你们特别注意这条原则所包含的三个命题。第一个是说：任一时刻的事态都完整且严格地受到另外某一时刻的事态的决定。第二个是说：原因或曰决定性事态在时间上位于效果或曰被决定事态之前。第三个是说：任何事实对于在时间上**位于之前**的一个事实的决定，与其对于在时间上**紧随之后**的一个事实的决定相比，都具有不同的意义。这些命题通常都被认为是自明真理；但也有人进一步提出：不论它们是否为自明真理，它们无疑都是现代科学证明过的。然而，这三个命题其实都与力学原理直接相矛盾。根据主流的机械哲学，物理世界上的真实之物只有物质微粒以及它们的**质量**、不同**时间**点上的相对空间**位置**，还有空间、时间、位置这三要素之间永远不变的关系法则。因此，在任何一个**瞬间**，所有的真实之物都只是质量、位置以及运动法则。但是，按照牛顿第二运动法则，质量在任何一个瞬间的位置都不是由质量在任何其他单个瞬间的位置所决定的，即便是有那些法则的帮助。恰恰相反，能被如此决定的只是一种加速度。加速度**并非**某一瞬间的位置与另一瞬间的位置之间的关系，而是某一瞬间的位置与第二、第三瞬间的位置之间的关系。设 a、b、c 为粒子在彼此非常接近、间隔相等（方便起见，假设是相隔一秒钟）的三个瞬间分别所在的位置。于是，我们可以做成这样一张表格：

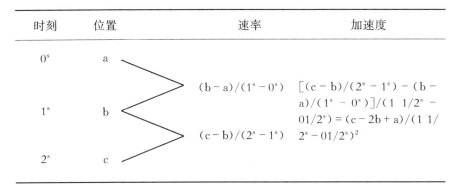

而假若间隔时间不相等,所做的表格便是:

时刻	位置	速率	加速度
t_0	a		
		$(b-a)/(t_1-t_0)$	
t_1	b		$[(c-b)/(t_2-t_1) - (b-a)/(t_1-t_0)]/[(1/2(t_2+t_1) - 1/2(t_1+t_0)] = [c(t_1-t_0) - b(t_2-t_0) + a(t_2-t_1)]/[(t_2-t_1)(t_1-t_0)] \times 1/2(t_2-2t_1+t_0)$①
		$(c-b)/(t_2-t_1)$	
t_2	c		

可以看到,这里有一个关键的**第三性**,而那种因果性原则却没有认识到这一点。因此,第一个命题是假的。第二个命题说原因在时间上位于效果之前,同样也是假命题。这里的效果乃加速度。按照力学法则产生此种效果的原因,根据能量守恒理论,乃那些粒子的相对位置。现在,位置所要求的加速度并不**迟于**位置的设定。相反,二者绝对是共时性的。所以,因果关系原则之中的第二个命题也是假的。第三个同样也是假命题。该命题说:任何事件对于前一事件的决定都不跟它对后一事件的决定具有同一种意义。但是,根据能量守恒法则,粒子相对于力心的位置(用 b 来表示)决定着粒子在处于该位置之时的加速度是多少。也就是说,记下用以表示粒子位置值的数字 b,我们就能单从这个数字

---

① 皮尔士这里的代数变换有误:"$1/2(t_2 - 2t_1 + t_0)$"应该改为"$1/2(t_2 - t_0)$"。——编者注

出发，通过应用力学法则所提供的一条规则，推算出作为加速度数量值的一个数字（我用 Fb 来表示）。

$$\frac{c-2b+a}{(1\frac{1}{2}^s - 0\frac{1}{2}^s)^2}$$

于是，我们有了如下方程式：

$$\frac{c-2b+a}{(1\frac{1}{2}^s - 0\frac{1}{2}^s)^2} = \text{F}b$$

现在，如果我们知道粒子在先前两个时刻的位置 a 和 b，根据这个方程式我们就能够算出粒子在最近一个时刻的位置 c。但是，a 和 c 以同样的方式进入这个方程，而且分母中的两个时刻之差是要做平方运算的，因而，假若它们互换的话不会有任何变化，因为一个数的负数的平方就是这个数本身的平方。由此，我们可以得出：我们从三个时刻中先前两个时刻的粒子位置 a 和 b 计算 c 值（即最近一个时刻的粒子位置），我们也可以从后面两个时刻的粒子位置 c 和 b 计算最早一个时刻的粒子位置 a，二者依据的乃同一条规则，而且计算形式是完全一样的。于是，我们可以看到：按照能量法则，后面两个瞬间的位置可以决定最早那个瞬间的位置，而只需要依照完全一样的方式，先前两个瞬间的位置也可以决定最后那个瞬间的位置。简言之，就受到能量守恒法则所支配的那些现象而言，未来决定过去的方式与过去决定未来的方式一模一样；至少就那些情况来说，只是因为人类主观地看待万物的方式，我们才会更加偏爱这两种说法中的某一种。因此，因果关系原则涉及的那三个命题全部都与力学科学直接冲突。

但是，当我们从物理世界转向心理世界后，情况就完全不同了。这里，我们找不到任何明显迹象能显示：某一心态会在相反的两个方向上取决于之前**两个**心态。每一心态在一种驳斥性结合力的作用下都会产生另一个心态。或者说，即便多个不同的心态都有助于产生另外一个心态,它们也只是同时发生的,而不是像物质粒子那样前两个位置从相反的两个方向决定第三个位置。我早上来到楼下,一看到报纸,便想到了缅因号军舰。早饭端上来,一看到什么我喜欢吃的,便让我胃口大开。整个一天,我都是类似这样的。并且,这里的效果与原因并不是共时性的。我并不认为缅因号爆炸与我看报纸是同时发生的,而是要滞后于我看到报纸,尽管中间相隔只有三十分之一秒。此外,现在相对于过去的关系与相对于未来的关系,也不像在"能量法则"领域下那样是相同的,而是完全不一样的。我**能记得**(remember)过去,但绝对没办法掌握这样的未来知识。相反,我能对未来施加相当大的**支配力**(power),但除了那些巴黎暴徒,没人会认为他能改变过去。因此,因果关系法则中的三个命题全都在此得到了充分证实。

甚至我们可以假设物理法则与心理法则并非完全像它们看起来那样,虽然这两个世界之间的鸿沟不是绝对性的,但我们所讲到的它们的总体特征不可能出错。

不过,在此之外,我们还可以断言:不仅我们内部的心理世界受到因果关系法则的支配,甚至是我们之外那些获得心理关注的现象,以及那些获得日常关注的无生命物质现象,它们也要么受到同样法则的支配,要么具有**类似的存在状态**。为了用证据来支持这条极其重要的事实,我有必要解释一下受到那些服从能量守恒法则之力所决定的现象的两个典型特征。很抱歉,我必须再次运用某些非常简单的代数知识。我所说的两大特征中的第一个是指:那种服从能量守恒法则的力,或者,我们通常所说的**守恒力**,即此种力的值仅仅取决于被作用物体相对于作用于其上的那些物体所处的情境,假若有某种这样的力产生了某一**指定运动**,那么,这同一种力同样也能产生反向的力。也就是说,倘若在某一时刻,所有的粒子撞向固定的塑性平面,而且是以 90 度角直接撞击,以至于被弹回来时方向与撞击时一样,速率也不变,那么,不论此种运动所花费的时间可能有多么长,每一个粒子都将会沿着与前进时完全相同的路径返回,并且速率保持不变。实际上,这得自我前面已经讲到的一点,即:守恒力对于过去的决定方式与其对于未来的决定是一样的。对此不难给出一个极其基础性的证明;但为节省时间,我将略过。守恒力的另一典型特征是:正如其名字所暗示的那样,"能量"是守恒性的,即粒子的**活力**(living force)①或曰速率平方不过就是粒子相对于互动粒子而言的位置的一个函数,该精确函数取决于此种力的本性**外加上**运动过程中的一个常量——常量的值取决于具体实例中偶性。你们对此都很熟悉,我就不再花时间去证明了。不过,我将提到一点,即由该事实出发,很容易推出:第二个差量乘以相邻前两个差量之和,等于那两个差量的平方之差。这一点显而易见:

$$\Delta_1$$
$$\Delta^2$$
$$\Delta_2$$

因为,既然 $\Delta^2 = \Delta_2 - \Delta_1$,很显然,$(\Delta_1 + \Delta_2)\Delta^2 = (\Delta_2)^2 - (\Delta_1)^2$。 现在,运用这两个典型特征(尤其是前一个特征)作为标准,我们立即可以意识到:地球上那些引起我们日常注意的几乎所有的物体现象都是非守恒性的,也就是说,无法借助于"能量守恒法则"得以解释。因为它们都是无法逆转的现象。运用物理学家的说法,它们都是不可逆的。譬如,出生、死亡、生活就是这样的。所有受到摩擦力或流体黏性抗阻的运动,比如,所有地球上的运动,都是这样的。热传导、燃烧、毛细管现象、流体扩散也是这样的。雷电、通过棱镜产生深色光、河水流动、河口障碍的形成、河道的磨损,总之,基本上所有日常经验显现的东西都是这样的,除了星体的运行。甚至是星体运行,我们也没有看到它们的逆转,尽管我们完全可以相信它们是可逆的。那些感觉好像可以逆转的常见现象可

---

① "活力",拉丁文为 vis viva(复数形式为 vires vivae),与"死力"(vis mortua)相对,表示移动物体所具有的力或动能,在科学史上曾用于能量守恒原则的早期表述。——译者注

能只有抛射体的运动、弓箭或其他弹性物的弯曲、自由摆动的钟摆、电话、扩音器、电池及发电机,而这些中只有两样东西是人类早期发展中所熟悉的。难怪能量守恒理论直到最近才发现!

哲学上当然渴望能把心物现象统一起来。按照溯因逻辑,我们应该采用"一元论"作为临时的哲学假说,不论我们认为那是否有可能;而且不能放弃此种立场,直到它被推翻从而迫使我们抛弃。有鉴于此,要探究物理学家如何解释那些似乎违背能量法则的现象,就显得极其有意义。我们知道,凡是物理学家们深入研究过的那些现象,全都是根据**机缘**作用来解释的。譬如,一层水平气流向北移进,穿过另一层静止不动的气流上方。这层北进气流之所以受阻是因为其中的分子朝着各个方向飞逸,因而机缘使然,大量分子从一层气流移到另一层。而且,如此因为机缘从其中一层移到另一层的分子的数目非常之大,以至于实际上可以确信:平均来看,它们的北进程度就如同它们由以出现的那一层气流中所有分子的平均程度。就这样,很快地,每一层气流中分子的平均北进程度都接近于另一层。说上层气流分子的平均北进程度变低,就等于是说该层气流的整体北进程度变低,因为整个一层气流的移进程度就是其中分子的平均移进程度。

为了能将此种用以解释非守恒性准力(quasi-forces)的方法应用于心理现象,我们有必要严格地分析和描述其基本要素,姑且略去所有无效的细节。为此,第一个必要条件就是"机缘"的定义:这不是说产生机缘的原因有哪些,而是说机缘这种现象本身。有一些分析认为机缘在于我们的无知。对于此类颇为低级的做法,我显然不必多费口舌去驳斥。因为约翰·文恩(John Venn)的《机缘的逻辑》一书中已经予以充分驳斥。文恩这位逻辑学家,虽然其部分观点可能站不住脚,但他的思想足以透过形式直击他所讨论的那些问题。当你看过一二百本逻辑文献之后,就会发现那是一项非常突出的本领。是机缘的作用产生了我们刚刚所考察过的上层气流受阻,但显然并不是因为我们无知而导致了此种效果。于是，机缘作为一种客观现象，是一种**分布**（distribution）属性。那是说，有一个巨大的集体，包含有（比如）各种彩色东西和白色东西。机缘是指在所有这些东西中色彩分布的一种特定方式。但是，要想使得此种说法获得某种意义，它一定得是指世界万物的某种特定排列。

205　　一开始，我们姑且假定彩色东西的数目是**可列的**（denumeral），白色东西的数目同样也是**可列的**。我在前一讲中解释过，可列数目是指全体整数的数目。每一个可列集体都是可以编码的。就是说，数字1可以与其中的对象之一相连，2与另一对象相连，如此继续下去，以至于该集体中的每一个对象都得到一个编码。当这样做完之后，我把获得1之外数字编码的一个对象与获得仅靠其下数字编码的一个对象之间的关系成为该集体的**生成关系**。在界定生成关系时，并不是说一定得提到数字。我之所以这样做，是因为要采用你们熟悉的观念以便节约时间、减少麻烦。现在，我要界定机缘学说中反复出现的一个非常重要的概念，**独立性**。在某一指定集体中，特征（比如）"蓝色"被认为独立于特征（比如）"光滑"，当且仅当：该集体中那些同为蓝色和光滑的对象（PQ）的数目**与**该集体中那些属于蓝色但并不光滑的对象（P$\overline{Q}$）之间的比率，等于该集体中那些并不属于蓝色但却光滑的对象（$\overline{P}$Q）的数目**与**该集体中那些同时不属于蓝色和光滑的对象（$\overline{P}$ $\overline{Q}$）的数目之间的比率。耶芳斯（Jevons）先生证明了"如果P独立于Q，则Q也独立于P"，这有点小题大做了。因为，在下列比例中：

$$[PQ]:[P\overline{Q}]=[\overline{P}Q]:[\overline{P}\,\overline{Q}]$$

通过变换比例内项，便可以得到：

$$[PQ]:[\overline{P}Q]=[P\overline{Q}]:[\overline{P}\,\overline{Q}]。$$

现在，在我们这个拥有可列数目的彩色东西和可列数目的白色东西的集体中，令**F**代表一种具体的生成关系，因而，当按照此种关系对该集体中的对象进行编码后,编码为 n+1 的对象是编码为 n 的对象的 **F**。于是,我可以说,彩色和白色的偶发分布是指:该集体中的任何一个对象是否为彩色的,独立于它是一彩色事物的 **F**,也独立于它是一彩色事物的 **F** 的 **F**,也独立于它同时是一彩色事物的又是一白色事物的 **F** 的 **F**;简单来说,一对象是否为彩色的,独立于它是否具有某种可以 **F**、白色和彩色加以界定的特征。这样便界定了彩色事物和白色事物均为可列数目时的**偶发分布**。[1]

若彩色事物和白色事物这两个子集体是**可数的**(enumerable),即有穷数目的,上述定义所要求的那种独立性就不可能有了。然而,如果二者都是大的可数集体,就可以近似达到定义要求,那时我们粗略地称之为偶发分布。譬如,假若有 50 万个彩色东西和 50 万个白色东西,那么,关于属于彩色的还是白色的,在 20 个连续对象的所有可能的序列形式中,大约每一序列会有一个实例。因此,我们无法说一个对象是否属于彩色独立于位于其之前的二十个对象的彩色和彩色序列,因为所涉比例的四项之一有可能为零。另一方面,关于是属于彩色的还是白色,10 个对象的每一种可能的序列形式都会有一千个实例,而假若从 1 个对象增加到 10 个对象后,近乎达到了所要求的那种比例对称性,我们就不妨称之为偶发分布。

在比较两个无穷集体时,我们必须把"一个集体**在包容性上**(inclusive of)大于或小于另一集体"同"一集体**在数目上**(multitudous)大于或小于另一集体"区分开。如果一个集体包含另一集体的所有对象并另有其他的对象,我称前者在包容性上大于后者;但是,说一个集体(比如傻子)在数目上大于另一集体(比如圣人),这是指:对于每一位圣人,都可以把傻子分别指派给他,而且每一位傻子都不会指派给其他别的圣人,但却无法为每一位傻子单独地分别指派一位圣人。两个集体有可能每一个都无法**包容**另一集体所**包含**的全部东西,譬如,佛教徒与日本人;它们每一个都无法**包容**另一个所包含的**全部**东西,除非它们是等同的。另一方面，任意的两个集体，其中一个必定在数目上小于另一个，而且每一个都**可能是**这样的。就是说，它们可能是等量的。在两个等量的集体中，一个可能会**在包容性上**大于另一个；而两个集体中，数目小的那个不可能在包容性上大于另一个。所有这些命题都很容易得到证明，只有一个除外；而这个命题，我在《一元论者》杂志上证明过。[2]

假若在彩色东西与白色东西这两个子集体中，一个是可列数的，而另一个要大于可列数，则我们仍旧可能会而且有时的确说到一种偶发分布。确实，对于一个大于可列数的集体，不会存在生成关系。尽管如此，除非总的集体是一个带有或不带有拓扑奇点的一维以上的连续统，该集体的全部对象可以排成一个序列，至少可以借助于相对少量的断裂（ruptures）和接合（junctions）。一定得记住，所谓的偶发性指的是对象在序列中的某种特殊的安置方式。还要进一步认识到，当通过一种特定的方式，整个序列分裂成一个由众多子集体所组成的可列集时，所谓的偶发性还进一步关系到那种分裂方式。此外，此种切分方式要能够产生一种特殊的变异方式，从而使得那些子集体一下子全都变得在包容性上越来越小，无限地小下去；而此时的偶发性进一步关系到这样一种收缩（shrinking）方式。因此，如果不论这些子集体变得多么小，一子集体"是否包含蓝色东西"的特征独立于该子集体具有任何能以"可列集的生成关系""包含蓝色东西"和"不包含彩色东西"得到界定的特征，那么，这里的分布就是偶发性的。譬如，我们可以说某些标记点偶发性地分布于一条无穷长的线上，这里的意思就是指：如果这条线切分成一系列可列数的线段，不论线段有多么小，那些包含标记点的线段将会沿着这整个一系列的线段偶发性地分布。

或许我们会说到有穷多个点偶发性地分布在圆周上，这里指的是近似的偶发分布。当我们说有穷多个点**随机性地**（at random）分布在圆周上时，那是完全不同的另一种情况。那时，我们在心中想的确实是一种偶发（fortuitous）分布，但那种偶发分布所涉及的是可列数的场景：其中，一个人在整个时间过程中把一些点抛洒在圆周上。

我不是说：当蓝色东西和白色东西都大于可列数时，"偶发分布"一词就没有任何意义了。恰恰相反，问题在于：这种说法可能会有多种意义。由于我没有沿着这样的思路尝试，我不好说其中哪种意义更为恰当。为此，我将跳过此种情况。

我们现在已经严格确定了"机缘"作为一种客观现象到底是指什么。在众多概率论著作中，可以找到对于偶发分布的一些非常漂亮而有价值的特性的研究，尤其是有关概率曲线的那种特征。我特别推荐劳伦特（Laurent）[3] 的概率著作：它精炼而清晰，同时又有科学严谨性。

在偶发分布中，彩色东西和白色东西以一种理想的无律则性混杂在一起。那是无律则性的至上境界。脱离于此，或曰律则性，会朝着两个方向之一变化。第一，彩色东西和白色东西的混合可能会更加完美和均匀，比如，彩色东西和白色东西交替出现；或者，它们会经过筛分，比如，所有彩色东西出现在一个系列，而所有白色东西则出现在另一系列中。甚至交替出现也可以被称作一种筛分，因为它使得所有彩色东西出现在奇数位置而所有白色东西出现在偶数位置，从而构成了两个不同的系列。尽管"律则性"（regularity）一词可以表达这样的情况，我们还是要限定下"筛分"（sifting）一词：我们要用它来表达一种不算根本但也并非完全不重要的一种区分，即"任由两个系列混杂"与"区分开两个系列"之间的不同。

我们来快速看一下三种事物状态——筛分后的状态、均匀的组合状态以及偶发的无律则性混合状态——如何在大自然中实际发生的；然后，借助于这些例子，我们将能够看到它们何以被认为会发生。

筛分必然是由守恒力进行的。譬如，一束白光照在棱镜上。不同的色彩具有不同的折射性，于是光便得到了分解。这种现象是守恒性的，因为它是可逆的。倘若发散出来的光沿着原路反射回去，白光就重新复合而成了。但这种事是不会发生的，除非是在经过实验人员精心设计的实验室中,而且其发生方式也不够完美。守恒力,倘若不去管它,是不会产生任何这样的结果的,因为那要求有人**特意**精确调整每一束光。而力学哲学最早发现的一件事就是:在纯粹的机械作用中不存在任何的目的因。同样地,倘若有大量的陨石从几乎无穷远的同一点出发,它们全都沿着相同的方向运行,以便能进入太阳强大的引力范围之内;但是,倘若它们的运行速率各有不同,太阳引力将使得它们分开运行,结果等它们再次出发时,它们会按照速率次序进行排列:不带任何速率的那颗陨石按照来时的路径返回,带有无穷大速率的那颗陨石将沿着右边那条线毫无阻碍地继续运行下去,而所有其他的陨石的路径将多少有点弯曲。

209　　关于筛分,我们就讲这么多。接下来,我们来看**偶发分布**状态是如何产生的。譬如,掷骰子时,为何经常看到的都是无律则的投掷方式?那是因为当我们把骰子桶颠倒过来时骰子的运动会略有差异,同时也因为当我们把骰子放到桶里后骰子的运动存在细微差异;而且这两类差异之间没有什么律则性的联系。尽管如此,这些细节本身并不会使得掷骰子具有偶发分布特征,要不是因为或者我们往桶里放置骰子的动作差异上存在偶发分布,或者我们抛出骰子的动作变化上存在偶发分布的话。因此,在这种情况下,我们看到:偶发分布的出现是因为在一个或更多的现象产生条件上存在另一个偶发分布。所有这些已经被误差理论方面的各类著作家做过认真研究。假设我们往一口罐子里放进一些热氮气,然后再放进一些冷氧气。当初,氮分子运动时所带有的各种"活力"(vires vivae)将按照一种修改过的概率曲线分布,因此属于偶发分布,而类似地,氧分子所具有的"活力"也将按照同一种一般法则分布,但是,通常**它们在一起时**的运动将会慢得多。所以,在最初的事态中,所有那些分子作为一个集体来看所具有的"活力"的分布将**不会**是偶发性的。不过,那里不断会有分子碰撞,它们相撞时将会受到守恒力(通常是吸引力)的支配。结果,由于这些碰撞所具有的不同方式呈现偶发分布——而这本身又是由于分子在空间中的偶发分布以及分子运动方向和速率的偶发分布——将会发生"活力"的持续交换,因此,随着时间的推移,所有分子内部的"活力"将会越来越接近于一种近似的偶发分布。这里,我们看到了一种偶发分布得以产生的过程。那里所发生的一切完全是在守恒力的支配力得以发生的;不过,之所以趋于呈现这种偶发分布特征,完全是由于存在于不同的运动初始条件当中的各种偶发分布,那些条件与守恒力从来都不相干。这一点非常值得关注,因为"活力"初始分布所特有的那种奇特的分布会逐步消逝。确实,总是会留下一些痕迹,但痕迹会变得越来越微弱,以至于完全消失。然而,那些同样只有初始条件才令其得以维持的偶发分布不仅保持不变,而且哪里有守恒力,哪里就会立即显现出这种偶发分布特征。因此,我们发现自己不得不说那是"机缘的作用"。

均匀分布(uniform distribution)从表面上看呈现出多样的特征。每年都正好有如此多的自杀事件;在每年出生的儿童当中,正好有如此多的人长成为巨人,而正好又有如此多的人长成为侏儒。保险公司的存在几乎就押注在一种期望上,即每年正好会发生如此多的损失。由于对蒸汽机日常运行的依赖,可以说,整个商业领域都建立在温度、压力和体积之间的关系之上。这个例子同样也属于直接作为偶发分布之必然推论的一种均匀分布态。但是,在许多**均匀**分布的例子中,就我们所能看到的而言,**偶发**分布不起任何作用。譬如,两种电流趋于以某种固定的比例联结。这只是因为一种电流吸引另一种所排斥的东西,并且吸引力和排斥力随着距离而同样地发生变化。二者都是守恒力;而且,两种电流的均匀分布正是由于这两种守恒力之间经过非常特别调整之后的一种关系。在化学组合中,我们可以看到有关均匀分布的显著例子。我们不知道化合物是通过什么类型的力被组合在一起的。一些极易形成的物质（比如乙炔）是由于吸热而产生的。即便这一点不算，我们还可以找到其他事实来表明那些力并非完全是守恒性的。但是，原子键以及它们的原子价足以让我们断言：那些力一定极其复杂，而且彼此有着特别的联系。不论是化学力，还是整个均匀分布的条件，我都可以再讲很多；但是，限于一讲的时间，我认为最好只谈到这两个较为清楚的例子。

我已经说过，齐一性或规律法则可以只是一种偶发分布的结论。但是，如果你能批判性地考察这样的例子，你将会发现：毕竟，之所以有这样的结果，那只是因为在条件中有某种律则性。以波义耳法则为例。它说的是，如果气体的密度加倍，其压力也会正好加倍。这是因为：如果空间中存在双倍多的分子，在给定的时间内会有双倍多的分子撞向容器壁。但这种结果并不单单是由于偶发分布，而是因为偶发分布再加上"分子路径全都非常接近于直线"这一事实。我不准备停下来证明这一点，你们在沃森（Watson）的小册子以及总体上更值得关注的迈耶（Oscar Emile Meyer）的书中都可以找到有关证明过程。[4] 我只需要说，**那的确是**一种关键条件。而那种东西适用于**所有的**分子，是一种律则性。如果对该问题进行分析，你会发现，当一种律则性产生自一种偶发分布时，往往一定会有这样的情况，即集体中的那些对象一定会显示出某种齐一性，而且，若是所产生的法则显示出某种简单性，也一定是因为那种齐一性具有简单性。

另一方面，提到偶发分布，你们无疑会认为，它的出现只是因为缺乏任何反方向的充足理由——这绝不是说我把充足理由原则当作了一种一般原则，而是说，在此情况下，那样认为等于是认为偶发分布是不涉及任何原因或理由的纯粹"第一性"。虽然你们显然可以那样认为，但是，倘若你们认为那在某种意义上是一种必然结果，此种必然性一定意味着其中存在某种法则或齐一性。尽管如此，很显然，这里的齐一性本身不会自动产生出无律则性，那种无律则性是因为初始条件中的另外某种无律则性、另外某种偶发分布。

因而,情况是这样的。齐一性或必然法则只能生自另一法则;而偶发分布只能生自另一偶发分布。法则产生法则,机缘产生机缘;自然现象中的这些要素,就其本质来说,一定是初始存在、完全分明的构成材料。或者,若是我们想要摆脱这种二分法,可以根据溯因原则来设想:我们一开始应该尽可能强调"统一性"(unity)这样的假说。这样做,唯一可能的方法就是:假定法则的最初胚芽是一个本身凭借机缘而出现(就是说,属于第一性)的**本体**(entity)。这是因为:机缘的本质就是"它是第一性的",第一性的那种东西就是机缘;偶发分布(即完全的无规律)是唯一不用任何相反理由就可以得到合理解释的东西。

在已经明白这些事情之后,现在让我们记住:我们这里探讨的整个目标是,找到某种线索用来整合物理现象与心理现象,对于分别受守恒力和因果关系原则所支配的这两类现象的某些其他特征略加考察,然后看通过我们所发现的东西如何能多少阐明那些现象。

首先看守恒力,我们注意到,它们只是支配粒子之间的空间关系。它们是空间粒子相互反应的法则。而我们需要注意的第一个事实是:在其他条件相同的情况下,粒子相互之间反应越是强烈,它们彼此越是接近。我们该如何解释这一事实呢?我们不妨问自己:万一所有这一切突然颠倒过来,粒子最为直接地作用于与之距离最为遥远的那些粒子,会发生什么。这样我们将能得到正确的提示。

假设人类能在意外灾难中存活下来,难道不能确信他会发展出一种新的直觉形式[5],由此,那些现在看起来近的事物将会显得远?因为,什么才是真正的近呢?谁是我的邻居?难道不是我与之反应最紧密的那个人吗?简言之,可以暗示出的一种解释是:空间是一种直觉形式,借此可以呈现那些存在方式为相互反应的对象所具有的相互反应法则。我们来看此种假说能有多大的解释力。它的必然结论都有哪些?我必须缩减为一种纯粹的概略推理。首先,空间作为对法则的一种呈现,一定是**连续性的**，不带任何奇点。第二，由于反应本质上都是此时此地的、反一般的，由此可以得出：那些反应性的对象在纯粹的空间测定值（spatial determinations）中必定是完全相互独立的。也就是说，处在某一特定位置的一个对象并不要求另一对象处在某一特定位置。再由此出发，必然可以推出：每一对象都占据单独的一个空间点，因此，物质必定是由博什科维奇的原子颗粒组成的，不论这些颗粒的数目有多大。根据同样的原则，可以进一步推出：任何涉及反应的法则必定在单纯的"空间"之外包含另外某种连续统。关于为何"时间"应该是这另外的连续统，我希望在我们谈到"时间"时加以阐明。第三，由于"空间"的存在形式是一种法则，而不是反应性的现存物，由此可以得出：它不可能是这样一种法则，即在缺少反应的情况下粒子将固守其位置；因为那样等于赋予了粒子对于其位置的吸引力。由此，我们可以得出：只要一个粒子不受到另一粒子的作用力，它所保有的东西就是时间和空间之间的一种关系。若说此种运动法则规定了粒子在没有力作用于其上时继续沿直线运动，在相等的时间内穿过相等的距离，这在逻辑上是不精确的。相反，正确的说法是：直线是粒子在不受作用力时所穿过的一类线条，而相等的空间是指此种粒子在相等时间内所穿过的那些空间。这条原则还有一些进一步的结论，我们最好延后几分钟再做陈述。第四，由于"空间"所呈现的那条法则规定的只是一些反应条件，而反应乃对偶性（Duality），由此可以得出：这些空间规定条件也必然是对偶性的。因而，立即可以推出五条推论。第一条推论是，所有的力都是在粒子对之间的。第二条推论是，当一孤立粒子路径上的两个位置被确定时，该法则便确定了所有其他的位置；因而，两条不同的直线不可能共有两个不同的点。第三条推论是：已知某一孤立物体在两个时刻所处的位置，此种法则可以指定该物体在所有其他时刻的位置。也就是说，第一导数或口只需两个时刻的位置之别就可以决定所有其他时刻的位置。就是说，速率永远保持不变。接着从这些推论出发，再加上用以推导它们的那条一般原则,可以得出:当一个物体作用于另一物体之上时,受到直接影响的是那种始终如一的直线速率。受影响方式是这样的:只要那个主动物体的作用保持不变,两个速率(或同样也可以说是,三个时刻下的三个方位)可以决定该物体将会有的所有其他速率。因此,这就解释了为何可以产生加速度的是力而非空间相对于时间的任何其他导数。于是,进一步又可以推出:在每一时间点的力的作用下,物体被给予一种新的直线运动;由此可推出,各种力必然都是按照力的平行四边形而组合的。在非欧几何中,这得有所改动,平行四边形必须画得无穷小。接着还可以推出:力的线条就是穿过两个粒子的那条直线。此外,还有一个明显的结论;不过,我对这里的推理不满意,因为它依赖于一条我无法予以抽象界定的原则。然而,不管有没有用,我将把它陈述出来。它说的是:由于力的作用使得一种加速度产生,而且呈现于空间中的那条法则极具一般性和综合性,由此可以得出,所产生的加速度可能会与粒子现已拥有的加速度在种类上有所不同,而不仅仅在数量上不同。这就是我认为可疑的一点。倘若它被承认,一定可以得出:空间必须至少拥有三个维度。此外,从空间作为一种有关反应条件的法则出发,还可以得出第四条推论:除那些粒子本身的性质外,单凭空间测定值就能指定某一特定粒子如何反作用于另一粒子,就是说,两个粒子之间的力仅仅取决于它们的性质及它们瞬间所在的位置。另外,可以得出第五条推论,即力学法则仅仅规定一对粒子如何作用。它并不一般性地规定不同粒子对的作用力之间的关系,甚至也不规定某一粒子对处于不同位置的其他同类粒子的作用力关系。因此,不仅异类的粒子对会有不同的作用力,甚至是作用力相对于不同位置的变化法则也取决于那些粒子的性质,而且这种决定关系非常充分,以至于不可避免会出现一个粒子在各个不同侧面产生有不同的力。第五,从"空间所呈现的是一种相互反应法则"这一事实出发可以推出几条推论,尤其是这样的两条推论。第一条是:当粒子A作用于另一粒子B时,后面这个B将以同样的方式作用于A;而且,二者之上的作用力不可能具有相同的加速度，因为有法则使得它们的相对位置受影响。我们将看到，借助于我们已经提到的第三条原则，可以得出这一点。因此来说，加于 A、B 之上的加速度是相反的。第二条推论是：这两个加速度一定是相等的，因而所有原子颗粒的质量都是相等的。再由此出发，又可以推出：所有质量都是不变的；还可以进一步推出：如果两个物体或原子颗粒聚合体彼此以某种比率相互反应，它们对于第三个物体的反应也将具有同样的比率。第六条原则（对于它是否必要，可能会有某种怀疑）是：由于空间所呈现的那条法则极具一般性，每一种运动都必须能够接受彼此同样的一种变化。假若承认这一点，由此显然可以推出（但其证明过程太长，无法在此给出）：空间具有要么 1 个要么 2 个要么 4 个维度。于是，由于维度数 1 和 2 已经被排除掉，空间的维度数应该正好是 4。现在，我们要提到之前被搁置的第三条原则所具有的那些推论。由于空间只作为法则而存在，它的那些位置本身不可能具有独立的身份，因为独立身份（distinct identities）[6] 只属于实存性（existential）事物。因此来说，位置只是相对的。但是，由于同一时间的不同运动一定要在数量上对比，而这种对比不会受到运动着的反应粒子本身的影响，我们可以得出：必定有另一对象处在空间之中，所有运动都必须以它为参照。而由于此种对象通常与法则相比照因而也分有了法则的性质，它不同于那些运动性和反应性物体，一定是连续性的。它相当于经过修正后的那种被称作物体"alpha"的东西。它就是苍穹或曰凯莱绝对者。由于这个东西要决定一切运动，由此可以推出：它是每一条直线都与之切分的处所，而且因为空间只是有关"二重性"的法则，基于其他方面的考虑，每一条直线都必定将其切分为两个点。因此，它是一种真正的二次轨迹（quadratic locus），把整个空间切割成两个部分，而且实存性空间必定在各个方向上都是无穷而又受限的。

到现在，已经简要陈述了我空间理论的一个侧面。我的陈述没有触及空间衍生物及其特性的问题，或者说，对于这种理论如何能被认为精

确地满足其理想条件，我只是提出了一种假说，由此可以推演出那些理想特性。在所推演出的这些特性中有很多都已经知道为真，至少是近似为真的。至于其他的，我很高兴可以说，它们都是极其可疑的。我说很高兴，是因为这让它们具有预言特征，从而使得该假说可以得到经验上的证实或驳斥。我最后提到的那一个可疑特性，我认为我根据天体的固有运动进行推算，已经成功证实为真。另一个，关于原子在不同的方向上具有不同的吸引力，我根据化学上的事实已经成功表明具有很高的概率。还有其他的，也可以找到一些证据来支持。最背离观察的一种结论是有关 4 维度的那个可疑特性。

如果试着把我们至此所获得的结果进行概括，我们可以说：空间的连续性使得一物体受到自身之外的一些存在方式的影响，虽然不是参与到其中，却是与它们相对立。譬如，一个孤立粒子在某一时刻处在某一点上；这是它实际的状态。但是，它会受到一种状态的影响，这种状态并非实际有，但却在与实际时刻有所不同的另一时间之前属于它；而到了与实际时刻另有不同的一个时间，它所呈现的状态会与实际状态正好相反。于是，同样地，当一个力作用于一个物体，其效果会是：该物体所拥有的并非实际但却无限接近于实际的各状态的平均值与它的实际状态存在差异。因此，在物体的作用与反作用过程中，每一物体都受到其他物体运动的影响，虽然不是参与到其中，但却与之相对立。不过，如果你们仔细注意此种概括性说法的本质，你们将会发现：它只是以一种不够完美却略显特别的方式重述了那样一条原则，即空间呈现的是有关实存物相互反应的一种法则。或许可以找到各种其他类似这样勉强算对的说法。

我们现在来看非守恒性的作用力。这些作用力的共有特点是逐渐接近于一种确定的相对静止状态。守恒力永远无法产生这样的静止状态，除非是短暂的一刻。我认为，它只能产生三种长久的改变，即：它能长久改变一物体运动的方向，而它之所以能这样，是因为该物体的运动脱离开了力所在的范围。或者,它能使得一个物体围绕另一物体向内螺旋转动,而且越转越快。第三,像木星这样的行星可以使得一个小型天体动起来,然后离开,任由这个小型天体永远地或准永远地绕着太阳做轨道运动。然而,随着时间推移,木星将再次出来,从而把它抛出去。这是非常令人好奇的事情。机缘乃其中非常重要的因素。但是,所有的非守恒性的准力都产生相对静止的状态。譬如,黏性所造成的效果就是这样的。这些相对静止的状态都是均匀分布态,但经仔细检查后发现,实际上为偶发分布。概率曲线或经过某种修改后的概率曲线在此种现象中发挥着作用,由此显示出那些均匀分布态的真实本性。譬如,热传导就属于这样的例子。

当我们问为何机缘能产生恒久效果时,一个脱口而出的自然回答是,这是因为:不同的时刻是相互独立的。既然已经做出了一种改变,就没有任何特别理由说这个改变应该没做过。如果有人在赌桌上已经赢了 20 法郎,[比起]他在一开始就将可能输掉这 20 法郎,他现在将输掉这 20 法郎的可能性并不会变大。但是,我们一说出是因为时刻的独立性,我们就会对之感到震惊。有什么东西能比那种最佳连续统(我们正是透过这种连续统,才看出其他每种连续统的)的分部更缺少独立性呢?虽然有人可能会说:连续性在于把那些现在不同并且永远保持差别的东西[结合]起来,因而它们在一定程度上相互依赖又在一定程度上相互独立,然而这种说法只适用于连续统的有穷分部,而不适用于那些最基本的要素,也不适用于那些无穷小分部。不过,不容置疑,机缘效果的永恒性的确是因为那些时刻的独立性。我们该如何化解这样的谜团呢?答案是这样的,即时间在当前有一个非连续性的点。当此种非连续性以某种形式出现在守恒性作用力中时,现有时刻与所有其他时刻是绝对不同的,而其他那些时刻之间只有程度上的差异。但同一种非连续性在所有非守恒性的作用力中是以另一种形式出现的:在我们的意识中,过去与未来被割断了。因而,虽然其他那些时刻并非彼此独立,但独立性的确出现在现有时刻上。它并非彻底的、完全的独立性，但它在某些方面是绝对的独立性。或许，所有的偶发分布都源自于时间事件上的一种偶发分布；而对于这一点，除了"充足理由法则"没有其他任何可以解释，就是说，它是绝对的"第一性"。有一条真理非常值得我们审视，那就是，所有人类的理智发展都依赖于"所有我们的行动都有可能会出错"这一事实。"人非圣贤，孰能无过"，这是我们所有常识中最为熟悉的一条。无生命的东西根本就不会出错；较为低级的动物，很少会犯错。本能近乎是不出错的；而在所有至关重要的问题上，理性的指引都是不可靠的。当你仔细反省这种出错倾向后，你会发现其中包含着我们行动在不同时间上的偶发性变异。但我们很容易忽视的是，我们的理智受到此种偶发性变异的滋养并因而获得成长。因为，若没有这样的偶发性分布，将无法养成习惯；而理智在于习惯的可塑性。

　　时间是什么？我们应该说它是逻辑依赖性法则在直觉中的呈现形式吗？但是，从客观上考察，何为逻辑依赖性呢？它不过是一种必然机制，但并非强力，而是受法则支配的。因此，我们的假说等于是这样的：时间乃逻辑在客观直觉中的呈现形式；而现有时刻的那种非连续性，其意义在于：在这里引入了一些并非从"第一性"逻辑衍生而来的新前提。

第七讲
习　　惯

物理学著作中满是所谓"经验法则"的例子。那些公式在某些有限场合之下就人们能成功观察到的事实而言是基本上能令人满意的,但没有人认为它们能深入到经验之根本,或者能展示所有现象的一般形式。恰恰相反,它们被认为只是一种普遍公式在特定条件下的某些具体变形。关于这样的伪法则,离心力是很好的例子。当轨道列车绕过弯道时,总是会有一种压力偏离曲率中心。一定是这样的;因为,一个物体在不受任何力的情况下自然会直线运动,而该轨道列车不这样运动,由此可以得出:导轨对其施加了一种朝向曲率中心的力;继而,根据作用与反作用法则,这辆列车必定对轨道施加一种同等却相反的力。这是一种完全真实的力。就是说,它是由于列车想要保持直线运动而造成的来自铁轨的弹力。如果你们检查一下轨道,你们会发现那些可以表明此种离心压力实在性的地方;或者,如果你们旋转一下吊索,实际上也会感觉到这种离心力。离心力在运动受到强制操作的情况下属于一种真正的力;但是,现在,某些自然哲学家把离心力的公式拓展到了存在此种强制力的情况。他们说行星由于离心力与向心力之间的平衡而保持在其圆形轨道上。在这里,离心力只是一种公式而已——此种公式就其效果而言无疑是正确的,然而那种离心力却只是形式上的东西,在自然界中找不到与之对应的事物。这很像是 A、B 两个人之间只存在一次交易,那就是,A 借给了 B 5 美元。现在,假若 B 的记账方式是:记在账本上的一个账户显示 A 欠他 100 美元,而该账户的对面一侧又记上 105 美元,那么,这些账目就效果而言是正确的;但是,其中的 100 美元只是记账簿上的一种虚构东西。同样地,由于采用的是极坐标而不是直角坐标,行星的离心力也是一种虚构的东西。的确,倘若太阳的引力被突然取消,一开始行星会以一种与该离心力相等的加速度脱离圆形轨道;而且,很显然,我们在力学上所谓的"力"确实也只不过就是加速度与质量的乘积。只是说,当我们把圆周运动作为一种标准或原点进而推算加速度时,行星一旦突然失去引力而产生的脱离自然运动圆形轨道的加速度并非这个世界上的某种东西,而是我们为了平衡我们在账户一侧虚拟的假账目而必须在账户另一侧所做的账目。

现在有一个问题是:是否存在某种推理方法,我们借此可以确信,我们通过观察自然所发现的某种法则并非像离心力那样只是记账簿上的一种虚构物,而是代表了自然界中一种真实而生动的作用力。许多唯名论的逻辑学家立即会否定说不可能做出这样的区分;但是,他们那样做只是在固守一些先入为主的形而上学观点。他们在这个问题上,无法提供任何确实的证据。绝对知识,那是不可能的。但是,假若我们看到:环境稍微一做改变,此种形式的法则便丧失,那么,似乎就可以推断:那并不是普遍的或生动的作用方式。相反,假若我们发现:此种形式的一种表现形态一旦被阻止,它立即就又以另一种表现形态出现,尤其是说假若它显示出一种传播扩散和自我复制的能力,那么,就可以认为这些现象作为证据表明了该法则形式具有真正的活力和基本的实在性。

不过,我得承认,在我看来,要说服你们相信此种一般原则为真,比起让你们确信导致我提出该原则的那种后果,将会而且应该更加困难。就是说,我希望表明的是:因果关系不同于守恒力的作用,它是同时存在于我们内外世界中的一种真实、基本且关键的成分。

至于物理学家所提出的通过把概率学说应用于上万亿的分子来解释不可逆现象,我完全赞同那是科学上最辉煌的功绩之一。大法官斯泰罗（Judge Stallo）[1]对于那些解释给予了严肃批评。他的批评工作相当成功，显示出他在驾驭这样一件小案子上所可能具有的聪明才华。最近，其他一些著作家试图强化此种批评，其中一个还显示出对于该问题有所理解。但是，一种真正符合科学逻辑的判断一定完全支持这套公认的理论。其对于事实的解释令人十分赞叹，而且因为大量的新现象而得到加强。这些现象在该理论最初提出之时还不为人知道，但现在却能各安其位，好比是一位男孩玩的拼图，一旦他能把开始的几片正确地拼在一起，剩下的就都能拼起来了。这套解释表明，能量介质散布于每一类的物理现象中。但是，它在一件事情上失效了，即：它无法显示另一不同类介质的缺失；它不仅无法显示这种介质的缺失，甚至提供了某种手段去证明此种介质的存在。

那些看似违背能量法则的非守恒性作用力，物理学解释说，是由于上万亿的分子中间的机缘—作用（chance-action）。这些非守恒性的作用力全都带有两个特征。第一个是说：它们朝着某一确定的方向作用，逐渐趋于产生一种最终事态。倘若"目的论"（teleological）一词用在它们身上太强的话，我们或许可以发明"终结性的"（finious）一词来表示它们朝向最终状态的趋势。非守恒性作用力的另一个特征是：它们都是**不可逆的**。如果一块石头在守恒性的重力作用下向下运动，突然碰到一个极具弹性的水平固定表面上，那么，它的运动将会逆转，向上运动到它下降开始的地方，并且带有完全一样的速率，只是方向相反。倘若太阳系中的每一颗行星都突然逆转运动，情况也是一样的。不论守恒力产生什么样的运动，这种运动在逆转之后同样也能产生出来。

对于把终结性和不可逆性这两大特征中的任何一个作为守恒性或非守恒性作用力的**判定标准**，存在某种异议。一种作用力之所以能严格称之为守恒性的，那是因为：其中的力仅仅取决于粒子的相对位置，而不取决于速率。但是，**从理论上讲**，一种作用力之所以被称为不可逆的，那是因为：其中的力不取决于速率的奇数幂。而**在实践上**，不可逆性是一种不可错的准则。譬如,滑动的摩擦力完全独立于其速率;因而,根据定义,它是一种守恒性的作用力。滑动的速率会因为摩擦力而减慢,它所依据的公式完全跟一个物体垂直向上抛起时的速率一样。唯一的差别是:当瞬间的静止状态达到时,一种新型的摩擦力即静止摩擦力(rest-friction)会立即开始起作用,从而打破运动的连续性。滑动摩擦力是一种独特的例子:它属于那种能够模仿守恒力的非守恒性作用力。之所以可以肯定地这样说,是因为其中非常均匀地出现了守恒性作用力。当一个固体放在另一固体之上时,会出现许多个接触点,而出现接触点的地方,其中的原子路径——因为我完全不相信有固体分子——将开始相互交织。结果是当一个固体开始在另一固体之上滑到时,一定会出现许多断裂,而在那些断裂的部分达到平衡状态以前,它们通常会与另一物体产生新的接触点,从而一直会有一种典型的弹性应变状态。此种应变所具有的弹性张力就是摩擦力,而它实际上是一种守恒力。那些属于非守恒性作用力的部分有两个:第一个也是最重要的部分是那些断裂处,借此,弹性势立即能转化为热;第二个但不那么重要的部分是那些接触点。你们可以看到:通过摩擦力,摩尔运动的能量并不是立即转化为热的,而是转化为了弹性势;只有在此种作用力结束之后,弹性力才会转化为热。这一事实可以解释为什么摩擦力的作用像是一种守恒力。

按照牛顿及其同时代人的分析,流体的阻力与速率的偶数幂即平方成比例。因此,它应该是可逆的;它或许会暂时只是部分地可逆;但其实,这整个一套分析法只是对于数学的一种笨拙应用,因为假说与实际事实太过不同,起不到任何作用。很显然,任何真正的阻力都不会是可逆的。

非守恒性作用力的另一特征,即终结性,作为一种准则,在理论上遭受着更为严重的异议,即唯有非守恒性的力能产生持久的事态,这并不是真的。

首先,我要说的是:一个围绕引力中心运动的粒子能形成恒定轨道，这一点并不总是真的。要想使得它为真，得要求力的法则受制于特定的数值条件。我们知道，如果引力与距离的平方成反比，而速率又不至于太大，粒子的运动将能形成一种以引力中心作为焦点的椭圆。然而，如果在较小的距离处引力反倒是比距离的平方反比法则所要求的要大一点，结果基本上会是：该椭圆自身将沿着与粒子转动相同的方向围绕引力中心缓慢转动。假若这两种运行周期之间存在对称比例，该运动最终将回到自身；否则就不会。

假若引力与距离的立方成反比，当运动天体运行到轨道的一半时，旋转轨道将已产生无穷多个周转；因此来说，它将会形成一条通常具有内外分界的螺旋线。然而，外部边界可能在无穷远处，甚至会更加遥远。因此，在这种情况下，守恒性作用力渐进性地朝向一种最后的终极事态运动。假设内部极限与中心相距一种无法感知的细小间隔。那么，它看上去会一直固定在一个点，尽管它实际上在极其快速地运动。极其快速甚或无穷快的运动可以模拟为静止，正是这一事实使得守恒性作用力好像带有非守恒性作用力的那种终结性。

引力的变化可能是根据这样一种法则，即运动天体蜿蜒前行，无穷接近于引力中心，但却永远不会超越或穿过那个中心。很显然，化学元素的原子似乎正是通过某种这样的聚合而形成的。因为，借此，普劳特法则(Prout's law)便可以得到解释。

有一点很重要，需要指出。那就是，即便引力变化与距离的立方成反比，即便在快速变化时更容易出现此种反比变化，运动粒子也可以穿过或至少是**达到**引力中心。通常，通过在无穷小的时刻内执行无穷多的周转，将可以做到这一点。当它真的达到引力中心时会有什么样的运动，这很难说。我父亲在他的《解析力学》一书中说：在那之后，天体将沿直线前进。当然，这会违背面积法则。他没有提到一个细节，即那种直线的方向在很多情况下都是不确定的。在我看来，由于一般法则本质上是连续性的，设定那种作用力中有无穷大的速率或任何其他非连续性,就等于是认为一般法则被违反了。因此,假如一条法则说它实际上包含有这样一种现象,就此而言,这条法则是自相矛盾的。不过,此种矛盾仅仅在于:在连续统中存在一个非连续性的点。它只是在某一特殊情况下略微偏离了一般性。并不是说那种设定的事态是自相矛盾的;而只是说:认为这样一种现象是一种理想的一般法则的产物,那是自相矛盾的。

如果这样一种事会发生,由此可以推出一种必然结果,即存在绝对机缘事件这样的东西。因为,即便是无穷小的条件变化也会产生一定的结果差异。

但是,关于是否存在某种这样的法则,这方面的探究绝对会存在障碍、永远停滞不前,除非自然界中一直有某种逻辑过程,借此能产生那些自然法则。因此,我们必定不能提出那些将会绝对阻止探究的假说,这是"推理第一法则"的推论;由此可以推出:我们一定得希望,在自然界中是可以发现这样一种有关法则进化的逻辑过程的,而且我们科学人的职责就是要寻找到此种过程。

不过,我们还是回到那些只有经过无穷时间之后才能达到引力中心的螺旋运动。必须承认,这里出现的守恒性作用力模仿非守恒性的作用力,并非虚假的或外在的模仿,而是真实而内在的。它只是那些有助于阐明哲学难题的极端情形之一,对此,一种善于解决问题的推理方法必须给予特别关注。我们首先注意到,那种模仿有一部分在于:把那些相互抵消的运动结合成在一个无穷小的瞬间,并不对那个瞬间作任何解析,因为它是绝对的无穷小。这样一来,那个时刻的速率,尽管瞬间来看是无穷大的,却在结果上为零;而对于吸引力来说,同样也是如此。从这个观点来看,要说引力变化与相距引力正中心的距离的立方或更高的幂成反比,就会是荒谬的。实际上,只要在那个中心存在某种引力,就会出现稍微类似的困难。

由此,我要指出:非守恒性作用力的终结性在引力与距离平方成反

224　比的双曲线轨道中也有所体现。也就是说,一个运动天体从某一方向上的无穷远处出发,经过无穷大的时间之后,达到了另一方向上的无穷远处。

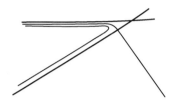

　　或许可以认为,这种终结性是因为一个事实,即时间具有绝对的极限。因为,倘若运动继续直至经过一个无穷远的时刻,它将穿过平面上一条无穷远的线,直至完成一个封闭性的双曲线轨道。但我认为这种简单解决困难的方法并不能令人满意。至少来说,倘若为螺旋轨道找到类似的解决方法,将会出现虚数,而那似乎可以表明此种数学假说与事实不符。

　　注意,螺旋轨道和双曲线轨道这两种情况都关系到角位移。任何一种直线运动都会因为动量而继续下去,而由此可以产生一种结果,即守恒力并不直接影响速率,而只影响加速度;它们的守恒性特征在于一个事实,即这样的力取决于粒子的相对位置。不过,旋转运动就不一样了。**没有任何**的动量能让角位移本身持续下去,除非此种角位移之中包含有直线位移。一个绝对粒子精确地占据一个点的位置,它单是转动,并不会产生任何动量。因此,如果双曲线轨道中因为那些在自身限度内为径向性的运动而产生了一种直线位移,其中的动量并不会使得角位移持续下去。因而,角动本身并不是守恒性的作用力。比如说,假若原子颗粒都是博什科维奇式的点,那些原子颗粒在不同的侧面上可能会有不同的引力。弹性固体科学、晶体学、化学上有许多事实,使得我们几乎可以肯

225　定(其中的原因由于太复杂,我们无法在此讨论):就**原子**来说,这确实是真的。我们暂时设定:这对于原子颗粒来说同样也是真的。会有什么样的结果呢? 就两个原子颗粒的相互作用而言,它们立即会把那些产

生最低势能的侧面转向彼此；而只要没有任何动量，它们的摆动就不会超出这一点之外。那样的两个侧面总是会转向彼此。但是，倘若有三**个**这样的点，一个原子颗粒的一个侧面转向另一原子颗粒并因此对其具有引力，而这一切将部分取决于第三个原子颗粒的位置。在这种情况下，虽然平移（translation）运动会是守恒性的，但原子颗粒的转动将受制于那种古老的因果关系公式。[2]

从我们现代非欧几何的观点来看，我们似乎可以说：严格而言，任何一种运动都不具有我们在谈到"平移"时所涉及的那些属性。也就是说，任何运动都不是纯粹相对性的。我们这里不便对此借以解释。我们得先去深入考察"连续性"的本质是什么。

不过，我们这里先谈谈马赫（Ernst Mach）的一种做法。他想要显示：所有运动，即便是转动，都是纯粹相对性的。马赫属于那个自称"经验哲学家"的学派，他们旨在摆脱所有的形而上学，直接关注事实。这种做法将值得大加赞赏——倘若可以得以实施的话。但是，经验表明：这些经验派哲学家跟其他哲学家一样拥有形而上学，差别只在于：他们所拥有的那些尚未被自己认识到的先入之见，更加隐秘，更加容易无视所有的观察事实。

牛顿在他的《原理》一书中提出："时间"和"空间"是实体（substances），或用法国哲学家的说法，它们都是"本体"（Entities）。牛顿完全意识到，这种观点当时是一种新说法。马赫似乎认为那种观点是牛顿不经意间犯下的一个过失。完全不是这么一回事。我们有历史证据可以表明：牛顿本人和他的同时代人都认为那是一套独特、明确且经过深思熟虑的理论。牛顿在《原理》一书中并没有公开谈论这个问题。因为它坚持遵循数学阐释的"传统"。那种传统要求他只谈证明过程以及对于证明的注释。不过，他尽量使得他的理由清楚明了。那种理由就是：那些运动法则使得转动速率成为某种绝对而非只是相对的东西。而速率所指的是空间位移量与该段位移所花费的时间量之间的比率。

因此，如果牛顿说速率并非只是相对的，那么，空间位移就不是相对的，时间消逝也不是相对的；因而，"空间"和"时间"并非只是一些关系，而是绝对的主体或实体。现在，此种推理有实证性的观察事实作为基础的；而且在我看来，它属于可靠的推理。我不想说它得出的是一种**必然**结论，但我的确认为对于解释已有事实来说是一种很好的假说。

与之相反，马赫把"空间和时间是纯粹相对性的"规定为一种"公理"。没有任何事实支持能让人做出这样一种断言。顶多可以说（但并不是实际上为真），有关平移运动的构成的那些事实有助于表明：空间位置之中有一种纯粹相对性的成分。马赫绝不是不会犯下数学错误，但他的错误在美国翻译的《力学科学》一书中被默默地尽量修正过来了。他的那本书在科学史上是一本极好的著作。[3] 马赫努力把角动界定为一种相对于宇宙间所有物体平均位置的运动，但这不仅有悖于所有的观察，不仅包含一种荒谬性：吊索的离心力将会受到非常遥远的星体的角动的影响，并且，受到来自较远星体的影响要大于来自较近星体的影响，而这有悖于他自己把空间作为力学关系镜像的观点。更糟糕的是，这种缺乏根据的理论在数学上与他极力坚守的一种观点即"直线运动是纯粹相对性的"相矛盾。

的确，"空间"只要是一种连续统，就是纯粹的法则——纯粹的"第三性"。但这并不妨碍它同时也是一个**事物**（thing）。如果除其连续性之外它还表示任意的"这"（thisness），我们必须承认它就不只是一个单纯的法则。运动相对性的问题是一个关于空间度量的问题，并不涉及空间本身的性质；因此，虽然运动是相对的，并不能必然得出空间**本身**是相对的，不论这种推理作为溯因有多么正确。不过，有一些特征是属于空间自身的，它们似乎包含有"这"，比如空间具有三个维度——对其"环流度"（cyclosis）和"迂回度"（periphraxis）[4] 的一种随意限定，是否应认为是等于 0 还是等于 1，显然只是任意性的事实。你不能只把它们归为纯粹的程式，而不认为空间乃某种类型的拓扑奇点——这更是显然为一种任意性的实存事实。至于第四个里斯丁数,所有人都会认同它的值为 1。也就是说,一个占满某一空间的物体不可能逐渐缩小至一个点而不出现断裂,因为只要有很小的一次爆发,就能把该物体与原来不论有多小的那个位置(最小的真空箱子)分开来,从而足以能使得坍塌事件发生。我相信,任何人只要认真考察这个问题,就不会或不可能怀疑这一点。至少,若不认为空间具有的联结方式在现有观察结果中找不到任何蛛丝马迹,就可以这样说。于是,这里同样也是一种有关空间的任意性的实存事实——只不过是它一直存在的方式,并无任何逻辑上的必然性。而以某种非常任意性的方式一直存在着,此乃现实存在事物所特有的"第二性"。它是它自身的一种自我意志。

我在本讲中没有足够的时间,而你若是能更加仔细地考察这个问题,你将会发现:在空间显示出"第二性"特征的那些方面,运动好似由因果性法则支配一样,而在空间保持其所有"第三性"的那些方面,运动也保有了它们的动力学特征。

我们接下来看其中不以空间要素(space-element)作为内在部件的那些作用力。譬如,我往乞丐手里丢进了五分硬币。有人或许说这是一种空间运动。但是,其中的非守恒性摩擦力非常大,不论是乞丐还是施舍者都没有注意到任何"动量"效果。硬币并不是扔进去的,而是轻轻放进去的。该作用力之中的动力部分非常之小,完全不值一提。事实上存在某种空间运动,这对于事件本身的测定而言,只是偶然性的。这造成了那些钱成了乞丐的钱,而且会一直都是他的。这是最为纯粹的一类时间作用力。这就是时间流本身。这种事件从有关[未来]的疑问状态过渡到"既成事实"的状态。所有的心理现象都有这种特征。一个问题被回答之后,它就一直是经过回答的了。这里是纯粹的对偶性,是从第一种状态过渡到第二种状态,取代了那种用以刻画物理力学的有关三种状态之间关系的测定值。

我父亲本杰明·皮尔士让我注意到一种实验在心理学上的奇特性。

我准备向你们展示这个实验。现在我记不得他是如何表述问题的。它说的是：对于运动条件的数学分析经常表达从某一向度来看所发生的事情；而任何人只要看到这个实验都会本能地从另一向度来表达他所看到的事情。[皮尔士向演讲听众所展示的实验是关于一对同等摆锤的摆动。你可以这样设想他的实验装置：在两根坚硬的柱子之间水平地扯着一条有弹力的线；在靠近线中间的地方，悬挂着两颗球，每一个上面都绑着一条线，彼此相隔6英寸。如果一颗球保持静止不动而另一颗球摆动起来，就可以看到皮尔士这里所讨论到的现象。当原先静止不动的那颗球开始摆动时，第一颗球将会停止摆动，如此反复下去。]眼睛看到的情况是：其中一个摆锤的振荡比另一个摆锤提前了半个摆，即四分之一的往复摆动；这个摆锤的振荡不断丧失振幅并传递给另一个摆锤。这也是非常正确的。但是，解析力学看待这件事的视角却非常不一样。根据它的看法，每一个摆锤同时以两种不同的方式振荡。在一种振荡的期间，两个摆锤一起摆动，二者同样带有此种振荡；而在另一种振荡的期间，两个摆锤摆动方式相反，两个摆锤在此种摆动过程中彼此相对立。我清楚地记得，我父亲指出：解析力学的观点对应于公式：

$$\theta_1 = \Theta \cos[(a-b)t] + \Theta \cos[(a+b)t]$$
$$\theta_2 = \Theta \cos[(a-b)t] - \Theta \cos[(a+b)t]$$

而本能的或直观的观点却对应于公式：

$$\theta_1 = 2\Theta \cos at . \sin(bt + 90°)$$
$$\theta_2 = 2\Theta \cos at . \sin(bt)$$

我还记得他说过：人们大都选择这后一种观点，表示我们心智构造上的一种奇特性。但我不记得他曾试图表述此种奇特性。不过，在我看来，很显然，它正是我们偏爱因果关系原则的天然趋向。我们把领先的那个摆锤视作主动的，而把落在后面的那个摆锤视作被动的。

根据数学家的理解，这种直观的概念模式是非常畸形的，缺乏哲理的。它之所以看起来非常简单，是因为那两个摆锤同样重、同样长。倘若不是那样，该现象从这种观点来看就会显得非常复杂，但是从解析力学的观点来看几乎会跟之前一样简单。[5]

现在我们要弄清楚心理现象到底是守恒性的还是因果关系类型的。你们知道，我并不打算与那些教授你们的哈佛伟大心理学家争论；我也不能保证从这个问题中得出令人满意的结论。但是，我希望利用几分钟的时间专门讲一下，以便让你们全都理解这个问题是什么。但愿我对于这个问题所给出的临时性答案是有道理的。

我向你们宣读一下有关哲学术语的一些规则。这些规则在我看来不仅有利于科学逻辑，而且有利于科学伦理。[6]

* * *

所有名不见经传的思想家都认同一点，即要想在哲学丛林中开展推理，松开缰绳是不行的；要想对其精确性**有所**检查的话，必须得靠一套严格的哲学术语来约束。而在科学术语这个问题上，哲学家最好是信赖那些科学家的经验。一直以来，他们都必须解决比其他人所遇到的更大的术语困难。我指的是那些成体系的动物学家和植物学家，他们借助于一套工作守则已经成功克服了那些困难。这套工作守则可以很容易地适用于哲学术语，内容如下。

规则一：对于每一科学概念都给予一个属于它自己的科学名称，要尽量采用新词，而不是那种已经被盗用为非科学的可疑概念的词语。

这是经院主义博士所采用的做法。每一位学者都能见证它的有利之处。不过，文艺复兴时期的人们指责经院术语不符合西塞罗的风格，结果导致文艺复兴时期的哲学像鼠尾草布丁一样柔软但却索然无味。关于好的作品，有一条规则比西塞罗式的纯净更为重要，即把你的思想表达得既精确又**精炼**。这不仅是好作品的规则，而是科学思维的一个基本条件；因为没有了程式，人类**根本**就无法思考，没有了精炼的程式便无**法高效地**思考。"realism"（实在论）一词的构成很典型就是这条规则的应用结果。它源自于该问题最初成为中世纪重大议题时所使用的一个词根，用来表达一种宽泛但却完全无歧义的哲学概念，形而上学逻辑派系中的一个概念。因此，这个概念对于这个词拥有排他性的使用**权**；按照生物准则，把这个词用于任何其他概念，几乎就是一种盗窃。

规则二：科学概念的作者拥有初始的命名权；他的命名应该得到认可，除非存在严重的实质性异议。但是，假若**他**没能提出一种科学的名称，其他某个人就必须提出来；在这种情况下，应该采用最早提出的那个好名称。

对于一个术语的实质性异议包括：它已被人用过，或它的同根词已被人用过，或它隐含一种误解。但是，除非是误解很严重，我们不应该因此而拒绝接受这个概念的作者所赋予它的名称。说一个词不够文明或太过于幻想，并不能算作实质性异议。然而，如果有明显的利处，也可以允许对这个词或其涵义稍作修改。

规则三：一旦某个科学概念得到合适的名称之后，就不能再用任何其他旧的或新的科学名称来称呼它。

因为，正像概念对于术语拥有权利一样，术语也有权用来标识概念。假若只是用作日常的非科学用词，这条规则并不禁止我们使用其他一些名称。

除了这三条可适用于各门科学的规则之外，第四条规则是哲学所特有的。它是根据前三条规则的精神而制定的，实际上也符合所有构词法的精神。因为，这条规则所说的是：早在哲学保有某种固定的术语体系时，直到黑格尔那个时代，哲学术语**当时是**如何构成的。它的内容如下。

规则四：只要可行，就比照经院主义哲学来使用哲学术语。

你们能意识到，整个康德语言都是以这种方式形成的。以我之见，黑格尔本人也没有违背这条原则。他有时对经院词语和日常词语的拓展使用让人无法辨认,这时他的确是用错了。他应该发明过一套词音系统,借此,他按照各个范畴的位置排序来标注他的那些范畴。这本应可以把特伦德伦堡(Trendelenburg)的工作归于无效——是他实际上把黑格尔主义从德国推翻了。但是,不论他做得是对还是错,黑格尔的做法显然致使哲学语言以及思想严重松散的现象得以出现。

"实在论"一词的滥用显然可以让黑格尔负责;因为这个词的滥用开始于大约1800年。当时,由于巴蒂里斯(Bardilis)引进了一种与唯心主义实在论略有相似但又因为属于二元论而有别于唯心主义实在论的实在论体系,"实在论"开始被用于那个长期以来都只被称作"二元论"的哲学派别。至于那些法国艺术家和文学家,他们由于语言贫乏而找不到比"实在论"更好的术语来表达他们那种注重复制自然细节的艺术方法,这跟研究哲学的人没有任何关系。

231

如果有一天,著作家们开始按照上述这些规则来建构他们的语言,按照植物学家对于物种的描述方式来塑造他们自己的风格,能够感觉他们自己是科学世界的一部分,而不是为了能懒散地让自己的思想表达取悦大众读者便纵使他们的思维方法被歪曲,就像现在仍存在的歪曲那样,那时,我们将能够最终觉得我们已经致力于一项严肃而值得的目标。

* * *

接受上述规则的理由非常充分,我不再提出其他意见来为他们辩护。但是,既然我不准备在这个问题上论证,请让我再补充一点,即我本人对于传统英语怀有深深的敬畏感。它不具有德语所富有的那种惊人的心理涵义(尤其是情感涵义)。它用来表达工具和操作过程的词语也远不及法语;它也没有法语那样讨人喜欢的社交手腕。但是,仅就逻辑学和推理上的关注而言,它拥有一种追求精确性的态度。之所以这样说是因为:事实上,道富银行(State Street)以及其他市场上所说的那套语言很大程度上保留了中世纪经院知识中的那些严格区分;而即便在没有出现那种严格区分的地方,我们的日常语言依旧保留着其中的某些精神。很遗憾,近些年以英语撰写哲学和心理学的那些人大多数都鄙视一切的英语思维和英语语言,此种鄙视程度很强,以至于完全意识不到该语言中所存在的那些区分。法语很早就与中世纪传统切断了联系;而且,法语聪明地依靠措辞表达上的技巧而来精确表达思想,而不是依靠精确的术语体系。尽管如此,有大量碰巧与英语词拼写相同的法语词虽然有着完全不同的意义,近来却被一些英语著作家在其法语意义上使用,恐怕这会导致英语语言和英语思维精神的彻底瓦解。譬如,"Entartung"一词,由于在法语中翻译为"dégeneration",在英语中就变成了"degeneration"(退化过程),但是它实际所指的却是"degeneracy"(退化状态),那是完全不同的一种东西。"spontanée"也是这样在另一种语言中变为"spontaneous"的,可后者差不多就是"spontaneous"正确的英语意思的反面。"suggestion"变成了"suggestion",尽管事实上"suggestion"在英语中已经是另一种不同意义上的严格哲学术语了。德语"Association"被翻译为"association",尽管倘若有哪一派著作家所用的术语因为定义清晰、思想精确而值得敬重的话,它一定是英国联结学派(English Associationalists)。我或许应该用本讲剩下的时间来讨论这个话题。等到这些创造新词的人由此成功侮辱了他们的母语,以至于这门语言中原始品质丧失殆尽,他们的行为将会不可救药地败坏英语思维中原有的全部活力和健康。

然而,即便抛开这些遗憾(或许也是徒劳的),不再讲什么日常语言,我还是不得不为了科学逻辑着想而使用一套科学的术语学;而且,这套术语学必须只遵循那些有可能会避免混乱的规则。根据这些规则,我对于科学术语的使用必须是在它们最初成为科学中的术语时所具有的意义上。英国联结学派最早使得"association"成为科学中的一个术语,而且他们一直当心不让它拓展去表示"某一观念借以唤起心中另一观念的一种运作过程或事件",而限于主要用来表示"一种心灵**习惯**或**倾向性**,

由此,带有某种描述的观念可能会把带有另一描述的观念引入相对鲜明的意识之中",或者说,当他们把术语"association"应用于某种运作过程或事件时,他们也只用它来表示"该心灵习惯或倾向性借以获得强力的一种惯常化过程"。由于他们在这个问题上一直持有谨慎态度,故而,我的行为守则在逻辑上和道德上迫使我追随他们。至于那种我们认为对应于"大脑皮层的一部分向另一部分的神经释放"——或者说"某一观念使得与之相联的另一观念因为不同观念而鲜明化的活动过程"——的心理事件,他们所用的则是"suggestion"一词。这个词现在大多应用于运动神经现象或者是可从外部观察的此类心灵表象;因此,虽然这两种意思无疑在实际中是关联在一起的,但那些意思本身并不相同。但是,这里可以达成一种妥协;因为,我把联结学派的"suggestion"说成是"associational suggestion"(联结启示),把催眠师的"suggestion"说成是"nervous suggestion"(神经暗示),就不会违背任何术语学规则。在不可能出现意思误解的情况下,这里的形容词可以去掉,尤其是前面那个的形容词。

我接下来要说的是,不同的感官性质具有不同等级的强度。打雷的声音要比十几个人一起拍手的声音强;电弧所产生的光要比星辰所产生的光强。同时也可以说,打雷的声音要比星辰所产生的光强,电弧所产生的光要比十几个人一起拍手的声音强。我这样说,并不是随便讲的。[7]除了感官性质所具有的这种强度外,观念还具有另一种形态的强度——它们的**鲜明度**(vividness)。"鲜明"的反面,我们称之为"模糊"(dimness)。虽然我个人对于色彩的想象与记忆与大多数人相比非常模糊,但其在精确度上绝对高于一般人;而且,当凭着记忆寻找一种色彩时,我选择灰色或深色的可能性并不会高于我选择明色或亮色的可能性。我对于今天下午看到的那只红色铅笔的记忆,在鲜明度上要比我对于九岁那年所拥有的某个红色扇子的记忆强。此种**鲜明度**,根据我所能做的实验来看,似乎完全不同于所记忆的那些性质的强度;尽管,毫无疑问，在其他情况都一样的情况下，我对于一种强烈感知的记忆有可能要比我对于一种微弱感知的记忆更加鲜明。它并不属于有关性质的"**第一性**"，而是有关那种性质之某种出现方式的"**第二性**"或曰"**坚持力**"。

在任何时候，我的意识中都有大量的、带有不同等级鲜明度的观念。它们中最鲜明的那些到底有多么鲜明，这要取决于我有多么清醒。在某一指定的心理清醒或警觉状态下，鲜明度有某个最大的限度：我的任何观念都无法超越此极限，但总会有几个观念能达到该极限。在我的意识中，只允许有少量的几个观念处在最高等级的鲜明状态。如果其他观念强行往上来，那些原本处在表面的观念有一些将必须沉下去。在这些观念的下面，还有其他一些更加缺少鲜明度的观念，而最底下的那些观念非常模糊，我只有通过强大努力（或许我就无法付出这样的努力）才能确信它们会出现。然而，可以间接证实：它们的确是存在于那里的。[8] 譬如，我已经连续数周专心回答有关不同感官兴奋的相对强度的一些问题，而即便付出很大的努力，我好像还是无法察觉到它们之间任何细微的差别，因此我的回答似乎都完全是随意的猜想；然而，我每一天中绝大多数的回答都是正确的。这些可以证实：那些感知可以影响到我的回答，尽管我好像完全无法觉知它们的存在。而且，那些看似无法被我们觉知的观念有时会通过联结力提示或唤起其他一些非常鲜明的观念。由于在某种日常的意识状态下显然存在一种最大限度的鲜明度，我已经试着弄清楚是否也同样存在一种最小的限度。但是，我所有建立于细心的数学讨论之上实验都告诉我：存在一些非常之**模糊**甚至缺乏**鲜明度**的观念，与因此，至少作为最初的一种近似说法，我非常倾向于认为：鲜明度的范围可以一直下降到**零**，每一个曾经能知觉的细胞，只要是活的，它就具有某种程度的知觉力。

联结力（association）有两种类型。一方面，它可以是天然的倾向性，一个孩子出生以后，不管他的外部经验会怎样，只要他没有受到伤残或（比如）因为监禁而近于伤残，它都一定会自然形成的。借助于此类联结力,某些种类的观念自然而然地联系在一起,譬如"crimson"(深红色)和"scarlet"(猩红色),这被称作"相似联结力"(association by resemblance)。这个叫法不太好,因为它暗含是相似性造成了此种联结力,而事实上,正是此种联结力构成了相似性。就其自身来看,任何两个感官性质,都是它们相对于自身独自的样子,彼此不具有任何关系。但是,假若有心灵把它们作比较,而并不把自身的任何性质引入此种比较,那么,任何两个观念都会看起来有点相似并有点不同。不过,人类心灵总是把一种独特的价值和侧重点赋予某些相似性,其独特性在于:当有一个性质鲜明地出现在意识中时,其他一些性质将立即增强鲜明度,有的增强得多,有的增强得少。如此一来,一个大致可比作合成照片的观念鲜明地涌现出来,而该合成观念可称之为**一般观念**(general idea)。它并不真正属于**概念**(conception);因为概念根本就不是什么观念,而是一种**习惯**。一般观念的反复出现以及对于其**效用**的经验,会导致作为概念的那种习惯的成型或强化;或者说,如果概念本来就是一种彻底紧凑化的习惯,该一般观念就是那种习惯的**标志**所在。有些心理学家否认相似联结力的存在,或认为它顶多只是"临近结合力"(association by contiguity)的一个特例。关于其基本特征的论证,可以在常见的著作中找到。对此,我将再补充三点。第一,大脑皮层的各个部分之间的那些神经释放通道每一个都天然地具有完全一样的抵抗力,这对于人类的构造而言是难以置信的。那些具有较少抵抗力的通道一定对应于天然的联结力,而那些经过天然联结起来的观念将会彼此相似。第二个论证是:若没有相似联结力,就不会有任何一般观念,也不会有任何的相似性。第三个论证是这样的。假设我很长时间一直在困扰某个难题——比如说如何才能造出一台好的打字机。现在,我心中时不时地会有几个观念模糊地出现,但它们每一个单独来看都与我的大问题不存在任何具体的类比之处。但是,有一天,这些观念全都一起出现在我的意识之中。不过,它们早已全都非常模糊地深藏在下意识的思想底层,一个偶然的机会让它们以特定的方式结合起来，以至于它们的组合体真的与我的难题显示出非常接近的类似之处。此种组合体往往是立即闪现而鲜明起来的。这不可能是临近性，因为该组合体完全是一种新观念。我之前从未想到过它，因而它不可能属于任何一种**获得性习惯**。就像看起来那样，使得它鲜明起来的一定是它与我的难题症结点的**类似之处**或形式相似性。而若除了那种纯粹而基本的相似联结力，那还会是什么呢？

另一方面，联结力可能不是天然的心灵习惯，而是后天获得的心灵习惯。这里预设着：类似的观念一直都是在经验中联合在一起的，直到它们变成联结性的。它被称作"临近联结力"。当然，不乏有心理学家试图表明：并不存在临近联结力这样的东西，或者，它只是相似联结力的一个特例。我很早以前曾读过盖伊（Gay）的著作，他曾最早向哈特利（Hartley）讲过联结主义思想。但我似乎模糊记得，他曾设想过这类联结力。现在已经有大量其他的联结原则被人提出来了，譬如，对比联结力以及因果联结力。对比联结力应该被视作相似联结力的一种情况，但不是在那种狭义的还原意义上，而是按照关系项逻辑对相似联结力进行概括，直至能包含不同观念之间的高等逻辑关系。对比是我们所谓的"关系相似性"（relational resemblance）中的一种具体形式，一种尤其突出和常见的形式。我所说的"关系相似性"并不是指关系之间的相似性，而是可以在关系项逻辑中表明与相似关系同属一类关系的那种类型的联系。因果联结力这个概念没有很好的定义，包含着各种不同性质的联结力。但是，除了要有用于确定一种临近联结力的那种反复共现，要达到因果联结力还有一个重要的因素，那就是，要经验到：观念之间的那种组合具有一些重要的结果。我们得知蓝眼睛的白猫听不见声音，而且具有一些奇怪的习惯，比如总是像狗一样跟随主人。这时，只要一看到一只白猫，我们就会想知道那只猫的眼睛是什么颜色。这可以称作"关系临近联结力"（association by relational contiguity）。也就是说，不仅这两个观念在经验中发现经常在一起，而且它们的联合在经验中时常伴有第三个值得关注的观念。还有一种非常重要的联结力类型，能使得一种观念**令人感兴趣**。我打算称之为"兴趣联结力"（association by interest）。在其他条件不变的情况下，一个观念出现于我们心中时总是显得非常模糊。譬如，它可能是因为把深藏于下意识心灵中的其他两个观念偶然拼凑在一起而产生出来的。但是，如果这个新观念碰巧是**令人感兴趣的**，它将立即变得鲜明起来。为何这样呢？显然这是因为：客观的自我意识，或曰一个人对于他自身的观念，很大程度上就在于那种可以粗略描述为有关其目标和意图（包括所有困扰他的那些问题）的复合观念的东西。这种复合观念中的单个成分大多都是模糊的；但总体的观念却可能一直都是意识之中最为鲜明的一个。而一个令人感兴趣的观念就是那种能与有关人目标的那种复合观念存在类比之处或相似形式的观念。因此，正是因为这种复合体的鲜明性，它才变得鲜明起来。

现在我们试着来表述观念的作用力法则。首先，若是听之任之，一个观念不会一直鲜明，而是变得越来越模糊。第二，在意识中联结在一起的那些观念很快将出现鲜明度的交替变化：根据联结力的大小不同，模糊的那些将变得鲜明一些，而鲜明的那些将变得模糊一些。原先比较模糊的那个观念永远不会变得比变化之前较为鲜明的那个观念还要鲜明；但是，它可以变得比原本的那个观念更加鲜明，从而在变化之后成为比较鲜明的那个；因为，否则的话，便很难对观念之间的相互追赶做出解释。不过，第三，联结启示的作用力并不是在两个观念共存于意识中之后立即发生的。意识之中观念之间的**联系**一直不断在发生着改变；只有两个观念碰巧获得合适的联系以作用于彼此时，联结启示的作用力才会发生。譬如，我站在一枚徽章前想知道它有什么意义。它鲜明地出现在我的心中。或许，其意义是模糊地出现我的意识之中的；只有经过意识活动之后，碰巧把徽章的观念与其意义的观念引入恰当的一类联系当中，这时它们才会突然改变鲜明度：徽章观念变得更加模糊，而其意义的观念则变得更加鲜明。第四，伴随鲜明度的互换，有另一个事件完全发生在我的意识之外,虽然意识当中有它的一种标记。这说的是:两个观念之间的联结力变强后,会使得比较鲜明的那个观念在另一场合下变得更有可能唤起不够鲜明的那个观念。与此同时,第五,某些其他的联结力会变弱。

显而易见,如此所描述的心理作用力至少就表面来看是因果关系型的,而不是守恒性的。它其中并不存在可逆性,动量之类的东西的迹象也很细微和可疑。同时,我们可以认为,那是受阻力影响程度极低的一种守恒性作用力,以至于感觉不到有任何动量的效果。

目前公认的脑理论很容易解释我所提到的所有那五个心理作用特点;而且,该理论可以支持一种观点,即虽然作用力是混合性的,其中的非守恒性成分却是占据支配地位的。因为,有一点很难怀疑,即原生质的独特性质取决于其分子的高度复杂性,取决于那些分子时常分开又以新的联系方式得以重组,还取决于这样一种情况:在不活动的状态下,那些分子静止不动,而在活性状态下,它们中有一部分会分开然后那些片段到处游荡。现在,所有这一切可以总结为一种说法,即:它的特性取决于伯努利的大数法则,而每一种依赖于该法则的作用力,就其具有此种依赖性而言,都是纯粹因果关系型的,而不是守恒性的。

虽然此种脑理论已得到认可,虽然它在心理学当前阶段的发展过程中具有不可估量的价值,但绝不能由此得出:它永远都不会被取代。此种方法或许会导致一种纯粹心理的心灵研究方式。至于它是否会发生,我们将拭目以待;而在此期间,出于各种各样我无法在此提到的理由,我倾向于认为它会发生。

于是,我们拥有两种作用力模式:守恒性的与因果关系型的,前者在纯物理学中非常占有支配地位,而后者在心理类科学占据支配地位。我们的逻辑冲动促使我们尽量去理解整个宇宙,而作为此种理解的一个基本条件,我们要把它所有的作用力归在单独的一条原则之下。我认为,此种冲动迫使我们抱有一种**希望**,即或许能以某种方式表明:要么所有的因果关系作用力归根结底都是守恒性的,要么所有的守恒性作用力归根结底都是因果关系型的。

但是,我非常确信,就我个人而言,倘若我当时不是因为受到某种想法的促动从而让我有了远比此种宏大而朦胧的希望更加近距离的感触,我将永远不会想着要做我在过去十五年为了试着理清这个问题而付出的所有这一切艰苦工作。我必须承认,对于我来说,一个具体的动机比起那个一般性的希望,其规模要小一些。但我是一位物理学家和化学家,因而渴望在研究过程中能更好地获知物质的精细解剖和生理机能。我以前并不喜欢做这样一些形而上学思索,在此之前我主要是一位研究科学方法的学者。我之所以转向此种形而上学思索,是因为我在问自己:在我们现在所知道的原子和分子之外,我们到底该如何找到某种更进一步的东西?我们该如何为下一个大发展制定一套整体方案?

作为解决这个问题的第一步,我一开始时问自己:我们是凭借何种手段获得了我们现在已经获得的如此多的有关分子和以太的知识?我不在这里深入分析下去,尽管那很有意义。不过,那种知识是一直都建立在一种设定上,即分子和以太都像质量大的日常物质那样。然而,很显然,此种相似性是有限度的。我们已经获得充分的证据可以表明:它们之间也有很大的非相似性;而且,很清楚,我们已经学到了那种方法所能教给我们的几乎所有知识。

现在,我们似乎启程踏上了浩瀚无垠的可能性海洋。我们看到的是物理学理论的伟大导师们所提出的猜想。我们必须说:这些猜想中的任何一个,光是检验一番就要花费一大批有才华的数学家整个一生的时间。而且,这些理论任何一个为真的前提概率(antecedent probability)都不超过(比如)百万分之一的机会。我们在建构摩尔动力学的理论时,指引我们前行的是我们的本能。这些本能有一定可能是真的;因为它们正是在我们所研究的那些法则的影响之下才得以形成的。但是,随着我们从自然表面一步一步深及内里,本能就不再能给出确定答案了;倘若本能可以的话，就没有任何理由认为它们的答案只是近似于真理了。因而，我们最终似乎到了这样的两选境地。要么，我们必须对大自然的运行方式做出某种非常宽泛的概括。这至少可以告诉我们：有关分子和以太的理论，有一种比另一种更值得尝试。要么，我们最好完全放弃这条探究路线（我指的是对于物质内部构造的探究），因为最后可能发现它纯粹是在浪费时间。

不过，其间，我们的科学好奇心被高度激起，因为我们发现在各种不同的自然法则之间存在着非常值得关注的一些关系——这些关系亟待得到合理解释。光的强度应该与距离的平方成反比变化，这一点很容易理解，但不是像小学课本中那样肤浅地解释，似乎这个问题所涉及的只是同一个东西被扩散到一个越来越大的表面上。我无法停下来给出一种真正的解释，我将仅仅给出两点提示。第一点是：光的测量基础是这样一种约定，即我们将认为两支蜡烛的光是单只蜡烛的光的两倍。另一点提示是：按照教科书中的那种肤浅解释，你们会以为通过一个完美透镜所得到的星体镜像的亮度应该与透镜的面积成正比，而事实上它是与该面积的平方成正比。不过，我们已经知道光随着距离而变化的法则，而重力竟然也根据同样的法则而变化，这是多么神奇的一个事实啊！二者所拥有的那条法则在我们理性看来竟如此异常简单，这其中似乎一定得存在某种**理由**。重力当然不是往越来越单薄的表面上扩散。假若有什么东西是这样扩散的话，它就是重力的势能。而**那种东西**并不是按照平方反比而变化的，而只是按照距离而变化的。然后，电的自我排斥也是按照同样一种公式。这里是一种流体；因为电的确是一种很像流体的东西。它并不是一种运动模式。这力是一种流体的自我排斥，但绝不是像气体那样的自我排斥，而是遵循着同样的平方反比法则。我没有时间举出各自然法则之间其他一些令人惊奇的关系。但是，我禁不住要提一下门捷列夫那个非常神奇的法则。

按照最为严格的逻辑原理，这些关系都需要有解释。为了找到此种解释，你必须推演出有关物理世界的那些基本法则，把它们作为某种东西的必然结论。也就是说，你必须把那些法则放在一起进行解释。

倘若这只是一个有关法则**形式**的问题，你或许会希望有一种纯理性的解释——譬如，就像黑格尔那样的解释路线。但是，它并**不是**只是那样。这些法则包含有**常量**。譬如，光每秒移动3亿厘米。与一克物质相距一厘米远的质量因为重力的原因，会在朝向该质量的速率上每一秒钟都有一个每秒[980.103 7]厘米的增加额。对于该自然法则的解释一定得能够解释为何这些数量应该有它们实际所有的那些特定值。但是，这些特定的值并没有什么理性可言。它们只是任意性的"第二性"。因此，其解释不可能是纯理性的。假如我的逻辑不是错得很多的话，还有不计其数的其他自然事实能够绝对无误地驳斥"存在某种纯理性的解释"这种想法。

那么，可以有哪一种类型的解释呢？我的回答是：我们可以仍旧期待一种进化论的解释。我们可以认为，自然法则都是一种进化过程的结果。根据此种进化过程，（我们姑且假设）光一年比一年越来越快地移动，而现在我们已经达到了它正好如此之快移动的那个阶段。对此，逻辑学不要求有任何进一步的解释。重力，同样也是如此。你们或许会问我，是否光速与重力模数之间的关系不需要解释。我的回答是：它并不需要解释，因为那些数量的维度是不同的。其中一个包含着质量单位，而另一个却不包含。不过，如果不解释它们之间的关系，两个普适常量是最多所能允许的数量，除非是说此外还有一个空间常量。

这种推理过程，我至此只是提示了它的一些性质，但在完整展开之后，将可以看到它受到大量各种不同证据的支持。然后，借助于这样的推理过程，我得出了一个结论，即一定得寻求一套有关自然法则进化的理论。

但是，如果自然法则都是进化的结果，此种进化过程一定得是仍在继续当中的。因为，只要那些法则中的常量没有达到终极的可能极限，该进化过程就无法完成。除此之外，还有其他一些理由支持这种结论。但是，假若自然法则仍旧处在从无穷远的、当时还没有法则的过去某一事态开始的进化过程之中，那么，即便是现在，那些事件也一定不是绝对受法则调整的。实际的情况一定是：正如当我们试图证实某个自然法则时，我们的观察结果总是显示由于我们的差错而出现无规律地偏离法则，同样在那些事实本身之中也存在绝对偶然的法则偏离。相比之下，后一种偏离现象无疑要小上很多很多倍，但由于它们一直重现，一定会以某种间接方式显现出来。我并不想说：在自然界中应该有这种绝对机缘的成分，是严格必然性的一个结论。我最初的理论也曾试图避免那一点。但是，随着我继续思考，我发现有其他一些理由可以支持这种观点。在下一讲中，我将尽量把这种观点中的某些思想讲给你们听。

但是，如果自然法则都是进化的结果，这种进化一定也是按照某种原则进行的；而此种原则本身将具有法则的性质。不过，它这样的法则一定得是可以自我进化或发展的。并不是说：倘若绝对没有，它或许就会自我创造出来；而是说：它总会强化自身。当我们回看过去时，我们将会看到它当时的力量比任何指定的力量都要小很多倍，以至于在无穷远过去的极限之处，它将会完全消失。因此，问题在于：设想某种类型的法则或趋势，而它自身就有像这样自我增强的趋势。很显然，它一定是一种朝向一般化的趋势——一种一般化趋势。但是，任何根本性的普遍趋势都应该在自然界中显现出来。我们应该去哪里找到它呢？我们无法指望在重力这样的现象中找到它，因为重力现象中的进化已经接近了其终极限度，其中无法找到任何甚至是模拟非律则性的东西。要寻找这种一般化趋势，我们一定得在其中仍旧可以发现有可塑性和进化在发生的那些自然领域。万物之中最具有可塑性的是人心，其次是有机物世界、原生质世界。现在我们可以知道，那种一般和趋势就是那条伟大心灵法则，就是那条联结力法则，就是那条习惯养成法则。我们在所有的活性原生质中也发现有一种习惯养成的趋势。因此，我不由得得出一种假说:整个宇宙中所有法则的形成都是根据一种普遍趋势,即万物都趋向于一般化和习惯养成。

接下来的一个问题是:我要找到一种推理方法,借此,以数学上的确定性精确推演出那些可以在此种趋势下形成的法则的本性及方程式,并在推演出它们之后将其与自然界进行对比,从而看看这套理论是否站得住脚。

目前,我顺着这条路已经取得了一些显著成功,也已经由此做出了一些引人关注但仍有待与观察结果对照的预言。[9] 关于我所用过的那种推理方法,在下一讲中我将给出它的某种基本思想。

第八讲
连续性逻辑

在所有概念之中,"连续性"(continuity)是哲学上至今最难以把握的概念。很自然,在你能界定一个概念之前,你无法拿它派上多大用场。现在,每一个凡是有资格表达一种意见的人都一定会像我一样承认,一直到最近,所有关于连续性的定义都算不上正确。我认为,唯一一个能够充分令人满意的定义就是我一直在慢慢思考的那种定义。1892年,我曾有幸在剑桥这里宣读一篇论文,[1] 其中我首次提出了这种定义的一个框架。有关这种定义的最终形式,我在这门演讲课程中已经向你们作了充分提示。我的定义至今仍未得到我所需要的认可,而只有那一批最有威望和最为严格的知识分子在经过批判性考察之后才能给出这种认可。但是,即便是假设我的定义完全错了,只要是在这个问题上能够独立思考的人,他都不大可能认为在康托尔博士的成果之前有什么令人满意的定义。大约[1890年],康托尔的工作才开始受到世人的关注。

但是,在获得一种有关连续性的满意定义之后,与此概念相关的哲学困难才刚刚开始显示其强大挑战。这些困难有两类。第一类是逻辑学上的困难:我们如何在哲学上建立一种有关连续性的推理方法?第二类是形而上学上的困难:关于连续性的所是、存在以及起源,我们能够说些什么呢?

谈到那种真正有关连续性的推理方法,一种明智的说法似乎是:哲学在这个问题上应该追随几何学,因为几何学的工作就是研究连续统

(continua)的。

不过,遗憾啊!几何学的历史留给了我们一些有关人类心智的悲哀教训。那种早在欧几里得时代以前就已经被称作几何学"原本"的东西,所包含的都是一些实用的命题,涉及线条长度、平面面积、固体体积以及角度之间的关系。它本身只是偶尔在关注空间的固有属性,基本上只是关注那些完全刚性的物体的理想属性——利用那些属性,我们建构了一套便利的空间测量系统。二十年前,克莱恩(Klein)曾清楚表明:事物的尺寸往往外在于事物本身的性质。基础几何学不过是**几何度量学**(geometrical metric)的引论,或者说是刚体物理学的数学部分。毋庸置疑,最早的那一批希腊几何学家——我是指,比如[此处皮尔士留空,想等以后填上],据说是他写了第一个《原本》——认为度量学不仅是几何学的而且是整个数学的哲学基石和根本。因为,需要指出,欧几里得《原本》中相当多的部分都是在讲代数学,而不是几何学;由于他和所有的希腊人一样对于探求所研究对象的逻辑根基有着远比我们强烈的冲动,而且欧几里得只是在第一册中才把逻辑学作为他深入思考的内容,很显然,至少从最早情况来看,第一册中的那些几何学真理甚至可以作为代数学本身的根基。不过,很显然,欧几里得(在**我**看来,还包括更早一些的希腊人)是熟悉一门几何学分支的。这种分支研究在什么条件下不同的光线经过无穷延长之后将会相交于共同的点或处在相同平面上。它又是被称为描述几何学(descriptive geometry);但是,这严重不符合术语原则,因为描述几何学作为公认的名称所表示的是蒙日(Monge)发明并由他所命名的一门几何学分支——一门与这个紧密相关但并不相同的分支。克利福德(Clifford)把我们所说的这门分支称为"图论"(Graphics),但它并不传递什么含义;其他著作家称之为综合几何(synthetic geometry,但它可以通过分析法来做)、位置几何(geometry of position,这是另一种东西的名称)、近世几何(modern geometry,事实上那是古代的)、横切面几何(intersectional geometry,但射影在其中与

243

切面一样扮演着重要**角色**)、射影几何(projective geometry,但切面与射影同样重要)、透射几何(perspective geometry),等等。我愿意提议"几何光学"(geometrical optic)这种叫法。我认为,欧几里得以及早期一些希腊人都熟悉这门几何光学。对于任何一位能够洞察思想品质的人来说,如果他了解什么是希腊人,尤其是何谓希腊几何学家,最突出的是了解何为欧几里得,那么,说欧几里得熟悉几何光学却未曾认识到它比度量学更为基本、更加紧密地关乎空间的内在性质,我认为是不可思议的。实际上,不乏有后天证据可以表明他的确是这样认为的。那么,为什么欧几里得在他的《原本》中对这种光学只字未提呢?在某些情况下他甚至已经看到它的一些命题对于他的证明过程的说服力而言是不可或缺的条件,为什么他却完全将其略去呢?我想到了两种可能的解释。有可能是:他当时并不知道除了借助于**度量学**外他还能怎样证明那些**光学**命题;因此,鉴于可能无法做好这项工作,他宁愿采取夸耀和强调的做法(这符合他在其他问题上的一贯风格),完全不提那些光学命题。或者也可能是:身为大学教授,他并不希望因为传授一些看似无用的命题而让学生感到厌恶。别忘了,即便是那位了不起的笛卡尔也抛弃了几何学研究。而这是为什么呢?因为他说过它是**无用的**。他有时对于圆锥曲线就是这样说的!他认为圆锥曲线无用,这相对还能原谅。但他作为现代思想家中的摩西竟然认为哲学家不应该研究无用的东西,这难道不是人类心智本身的耻辱吗?

在现代,几何光学这门古希腊科学全然被忘记了,所有有关它的书籍都已遗失,数学家们已完全不知道有这样一门几何学分支。有一位笛卡尔的同时代人,一个叫笛沙格(Desargues)的人,曾经重新发现了这种光学,并非常深入地开展了这方面的研究。他清楚而细致地表明:这种学说在透视图和建筑学上具有重大用处,并能在建造房屋时的石头切割中发挥显著的经济效用。从理论上看,他的发现带来了两百年以上的巨大进步。他是一位世俗的人。他独自工作,几乎得不到丝毫的认可。

〈得不到一句的鼓励，就像这种人在今天的美国所遭遇的那样。〉那些无足轻重的小人物恶意嘲笑他。他的作品虽然有印行，但已被完全遗失和忘却。有很多很多的数学史学家虽然是他的同胞，却不知道曾经生活着这样一个人。直至有一天，米歇尔·沙勒（Michel Chasles）沿着大奥古斯丁码头散步，可能是在参加完学院里的一个会议，他偶然见到了那些刊印本之一的一份手稿并用一法郎买下了它。他将其带回家进行研读。他从中得到了有关"六点对合"（the Involution of Six Points）的一种重要理论；而正是从他那里，数学界知道了这个理论。它是近世几何的发展中的一个重要因素。这种知识实际上来自于笛沙格的那本书，对此不大可能有什么怀疑；因为上述那种关系一直带有一种奇怪的名称"Involution"（对合），而这是笛沙格对于它的命名——那一整套理论都在他的书中有出现，但是在沙勒幸运发现它之前人们获知的任何一篇论文、报告或小册子都不见对其有任何提及。人类何时才能明白这些事实所带给我们的教训呢？无疑可以说，倘若那几代几何学家未曾错失这个学说，哲学本应在今天有着更大的进步，那些国家也本应达到了更高的智识水平——但这可能被认为是区区小事，不值一提。但是，人们为何不反思一下：若不是因为笛沙格当时遭遇那种愚蠢的态度，许许多多的人或许已经吃上了更好的饭，喝上了更好的酒？不必进行太多因果计算便能认识到：事情一定是**那样的**。六个共线点被认为是**对合性的**（in involution），假如可以找到四个点使得它们每一对都能与六个点中的**一个**而不是**全部**六个点处在同一条直线上。譬如，右图中的 AA′BB′CC′ 就是对合性的，因为有 PQRS 那样的四个点。

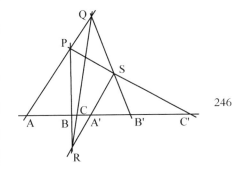

1859年，凯莱指出：整个几何度量学不过是几何光学中的一个具体问题。就是说，凯莱表明：在空间中有一个处所——不是一类的处所，而是单独一个处所——而正是该所处的光学属性及其同刚体间的关系构成了通过空间度量所表示的那些事实。

当时是［1859年］。它得到了来自整个数学界的赞赏与认同。从那以后，一直不断有人对其评论，并试图发展这种学说。然而，几年以前，我同一位写过两本小学几何的人谈话。在决定如何在美国普通学校中传授"几何学"方面，他可能是当时（或许现在仍旧是）最具影响力的一个人。这位先生竟从未听说过"射影几何"，既没听过这个名称，也不知道这个东西是什么。不过，他很有礼貌，这突出地体现在：在我谈到凯莱时，他没有表示出无言的轻蔑。

但是，早在凯莱做出该发现很多年之前，哥廷根有一位名叫里斯丁的几何学家。我敢说，尽管凯莱懂得所有的数学分支，他也是多年之后才第一次听到这个名字——有可能是从泰特（Tait）那里听说的。泰特认识里斯丁，因为他和里斯丁都是物理学家。里斯丁在1847年就已经发现存在非常不同的另一个几何学分支，比黎曼的第一篇论文早了四年。他在这方面写了两份长篇且内容丰富的报告。不过，直到半个世纪之后，数学界才注意到它们。他把这门分支称作"Topoloy"（拓扑学），而我为了与"metric"（度量学）和"optic"（光学）押韵，将之称为"拓扑"（Topic）。它与光学的关系基本上与光学与度量学的关系一样。这是说，**拓扑**表明：由空间中所有可能的**射线**（rays）或无限个直线所组成的整个集体，它没有任何一般性的几何学特征能将其区分于无数其他的线条家族。其唯一的特点在于它的物理关系。光沿着射线运动；未受任何作用力的粒子也是这样的；而且，极大极小值的测量也是沿着射线进行的。不过，整个的几何光学理论只是拓扑理论的一个特例而已。

拓扑所处理的东西是连续统各个分部之间的联系模式。任何哲学家若想要从几何学中获得有关连续性的知识，就必须研究**几何光学**。

我将向你们做一张有关该学说的概略草图。我们在前一讲中已经看到了连续性是什么。有一系列无穷无尽的非可数量，它们每一个与紧跟其后的那个之间的关系就像是 M 与 2^M 的关系（我们也可以用某个其他数量代替 2）那样。这些非可数量中最小的一个是 2^N［即，2 的 $\aleph_0$ 次幂］，其中 N 是全体整数的数目。一个由独立个体组成的集体，其数目不可能大于所有这些非可数量。然而，这些数目中的每一个都是可能的，存在一个具有这些中某一数目的集体丝毫不妨碍存在一个具有这些中另一数目的集体。那么，我们为何不能设想这样一个由独立个体组成的集体：它是由各个那样的数量的全体所组成的一个聚合体？我的回答是：设想一个**全部所有**的聚合体就是设想聚合过程的**完结**，这等于是认为那个非可数量系列达到了**终点**，然而可以证明，那个系列并不存在什么最后的极限。我要提醒你们，所谓一系列无穷无尽连续对象的**极限**，是指出现在该系列中所有对象之后的后的一个对象，但是，这会使得每一个出现在所有那些对象之后的**其他**对象也都处在这个极限之后。当我说那个非可数量系列不具有极限时，我是指：独立个体的数目，并不存在任何极限。假若我们可以在某种意义上严格地说：某种东西**并非**某一独立个体数目，却**大于**每一个独立个体数目，那么，这时就有了一个极限。但是，你们会问：那样说有什么意义吗？我的回答是：是的！其中的意义可以是这样的：凡是可能的东西在某种程度上都是**一般性的**，而作为一般性，它就不再是个体了。因而，只要记住"潜在"（potential）一词是指"不确定的但却能够在具体情况下得到确定"（indeterminate yet capable of determination in any special sense），就可以有一个由满足某些一般条件的所有可能性组成的潜在聚合体；而且这里的情况会是：任意给出一个由独立个体组成的集体，在该潜在聚合体之中可以实现一个数目比这个已知集体更大的集体。因此，这个潜在聚合体，按照最为严格而精确的说法，在数目上大于任何一个可能的个体数目。不过，由于只是一个潜在聚合体，它并不包含任何的个体。它只包含**能使得**个体得以确定的一般条件。

为了能说明这其中的逻辑，我们可以看类似的一个例子。你们都很清楚，⅔并非整数。它什么整数也不是。在整数的全体集体中，你找不到⅔。这你们都是知道的。因此，对于整数的整个集体，你们是有所知的。但是，你们所想到的这个集体，它的性质是什么样的呢？它是一般性的。它是潜在性的。它是模糊的，但其所具有的那种模糊性却能使得它可以精确地决定任何拿来考察的具体对象。一旦承认这一点，我可以接着往下做类比说明。每一个整数作为数目来看，都是可以全部数完的。把它与其他某个整数聚合起来或相加之后，同样还是可以全部数完的。然而，一个由**全体**整数所组成的聚合体却无法全部数完。因为，所谓"数完"意味着其中有**最后的**整数，而实际上并不存在最后的整数。不过，虽然由全体整数组成的聚合体无法全部数完，这并不妨碍我们拥有一个有关全体整数数目的独立观念。我们有一个全部整数集体的概念。我们有一个全体整数集体的概念。它是一个**潜在的**集体，尚未确定，然而却是可以确定的。我们还看到：全体整数集体的数目比任何一个整数都大。

同样地，有所有非可数量组成的那个潜在聚合体，在数目上要大于其中的任何一个数量。这个潜在聚合体不可能是某个独立个体数目，就像全体整数的聚合体无法全部数完一样。尽管如此，它却是一个独立的一般概念——一个潜在性概念。

一个在数目上大于任何独立个体集体的潜在聚合体可能是模糊的，但不可能完全模糊。因为所谓潜在性意味着那些个体可以确定在每一数目上。也就是说，它们是可以确定为一种独立分明的东西的。但是，不可能每一个体都具有独立的特性；因为那些特性所构成的集体数目将会太大，使得它们无法保持独立。因此，一定是借助于某些关系，个体才彼此得以区分开。

首先，我们假设只有一个这样的区分型关系 r。于是，由于某一个体之所以能区分于另一个体只是因为它们其中一个是另一个的 r，很显然，没有哪一个体是它自身的 r。我们先试着把 r 作为一种简单的二元关系。然后，假如在三个个体 A、B、C 当中，A 是 B 的 r，B 是 C 的 r，那么结果一定是：A 是 C 的 r，否则 C 就是 A 的 r。一开始，我们看不出：到底是哪一种结果，这很重要。只是那一定是其中的一种一般法则，因为该系统的整体想法就是借助于完全一般性的特征潜在性地确定一些个体。首先假设情况是：如果 A 是 B 的 r，B 是 C 的 r，那么，C 总是 A 的 r，因而并非 A 是 C 的 r。然后，再引入第四个个体 D。要么，[参看下表。]

	假若A是D的r, 既然C是A的r		A是D的r 要么 D是A的r			
			要么C是D的r	要么	D是C的r	
		D是C的r	A是C的r		要么B是D的r	要么 D是B的r
那么，要么B是D的r 要么	D是B的r	**悖谬**	C是B的r		C是B的r	既然B是C的r
C是B的r	既然C是B的r		**悖谬**		**悖谬**	C是D的r
悖谬	C是D的r					**悖谬**
	悖谬					

因此，当你检查这条规则时，发现它并不是有效的。另一条规则，"如果 A 是 B 的 r，B 是 C 的 r，那么，A 是 C 的 r"，不会导致矛盾，但却产生了这样的结果，即存在两个可能的异常个体：其中一个是任何其他个体的 r，而另一个则是，任何其他个体都是它的 r。这就像是一条经过限定的线条，其中每一个点都是 r，也就是说，每一个点都在其他各个点的**右边**，或者是，其他各点都在它的右边。这种例子中的一般性因为那样的两个非连续性的点——端点——而受到了破坏。所以，我们可以看到通过二元关系是无法界定一种完美的连续统的。但是，如果我们用的是三元关系，比如"A 对于 C 来说是 B 的 r"，用它来确定我们的想法"从

A 出发，以某种方式前行，比如向右前行，你可以在到达 C 之前先到达 B"，那么，很显然，最后会产生就像下列不带任何非连续性的封闭曲线一样的连续统。

所有的线条都是简单的环（rings），从拓扑上来看都是完全类似的，只是说线条可能具有**拓扑奇点**（topical singularities）。一个**位**（place）上的**拓扑奇点**是指该位内部的一个位点，由此开始，偏移方式变得比该位内此类位点的主体部分更少或更多。**线条**上的拓扑奇点是一些奇异点。从一条线上的**普通**点出发，粒子可以朝着两个方向移动。而从奇异点出发，粒子要么无路可移，要么只能朝一**个**方向移动，要么朝着三**个**或更多方向移动。就是说：它们要么是**孤点**，由此出发，线条上的粒子根本无法移动；要么是**端点**，由此出发，粒子只能往一个方向移动；要么是**叉点**：

由此，粒子可以朝着三个或更多方向移动。这是线上仅有的一些拓扑特性。面或二维连续统也可以有奇点。这些要么是**奇异点**，要么是**奇异线**。而奇异线要么是孤立线（但可能在奇异点的地方并不孤立），要么是**界边**（bounding edges），要么是面（surface）由之裂分为不同片（sheets）的那些线。这些奇异线可能本身就带有奇异点，这其中存在一些值得关注的法则。做毕业论文的学生可以面上的奇异线作为很好的研究题目。

面上的那些孤立的奇异点要么与面完全分离，要么是不同片或同一片上各个部分由以订在一起的点。但是，除了它们的这些奇点之外，面还存在不同的种类。首先，面要么是**奇价**的（perissid）要么是**偶价**的（artiad）。奇价面是指：一个面虽然是无边界的，却没有包围任何的空间，也就是说，它并不必然把空间分割为两个区（regions），或者也等于是说，它只有一个边（side）。几何光学上的水平面就是这样的面，事实上每一种奇数阶位的面都是这样的。奇价面在数学上属于较为简单的面；而偶价面则是较为熟悉的面。一根带子（ribbon）在半捻之后贴在一起从而使得它的一边与另一边连续起来，这种情况属于有边界的奇价面。如果你在几何光学上的平面穿行，你最终会回到——

$$=\!=\!=\!=\!=\!=\cdot=\!=\!=\!=\!=\!=$$

同一个点，只是到了该平面的另一侧。与之相反，偶价面的一个例子则是空气与某种有限性石头（不论切割得多么奇怪）之间的那种边界曲面。此外，面可以有一个**穹**（fornix），也可以有任意多数的**穹**（fornices）。穹是面上的一个类似铁路隧道的部分，它既能在面上两个分部之间的间隙架起一座桥从而将其连接起来，同时又能在桥的下面打通一个隧道从而使得面上移动的粒子能从桥的一侧到达另一侧却不会碰到桥。熨斗的把手或任何带有两个接头的把手都有一个面属于该面作为分部所组成的那个整体面上的**穹**。不论是奇价面还是偶价面，同样都可以用任意数目的穹，而且这并不会影响到它们的奇价特征或偶价特征。

我若是向你们讲很多有关无界三维空间所具有的不同形状的东西，恐怕我会显得像是跟你们胡扯一样，因为你们与我的心智训练情况很不一样。然而，我一定尽量把一些东西讲明白点，或至少不让它们显得那么神秘。假设你只熟悉地球表面那样的面，而我要尽量让你明白一个带有双环的面是什么样子。我会这样说：你首先想象一个带有外边界的盘子。

然后，你可以想象这个盘子中间挖了一个或多个洞。

接下来，你再想象跟这一样的第二个盘子，并设想这两个盘子所有边沿贴在一起，以至于不再有任何的边沿了。如此一来，你对于何谓双环将有一种模糊的认识。现在，我准备以类似的方式描述一下形状与我们所知空间有所不同的无界三维空间。一开始，你可以想象有一个四周包围的封闭洞穴。为了不要在这个问题上引入不必要的光学思想，我将设定这个洞穴漆黑一片。我同时假设，尽管有重力，你却可以在空气中游来游去。假设你对于这个洞穴了解很透彻：知道里面很凉，知道某些地方比其他地方更加温暖，还知道不同的气味分布在不同的地方。假设这些分别是橙花油、葡萄牙柠檬、白柠檬、柠檬、香柠檬、柠檬草的气味——它们在基因上全都属于一类。我还假设：你感觉这个洞穴中飘浮着两个大气球，它们远离墙壁，而且彼此彻底分开，但完全是静止不动的。假设你熟知它们每一个的感觉及其精确的位置所在。同时假设你先前居住在跟这里完全相像的一个洞穴里，只是先前那个洞穴相当温暖，而且气温分布也全然不同；你同样也熟悉洞穴中不同位置的气味，不过那些分别是乳香、安息香、樟脑、沉香木、桂皮和咖啡的气味，因而与另一洞穴中的气味形成强烈反差。我还假设这两个洞穴中的墙壁质感以及那两个气球都差别甚大。现在,我们且假设:由于你对于这两个洞穴的情况了如指掌,也知道有关工程正在进展中以把它们彼此打通。终于你得知,有一个气球所对着的墙壁已经变成只剩一个薄层,你能够用手感觉有这个薄层,但你能够穿过它。你这时一直在这个凉洞穴中。你向上游动到这个气球那里,想去试一试。你很轻松地穿过了那个薄层;只是在穿过时,你发现有一种你从未感觉到过的奇怪的扭曲动作,而你通过用手感觉,发现你正在向外穿过暖洞穴中那两个气球中的一个。你辨认出了那个洞穴中的温度、香味及墙壁材质。你经常地穿过来穿过去,已经开始熟悉一个事实,即气球表面的每一个部分都可以这样穿行。这时,有人告诉你:另一个气球现在也是同样的状态。你去试了试,发现的确如此,可以从各个方向上一圈一圈地穿行。最后,有人告诉你:外部的墙壁已经被移除了。你游到了原来的地方。你感觉到一个奇怪的扭曲动作,然后发现自己到了另一个洞穴中。你通过试验发现,墙壁、地面和顶部的每一部分都是这样的。它们不再存在了。根本就没有什么外部边界。

所有这些非常不同于我们现有空间的几何学。然而,即便从感官上来看,它也并非完全无法设想。人总会习惯于它的。从数学方面看,这种想法也不存在任何特别的困难。事实上,在数学上,我们自身的有形空间绝不是最容易理解的那种。但它可以让你理解何谓与我们空间形状不同的空间。假若两个气球是锚环状的而且彼此连环,空间形状会更加复杂。

根据我所讲过的这些,你不难想象,当穿过其中一个气球时,你可以选择以两种相反方式中的任意一种扭动自己的身体:一种方式能把你带入第二个洞穴,而另一种方式能把你带入第三种洞穴。于是,那个气球就成了**奇异面**。

我不打算再向你们多讲几何光学。你们一定能明白,在这样的研究领域,唯有极其严格的关系逻辑才能作为你们的指引。我只提及一点,即当考察大于三维的连续统时,这个问题才刚开始出现真正的复杂情况。因为,那时我们才开始拥有有关不同维度之间关系的系统。

254 　　一个连续统的维度数可以是随便一个什么离散量。如果维度的数目超过了所有的离散数目,那就不再有什么清楚可分的维度了。对于这样一个连续统,我至今还未获得一个逻辑明晰的概念。暂时,我把它等同于过去那种最抽象潜在性所具有的模糊一般性。

　　里斯丁,那位有点神秘的哥廷根物理学教授,一定会作为几何光学——唯一关于"空间"之内在本质的科学——之父而永恒地闻名于世。他发明了一种高度人为化的、对于连续统的思维方法。伟大的黎曼在考察面之间的联系时曾独立地发现这种方法。但是,黎曼对其研究不够充分,无法透彻掌握。这种方法对于里斯丁从未研究过的、三维以上的连续统来说,算不上最令人满意的。即便对于我们的空间来说,这种方法也不能充分阐明有关"结"(Knots)的理论;但是,它处处都非常有用,而且对于三维空间来说几乎就是最令人满意的一种方法。这种方法是采用一系列的数字。这些数字,我接下来将借以界定。所谓的"图形"(figure),近世几何学家并非是指**欧几里得**所指的那种。我们所指的只是任何一个位(place)或把多个位放在一起来看。一个部分的方被称为"点"(point)。一个在某一瞬间占据一个点的移动物体,被称为"粒子"(particle)。粒子在一定期间所占据的位(某一瞬间为一个点,另一瞬间则为另一个点)被称为"线"(line)。在某一瞬间占据一个线的移动物体,被称为"丝"(filament)。一个丝在一定期间所占据的位被称为"面"(surface)。在某一瞬间占据一个面的移动物体,被称为"层"(film)。一个层在一定期间所占据的位被称为"空间"(space),或者按照我的叫法称为"三方"(tripon)。在某一瞬间占据一个三方的移动物体,被称为"固体"(solid),或者按照我的叫法称为"三体"(trion)。就这样,对于更高维度的位,我们可称之为"四方"(tetrapon)、"五方"(pentapon)等等。而对于其中的移动物体,我们称之为"四体"(tetron)、"五体"(penton)、等等。

现在我们来看里斯丁的那些数字。

我把这些数字中的第一个称为"离分度"(Chorisis)。里斯丁只是将其称为独立部件(separate pieces)的数目。我所给的名字是为了与他所谓的"环流度"(Cyclosis)和"迂回度"(Periphraxis)押韵。根据名字上的这种类似性,我给它下了一个类似的定义。那就是,D维图形的"离分度"指的是:为了不给任何粒子留下空间而必须从中移除的那些可能有的、最简单的D维位的数目。这只是用了一种间接方式表达了那些独立部件的数目。起初,我曾希望将其界定为:为了不给一对粒子(它们无法在给图形内移动以至合并)留下空间而必须移除的简单D维位的数目。这样的数目比部件数目总是少一个。随后,我改而接受了里斯丁本人的观点。

第二个里斯丁数,他称之为"环流度"(Cyclosis)。一个D维图形的环流度是指:为了防止在余下的位上存有不带拓扑奇点的丝(它们无法在余下的位上逐步移动以至于瓦解为一个粒子)而必须从该图形中除去的那些可能有的、最简单的D-1维位的数目。譬如,这条线——

的环流度等于1。因为你必须切穿它,以防止存在一个无法通过逐步在图形内部移动而瓦解的环状丝。相反,黑板的面,其环流度等于**零**,因为其中的任何环状丝都有空间,使得它能逐步缩小为一个粒子。的确,当这个环状丝缩至粒子时,在最后一瞬间打破了连续性;但是,当我们界定环流度时,我们把这种最终打破连续性的情况**排除在外**了。对于所有其他的数字,同样也可以这么说。边界有两个环的环形面,其环流度为1。

因为必须沿着一条线将它切穿，以防止存在一个无法通过逐步在该环形面上移动而缩至粒子的环状丝。锚环面的环流度等于2。因为，为了防止存在不可瓦解的丝，必须首先在环上的杆(bar)的周围切，然后再切整个长度的杆。锚环的固体铁所占据的空间，其环流度等于1。因为，只需要在某个平面将它锯穿，就足以防止存在不可瓦解的丝。一个螺旋线，如果它只有一个端头，但不断缠绕着接近正中心，以至于能够达到无穷长，那么，它的环流度等于**零**。因为，虽然它在尺寸大小上是无穷长的，但尺寸大小与拓扑几何无关。这条线在正中心有一个端头，它的无穷缠绕并不能阻止其中的某个丝收敛为粒子。函数理论所研究的那种虚量平面，其环流度等于零。因为，把一条直线拓展，让其经过零点以及无穷点：

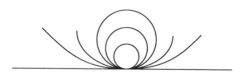

虽然其最大模数的点的模数是无穷大，但尺寸大小与拓扑几何无关，它可以持续收缩，变成一个圆圈(circle)，最终收缩至原点。不过，射影几何的平面却是完全不同的形状。其环流度为1。我们来看一个射线或无限制的直线。这个射线与无穷远的射线相交。在虚量平面中，**不存在**无穷远的线，而只有点。这里有一个无穷远的射线。它是这样的：

———————

这里是一条移动的丝与之相交：

这条丝与那个射线相交**一次**，而且只有一次。但是，那个无穷远的射线

能返回到自身。任何人,只要站在无边无际的沙漠平面,然后一圈一圈地看着自己的视野线,就能明白这一点。那种视野线就是那样的射线。现在,把它打乱,随意地移动它,那条丝将总是与这条固定射线相交于奇数个点。如此一来,它永远都能与之相交。因为,如果它不再与之相交,它将与之相交于**零**个点,而零是一个偶数。因而,我们看到,任何射线或任何奇数阶的曲线都有一条无法收敛的丝在这样的位上。但是,每一条线都与其他每条线相交。因此,倘若沿着此类的一条线只有单独的一个面,其中就不再会有任何无法收敛的丝了。你们中有些人熟悉非欧几何,他们或许会问我:双曲空间中的情况会是怎么的?我的回答是:情况完全是一样的。射影几何跟"拓扑几何"或曰"内在几何"(Intrinsic geometry)一样不关注尺寸大小。确实,按照双曲几何中所运用的那种度量方式,无穷远平面的所有部分都被围在一个圆圈之内所以,该圆圈之外的平面部分**不是实际存在的**(no existence),也就是说,我们的意志反应与其彻底隔离开了。但是,尽管如此,它们同样也是实在的。你们必须得认识到它们,或者让你们的脑子多想想各种光学法则的那些难以理解的例外。两个射线继续相交于一个点,尽管这个点可能是在我们的宇宙之外。只是说,平面的形状是什么,现在对于我们已经无关紧要了。因为不论环流度为零还是为 1,我们宇宙中的那个平面部分都只是一个盘子。

里斯丁的第三个数字,他称之为"迂回度"。一个 D 维图形的迂回度是指:为了防止一个非奇异层逐步瓦解为该图形内部的一个丝而必须移除的那些 D - 2 维位的数目。譬如,一个其中带有两个气球的洞穴,其迂回度等于零。因为,必须构建两个障碍才能防止一个囊(sac)包含其中某一个气球从而使得囊无法瓦解。射影几何空间的迂回度是 1。但是,四元数几何的迂回度为**零**。

里斯丁的第四个数字,他称之为"广度"(Immensity)。或许,它可以称作"第四里斯丁数"。它所指的是:为了防止有非奇异的无法瓦解的固体或"三体"而必须移除的那些简单的 D-3 维位的数目。正如里斯丁所指出的那样，对于我们空间中的所有图形而言，这个数字都是**零**，而只有整个空间本身的广度为 1。

对于希望研究这个课题的人，我将说明：里斯丁两篇论文[2] 有一篇是在《哥廷根研究》的第 771 页。我印象中，这篇论文存放在哥伦比亚大学那个很棒的图书馆中。与"里斯丁数字定理"（Listing's Census Theorem）相关的另一篇报告是在《哥廷根论文选》上。我记得是在第七卷上。里斯丁数字定理主要（或许可以说是全部）是一个人为的定理。它的确是真的，但只是形式上的东西，或者像是记账那样的事情（但是，此篇报告却非常重要，而且作者正是在这里提出了他的那些数字）。这两篇报告都很有意思，读起来非常容易。里斯丁本人让空间的环流度和迂回度等于零，这说明他对于数学知之甚少。

在这个问题上，我在本讲中已经花费了太多时间。对于我个人发明了两种方法，用于处理里斯丁数无法充分解释的难题。现在，我只好完全不提了。

每一种理解事物的尝试——每一种研究——预设或至少是**希望**那些研究对象本身服从多少与我们所用之逻辑相同的一种逻辑。

宇宙的逻辑比起我们的主观逻辑来说发育不够完全，这是一个或许值得我们在某个文化阶段加以考察的假说。但是，它跟我们这个时代所教给我们的东西存在严重冲突。今天的任何人想要竭尽全力提出一种理论并作经验检验，都必须有一种激情。但对于这个假说，任何人都不可能与之激情相拥。不管还可以如何支持或反对这个假说，我们在当前时代应该加以尝试的倒是有另一个假说，即宇宙逻辑是我们自身企求但无法获致的一种逻辑。

关系项逻辑已经向我们表明，连续性不过是我们知道的那种一般性的更高类型。它是关系型的一般性。

那么，连续统如何得以衍生呢？譬如，它是否是拼凑在一起的？那些独立的点是被融合在一起的,还是怎么样？

把逻辑进程作为整体来看,我们可以看到,它是由问到答行进的——由模糊到明确。同样地,所有我们知道的进化也都是从模糊到明确的。不确定的未来会变成无法挽回的过去。用斯宾塞的说法,未加分化的东西进行自我分化。同质的东西带上了异质性。于是,不论在具体情况下如何,我们都必须假定连续统通常都是从一个更一般的连续统（一般性程度更高的连续统）衍生出来的。

根据这样的观点,我们必须假定:带有各种任意第二性的现存宇宙是由理念世界（柏拉图世界）而来的一种衍生物或曰一种任意的确定化（determination）;而不能假定:我们具有的强逻辑使得我们能够达到一种型相世界,而真实的宇宙由于逻辑比较弱,却不能达到这个世界。

假若这是对的,我们就不能认为那种衍生过程可以拓展至时间之前、逻辑之前,我们只能认为它开始于一种彻底模糊、完全未加确定的无维度的潜在性。

因此,进化过程并不单是**现存**宇宙的进化,而是那些柏拉图型相本身借此得以展开或开始展开的一种过程。

这种现实存在（this existence）或许只是一种**特殊的**实存性。我们不必认为每一种型相要得以进化都需要进入这个世界,只是认为每一种型相都要进入**某个**反应剧场。这个世界只是那些反应剧场中的一个。

型相的进化开始是一种模糊的潜在性,或至少早期阶段是这样的;那要么是型相连续统,要么是由型相连续统所得出来的。由于具有太大数目的维度,这种连续统无法区分出单个维度。型相世界的出现一定是因为所有一般性事物（而不涉及特殊性事物）的潜在性在模糊性上的收缩所致。

我们基本上可以假定:我们现在所经验到的那些感官性质,色彩、气味、声音、每一种感觉、爱、悲伤、惊讶,都只是古代的性质连续统受毁之后的遗迹,好比是分散各处的几根立柱可以见证这里是古代世界的一片带有厅堂庙宇的广场,曾经有着辉煌的一切。而且,正如那种广场实际建成以前在规划该建筑的那个人心中已经有了某种模糊的潜存在(under-existence),这种感官性质的寰宇(我希望你们会认为在某个早期存在阶段上它就跟此刻你的个人生命一样真实)在其各个维度的关系开始明确和收缩以前,已经在前期的一个发展阶段上有着一种比较模糊的存在。

感官性质是一种感觉。即使你认为它是**一种睡眠的**感觉,那也不会减少其强度;或许倒是正相反。因为,之所以称作睡眠,是因为缺少**反应**——缺少对于**另一东西**的感觉,而并不是因为缺少直接感觉。这种直接感觉正是它的直接性(immediacy)当中所具有的东西。想象一种品红色。现在设想:你意识记忆、思想中的所有其他东西,除对于品红色的这种感觉之外的一切东西,都被彻底擦掉了,同时也擦掉了一切将品红色与其他任何东西作比较或者判定品红色更亮或不太亮的可能性。这就是你认为一种纯粹的感官性质的样子。这样一种明确的潜在性之所以能从一种不明确的潜在性中出现,只是因为其自身中必不可少的"第一性"和自发性。这就是那样的品红色。最初是什么使得这一感觉性质成为可能的?显然只有它自身。它是第一性的。

然而,我们一定不能认为,这些性质开始出现时彼此独立,后来才具有相互关系。正好相反。那种一般性的、不确定的潜在性慢慢才变成限定性的、异质性的。有些人在表达这样一种思想时说神圣的造物主决定了如此这般。他们一不小心可能会将这种思想夹裹在一套容易受到批判的**服装**下。不过,毕竟那基本上算是有关该问题的唯一哲学答案了。也就是说,他们认为观念借助于它们自身固有的第一性而迅速出现一种初始的存在阶段。但是,它们这样迅速出现,并不是孤立地出现的;因为如果它们是孤立的,就没有什么东西能将它们联合起来。它们出现时是处在彼此反应中的,并由此成为一种实存类型。这些人把此种反应和此种实存称作上帝之心。我真的认为,对此不存在任何异议,只是说它被夹裹在比喻说法中而不具有我们在科学上所渴望的那种清晰性。因为，你们有关"心灵"所知道的一切都是来自那些像我们一样具有大脑或神经中枢的动物或至少是蟑螂之类的行为活动。把这样一个词应用于**上帝**，这就像是过去一些图片上画的那样，上帝像一位老人俯身从云端之上眺望。鉴于有些非神学艺术家认为其中有模糊的意向，它不能被认为是错误的，毋宁说是一种荒唐的比喻。

简言之，如果我们打算将宇宙视为进化的结果的话，我们必须认为，不仅现存的这个宇宙（我们的反应局限于其中的那个寰宇处所），而且整个本身同样真实的柏拉图世界也都从一开始就是进化着的。而且，在如此所产生的结果中，有时间和逻辑。我们必须设定的最初那个最为基本的要素是"自由"或"机缘"或"自发性"，借此，那种位于混沌之前的一般而模糊的"毫无特殊性可言的东西"（nothing-in-particular-ness）获得了上千种明确的性质。我们必须设定的**第二**个要素是：在那些性质之间可能有偶然的反应。那些性质本身只是一些外部可能性。而这些反应，我们却必须将其视作**事件**。并不是说就有了"时间"。但它们具有事件的全部此在性。我真的不明白形而上学家如何把这两种东西视作产生出来的东西，顶多可以说：那种偶然的反应最初是由于纯粹的自发性或机缘而产生出来的具体确定化之一。

这里请允许我讲一下"偶成论"（Tychism），或者说那样认为绝对机缘乃宇宙因子的学说。对此，有一类反对者，他们对于通俗读物中读到的那些科学胜利印象深刻，他们真的以为科学已经**证实**宇宙在每一细节上都受到法则支配。这些人或许都是神学家，或者可能是在他们的成长环境中一切都受到精确控制，从而使得他们开始相信大自然中所存在的每一种趋势都一定可以贯彻到极致。或许有我所不知道的其他一些东西能解释他们的心态；不过，我的确知道一件事：他们不可能是真正研究物理科学的学者——譬如，他们不可能是**化学家**。他们的逻辑是错误的。不过，有**另外**一类反对者，我是比较尊重的。他们对于卢克莱修及其伟大导师的无神论表示震惊。他们没有发现冒犯他们的并非那些转向原子的"第一性",因为他们本身也像古代原子论者那样倡导"第一性"。他们不能接受的倒是:把这种第一性赋予那些完全僵死的物质性的东西。而我在那一点上完全认同他们。我也认为,作为第一性的不论是什么,它们其实都是有感知力的。如果我让原子(像我一样)转向,我只是在极其微弱的意义上让原子转向了,因为在我看来原子并不是绝对僵死的。我这样说并非完全意味着:我认为它们在物理学上就像唯物主义者所认为的那样,只是加上了一小点感知力。因为,我承认,那会非常地微弱。我的意思是指:所有的一切都是"感觉""努力""习惯"——对于我们来说,这些东西的心理方面比物理方面更加熟悉;僵死的物质只是习惯完全固化、自由放任的感觉以及蛮横无理性的努力下降至彻底死亡之后的最终结果。现在我认为,此种进化的结果即便在我们的烧杯和坩埚那里也不是十分完整。因而,当我谈到机缘时,我只是用一个数学上的词语来精确表达那种自由或自发性的特征。

请允许我再多说一下。我反对把我的形而上学体系整体称作"偶成论"。因为虽然其中的确涉及偶成论,但它只是一种辅助物。在我看来,其中真正能代表我的学说的东西是:我主要是坚称有连续性或"第三性",而为了确保第三性真正发挥功能,我认为有一点对于第三性的东西来说[是必不可少的],即要另外有"第一性"或曰机缘以及"第二性"或曰"蛮横反应"(Brute reaction)这些要素,没有这些东西的独立存在,"第三性"就找不到任何东西作用于其上。因此,我喜欢把我的理论称作"连续主义"(Synechism),因为它建立在对于连续性的研究之上。我不反对称之为"三位主义"(Tritism)。而假若有人证明这都是**老生常谈**,我将会颇为开心。

所有我一直在讲的有关创世之初的东西似乎有点过于混乱。现在,我尽量简要地向你们指出一条线索。我相信它可以指引你们走出迷宫。

假设这块干净的黑板是某种图表,用来表示最初那种模糊的潜在性，或至少是它的某个早期确定化阶段。这不只是一种比喻说法；因为，毕竟来说，连续性就是一般性。这块黑板是一个二维的连续统，而它所代表的东西则是具有某个不特定数目维度的连续统。这块黑板是由一些可能点所构成的连续统，而它所代表的东西则是由一些可能的性质维度所构成的连续统，或者说是由可能的性质维度连续统的或此类其他东西所组成的可能维度连续统。这块黑板上没有任何的点。在这个连续统中没有任何的维度。我在黑板上画上一条粉笔线。此种非连续性属于一种蛮横的作用力。最初的那种模糊性可能就是单靠这些蛮横之力朝向明确性前进的。这条线上有某种连续性成分。此种连续性是从哪里来的呢？它只不过是黑板上原有的那种连续性，那种连续性使得黑板上的一切都是连续的。我实际上在那里画的是一条椭圆线。因为这种白色的粉笔标记并非**线**，它是欧几里得意义上的平面图——一个**面**，那里唯一的一条线是构成白色面与黑色面之间**界限**的那条线。因此，非连续性只能是在这块黑板上产生来的，是因为黑板分成的两个连续面即白色面与黑色面之间有一种反应。这里的白（whiteness）是一种"第一性"——是某种新东西的迸发。而黑色面与白色面之间的分界线既不是黑色的，也不是白色，既不是非黑非白，也不是又黑又白。它是二者的对组性（pairedness）。对于白色面来说，它是黑色面的能动"第二性"；对于黑色面来说，它是白色面的能动"第二性"。

而我刚刚提到的那条线索就在于：通过从几何连续性的视角来处理一般性，并通过在图标上做实验，使得我们的思想图示化和数学化。

我们看到那种像宇宙卵细胞一样的初始一般性因为这种标记而出现分裂。然而，这种标记只是一种偶性，本身是可以被擦掉的。它不会影响到以非常不同的另一种方式所画的另一个标记。二者之间不必存在一致性。但是，在此之外不可能再有任何进展，直至有一个标记能够停留一会儿；也就是说，直至有一种习惯开始得以确立。正是凭借这样的习惯，那种偶性获得某种新生的停滞性质、某种通往一致性的趋势。

此种习惯是一般化趋势,因而是一种一般化东西,因而是一种一般性,因而是一种连续统或连续性。它一定源自于潜在性所固有的那种初始连续性之中。连续性之作为一般性,是本质上为一般性的潜在性所内在固有的。

黑或白都是"第一性",本质上与连续性不相干。它自身很容易通往一般化东西,但其本身并非一般性的东西。黑白之间的界限本质上是非连续性的或反一般性的。它一直都是**此时此地**。那个初始潜在性本质上是连续性的或一般性的。

一旦一条线在画上之后能够停留一会儿,它的附近可能画上另一条线。很快地,我们的眼睛让我们相信出现了一条新的线,即所有其他那些线的包络线。

这作为例子完美说明了我们认为会发生于万物之中的那种逻辑过程:一般化趋势不断因为机缘事件而建立起新的习惯。这条新的曲线虽然有着新的鲜明特征,但它所具有的连续性却是源于黑板本身的连续性。其中的初始潜在性就是亚里士多德那里由以构成宇宙的那种物质(matter)或不确定性(indeterminacy)。那些直线由于按照"与包络线相切"的习惯不断增多,会逐步丧失它们的个体性。它们在一定程度上越来越趋于消亡,最后作为新寰宇里的个体而成了纯粹的附属物。

在原初的那个连续统中可能突然出现许多这样的反应性系统;**这些**当中的每一个都可能本身作为第一条线,由此构建一个更大的系统,而在这个大系统中,它们反过来又获得个体性。

与此同时,需要记住,所有这些并不属于现存宇宙,而只是柏拉图世界。因此,我们将设想有多个柏拉图世界存在,它们既彼此协调又相互从属;直至最终从这些柏拉图世界中的一个世界分化出我们碰巧所在的那个特定的现实存在的宇宙。

所以,此时此地的宇宙充满了种种偶性特征,对此有着充分的逻辑理由。至于它每一种偶性特征的特殊性,唯一的理由只能是说:那是初始的那种模糊潜在性碰巧得以分化的方式之一。

尽管如此,可以发现:如果我们认为自然法则的形成是因为受到万物养成习惯这一普遍趋势的影响,那些自然法则必然也会拥有某些特征。

若说把我在这个问题上所作出的系列演绎逐一呈现出来,那是不可能的。我认为我可以做到的只能是,选择一两个解释起来比较容易的例子,借此说明一下我做出此种推理时所运用到的一些方法。

在开展此项研究的过程中,探究者的注意力需要集中在各种各样的连续统上。一定要假设这些连续统缺乏所有的拓扑奇点。因为任何这样的奇点都是非连续性的处所;由于连续统的本性,我们没有理由假设有任何这样的第二性。

但是,现在,一个不带奇点的连续统首先一定会返回到自身。这是一个非常值得重视的结论。

我们以"时间"为例来看。不论你认为应该把什么样的奇点加于此种连续统之上,都并没有任何差别。譬如,你可能说:所有的进化开始于这个你可以称之为无穷过去的瞬间,终结于另一个你可以称之为无穷未来的瞬间。但是,所有这些对于时间本身来说完全是外在性的东西。如果你愿意的话,可以认为:进化着的时间,即我们所在的那个时间段,**现在**就包含在那两个界限之内。然而,我们无法否认:时间本身,除非是非连续性的(我们有充分的理由认为时间不是非连续性的),就会向那两个界限之外延伸,返回到自身,并重新开始。你们在塑造形而上学时必须与此相符。

另外，最低里斯丁数，即独立片段的数目，不可能是**零**；因为这样的假说将会取消整个连续统。最高里斯丁数也不可能是**零**，除非该连续统具有奇点。但是，中间的里斯丁数可以为**零**或是几乎任何的数字。如果形而上学真正能成为一门明确的科学，而不是像小孩子玩耍一样，那么，对于任何一般性东西的最初探究都一定是：先看其维度数多少，再看其中间的里斯丁数是多少。而不论你的回答是什么，通常都会发现：你的回答已经把你引向了比较困难但却很明确的一些问题。我们往往认为，在归纳科学中，真正的理论都一定是从这样的问题产生出来的。关系项逻辑所极力主张的那种思维方法，其重大优势之一便是：它能带来此类明确问题。

譬如，那个由所有可能的感官性质所构成的连续统，它一直以来受到限制，以至于它的各个维度独立分明。在这个连续统中，第一性是其最主要的特征。它同时也是高度原始性的；因此，我们应该假定：在相反情况得以证实之前，其中间里斯丁数全都是**单一的**（unity）。因为**零**很明确是一个二元论观念。它在数学上是 A—A，即减法逆运算的结果。而逆运算是一种"第二性"的过程。的确，还有另一种作为**极限**的零。那个用以模糊表示不确定性的零就是这样的。但是，极限主要包含的是"第二性"，另外还有"第三性"。事实上，不确定性之中的那种**一般性**就是它的"第三性"**标志**所在。因此，由于**零**属于"第二性"的观念，我们发现：正如我们期望的那样，任何一个中间里斯丁数为零的连续统都等于一对里斯丁数为 1 的连续统。譬如，射影平面的环流度等于 1，而球（ball）的环流度为 0。从拓扑学上说，球的形状相当于移除对组奇点之后的两个平面。我要向你们表明，这的确是真的。假设一个平面是黑板，另一个平面与之倾斜。假设这个标记表示它们的相交射线。这条射线是那两个平面被视作一个面时的奇异线。为了移除这个奇点，我们必须将其切分，以便使得黑板平面的右侧沿着切分线的右半段连接到倾斜平面的前面部分，而把黑板平面的左侧沿着切分线的左半段连接到倾斜平面位于黑板后面的那一部分。如此一来，这条射线变成了两条射线。但是，两条射线是**相交的**。因此，仍旧有一个奇异点。于是，我们必须把这个奇异点切穿，使它成为两个点；同时使得黑板平面的右侧连接到倾斜平面的前端，而把黑板平面的左侧连接到倾斜平面的另一端。现在，我们把两条射线所形成的那两个双曲线分支分开，直至它们近乎形成一个完整的平面环线。它们不再与无穷远射线相交，而我们拥有了一个蛋形的固体，它在拓扑学上就像是一个球一样。就这样，我表明了环流度为零的图形何以会出现有**第二性**。

对于其他的中间里斯丁数，同样也是这样的；我们必须认为，感官性质连续统的所有里斯丁数都等于1。要证实这一点，可以把该连续统的进化及其明确性再往前推进一步。也就是，我们现在假设：每一性质都已经获得了程度不同的固定身份，以至于该连续统随时可以应用于测量。这种测量是把一种网络图形加在那种空白的连续统之上。的确，它在很大程度上是任意性的。它是**我们的**创设物。然而，我们将尽可能地把我们的创设与连续统本身的真实特性相适应。此外，有一些测量模式，在某些连续统形状中若不违背连续性，是不可能的。譬如，任何人都能看到，用于界定点在球体（sphere）上位置（比如说经度和纬度）的同样一种坐标系统，为了将其用于界定锚环上的位置，就必须经过修改。在球体上，经度每过360°就会重返回来，而且有两个点（极点）的经度是不确定的；而纬度在延伸至180°后便会停下来。不过，在环上，将会有一个系列的线条围绕着环杆（the bar of the ring）但彼此永远不会相交，另有一个系列的线条围绕着环洞（the hole of the ring）但彼此永远不会相交。这比起球体上所可能出现的那种，是一种简单得多的测量系统。在一种与纯性质连续统之特性完全相符的坐标网络图中，每一性质都对应一条线，而这条线上的此种性质只有强度差别。所有这些线在性质的绝对零点汇聚起来。因为，在强度为**零**时，性质的内在本性是分辨不出来的。而那些线在其他任何地方都不会相交。强度为无穷大时，那些性质可能会令我们眼花缭乱；但是，就其本身而言，它们还是不同的。因而，性质连续统使得无穷无尽的线条可以彼此相交奇数次，即仅仅相交**一次**。而倘若中间里斯丁数为**偶数**（比如说零），这将会是不可能的。因此，我们的假说"中间里斯丁数为奇数"得到了证实。我必须补充说：对于性质的测量显然是双曲线的，这一点大大削弱了上一个论证的说服力。

我们要考察的另一个例子是"空间"连续统。在我讲到这个话题时，我曾向你们指出：虽然空间是一个连续统因而是"第三性"，但它的整体性质和功能都指向"第二性"。它是粒子的反应剧场，而反应是纯粹的"第二性"。出于这个以及其他一些我追求简洁而略去的理由，我们必须在第一次溯因推理时假定空间的中间里斯丁数全都是**零**。当我们开始考察热力学原理时，我们发现这个观点得到了证实。我不能详细论及；但是，无摩擦的不可压流体在运动时似乎就是其中一些相互渗透的部分从水源直线抛出又消失在水池中。而这意味着所有从某一个点射出的直线都将在另一个点会合，因此预设了"空间"的"环流度"和"迂回度"均为零。关于这个观点，将会存在某些困境，但我认为它们并不严重；至少这可以作为另一个例子说明有关连续性的推理如何可以用来赋予形而上学推理真正的活力从而治愈它致命的无能。

若是我能把所有这些讲得更详细一点，我会很开心；但那要求得有数学。我本想用我大量?? 在科学上?? 重要且在哲学上有意义的研究结果来激起你们的兴趣，但我被迫对它们全然不提。我希望我能同时阐述其他思想家的一些理论。那些理论虽然我不能接受，在我看来却很值得进行非常仔细的考察。但是，这样一个理论，其全部精华都在于精细的图式推理。要用八讲的时间来处理它，必然会使得它显得极其晦涩难懂，同时却又只能选择一些比较容易说明的零星片段来展示。假若予以适当展开与排列，数理形而上学或曰"宇宙论"这门学科并不是很难。它既与研究物理的学者（physicist）又与研究心理的学者（psychist）深度相关。研究物理的学者为了能够思考他自身科学的理智的一面，应该关注它。尤其是被迫关注理论的化学家，他们最需要研究有关理论化的理论。心理学家至今还未丢弃研究哲学的好习惯；但我敢说他们并未充分意识到某些高等数学对于他们科学的全部价值，也没有充分意识到数学思维的优势所在。赫尔巴特[3]曾在"数学"或"心理学"不够成熟时做过这方面的尝试。他的失败并不能证明在这条路上无法获得成功。我已经呈现了——不，我在这些讲演中什么也没能呈现，我只是谈到了"宇宙论"中最抽象的那些部分。不过，这门学科中有许多话题并不像这样，比如"能量守恒"证据现状的问题以及把化合物各构成元素结合起来的那些影响力的本性问题。简言之，"宇宙论"中有大量各种不同的方面，它们既能让各个不同领域的人感到好奇，又能对他们产生益处。我们都知道有一类人保证从不关注它。这类人在年轻时设计了一套观念系统，然后坚定不移站在他的讲台上，就像是卡萨布兰卡站在燃烧的船舰上。[①]但是，如果一个人不是绝对像氩和氦那样的惰性气体，而是能够通过某种手段被引向异国风情，那么，最适于引起这种情况的莫过于这门学科。它绝对是一门困难的学科，适合想要创新的人。时间的经济性（避免大量地浪费时间）要求研究者时而借鉴数学家的经验，时而借鉴逻辑学家的经验，时而借鉴物理学家或化学家的经验，而需要持续借鉴的则是心

---

① 卡萨布兰卡是诗歌《卡萨布兰卡》（*Casablanca*）中歌颂的一位忠诚而英勇的年仅12岁的小男孩。这个广为传颂的故事发生在1798年的英法尼罗河河口海战中。就在英国海军成功攻击法国舰队之后，英国海员看到了惊人的一幕。在一艘燃烧着的、名为"东方号"的法军战舰上，一位小男孩守在岗位上。他就是卡萨布兰卡。他的周围全是火焰，双眼直视英军。很快，大火烧到了船上的弹药库。随着"东方号"轰然爆炸，这位小男孩消失不见了。——译者注

理学家的经验。顺便说一下，正是在心理学方面，在座你们很擅长，而我必须承认是最不擅长的。因为这一点，我这门演讲课程中尽可能少去谈心理学，而更喜欢讲"宇宙论"方面的话题。我在"宇宙论"方面，应该更加熟悉一些，尽管你们会不太熟悉。所有这些情况造成这些演讲令人困惑难懂，但是，你们一直耐心地听我讲。尽管我心中满是感激之情，但实际上我不敢言谢，因为生怕你们会认为那样不妥。不过，假若你们中有谁碰巧选择了一个非常少人涉猎的领域准备终生去研究，他理所当然会享受到大量发现所带来的快乐。他在这个领域所做出的发现，比起那些已被长期研究的领域中有待做出的发现，将有着更加根本的重要性。但是，另一方面，他将发现自己走到了像亚历山大·塞尔扣克（Alexander Selkirk）①那样的孤独境地。他必须做好准备，可能付出了几乎一生的劳动，却很难得到一句问候。我确信，假如，随着年岁渐老，还能有一次难得的好机会把十几位真正有学识的人（他们中有些人有很好的前途，其他人则已取得了很大的成绩）召集过来听他讲述自己所学到的那些东西，但他长期习惯于沉默，造成他只能在八讲的时间限度内表达自己的思想，那么，他将能知道一种几乎未曾体会到的快乐，也将会理解我此刻有着什么样的感激之情。

---

① 塞尔扣克（1676年—1721年）是一位苏格兰水手。他曾在南太平洋上的一个荒岛上生活了五年。他的事迹为小说《鲁滨孙漂流记》提供了素材和灵感。——译者注

注 释

导论：数学之后承

1. Letter to Francis Russell, 23 September 1894, quoted in Carolyn Eisele, *Studies in the Scientific and Mathematical Philosophy of Charles S. Peirce*, ed. R. M. Martin (The Hague: Mouton, 1979), p. 156.
2. 譬如,可参看"What Pragmatism Is"(*P* 1078), *The Monist*, 15(1905): 161 - 181(republished in *CP* 5), *MSS* 320, 322, and L427 (from about the same period)。
3. 关于数学之作为一门观察性的、实验性的图式思维科学,可参看 Don D. Roberts, *The Existential Graphs of Charles S. Peirce* (The Hague: Mouton, 1973); Kenneth Laine Ketner, "Peirce on Diagrammatic Thought," in *Zeichen und Realität*, ed. K. Oehler (Tübingen: Stauffenburg Verlag, 1984); "Semeiotic Is an Observational Science," in *Iconicity: Essays on the Nature of Culture*, ed. P. Bouissac and R. Posner (Tübingen: Stauffenburg Verlag, 1986); "Peirce's 'Most Lucid and Interesting Paper': An Introduction to Cenopythagoreanism," *International Philosophical Quarterly* 26(1986): 375 - 392; "Charles Sanders Peirce," in *Classical American Philosophy*, ed. J. Stuhr (New York: Oxford University Press, 1987), 13 - 92。也可参看本书第四讲的评注部分。
4. Walker Percy, "The Divided Creature," *Wilson Quarterly* 13(1989): 80。也可参看 Percy's *The Message in the Bottle* (New York: Farrar, Straus and Giroux, 1975)。
5. 相关的简短传记,可参看 Stuhr (ed.), *Classical American Philosophy*。有关阿瑞斯堡的讨论,参看 Max H. Fisch, *Peirce, Semeiotic, and Pragmatism: Essays by Max H. Fisch*, ed. K. L. Ketner and C. J. W. Kloesel (Bloomington: Indiana University Press, 1986), chapter 12。
6. 此信的前两节发表在 CP 8.249 - 250;然而,本书这里所誊录的信件主体部分,却在 CP 中漏掉了。
7. 1887 年,皮尔士对于该书写过一篇透彻的评论。许多人认为,此篇述评对于通灵现象做了很好的辩护(关于书评,参看 P352, "Criticisms on 'Phantasms of the Living.' An Examination of the Argument of Messrs. Gurney, Myers, and

Podmore," *Proceedings of the American Society for Psychical Research*, o. s. 1 [1887]: 157 – 179)。皮尔士与该书作者们之间有相当多的争论被刊印出来(参看 O353, P354)。詹姆斯从科学的视角一直关注美国通灵研究学会,而皮尔士的评论就发表在这个学会的杂志上。

8. 皮尔士支持一种假说,认为基督教是由早期亚洲传统特别是佛教发展而来。就当时的人们而言,持这一观点者并非只有他一人。持有类似观点的还有利利(Arthur Lillie, *The Influence of Buddhism on Primitive Christianity*, London: Swan Sonnenschein and Company, 1893)和威廉·史密斯(William Benjamin Smith, *Der Vorchristliche Jesus*, Giessen: Verlag von Alfred Tüpelman, 1906)。皮尔士非常熟悉史密斯的著作,并经常提及它。皮尔士作品中尚未发现提到利利,但利利的著作与皮尔士的诸多假说之间存在不少相似点。皮尔士的这种观点也有可能是出自布尔一家人,参看 N3: 197 – 199。有关皮尔士和佛陀之间宗教思想的简要比较,参看 Donald H. Bishop, "Peirce and Eastern Thought," in *Proceedings of the C. S. Peirce Bicentennial International Congress*, ed. K. L. Ketner et al. (Lubbock: Texas Tech University Press, 1981)。

9. 虽然皮尔士很少关注"对观福音",他对《约翰福音》却深为仰慕。譬如,可参看 "Evolutionary Love," *The Monist* 3(1893): 176 – 200 (P 521, republished in CP 6), and "The Marriage of Religion and Science," *The Open Court* 7(1893): 3559 – 3560 (P 545, republished in CP 6)。此处关于宗教的怀疑论调完全不能代表皮尔士总的思想。皮尔士对于我们理解宗教,做出了重大贡献,有关研究可参看 Donna M. Orange, *Peirce's Conception of God* (Bloomington: Indiana University Press, 1984), and Michael L. Raposa, *Peirce's Philosophy of Religion* (Bloomington: Indiana University Press, 1989)。也可参看 Kenneth Laine Ketner, "The Importance of Religion for Peirce," in *Gedankenzeichen*, ed. By R. Claussen and R. Daoube-Schackat (Tübingen: Stauffenburg Verlag, 1988)。

10. 这项计划书的一部分誊录在 CP 8. pp. 282 – 286;也可参看 N 2: 18。

11. 完整的文本,可参看 NEM 3: 788 – 800。

12. 1898 年之前所发表的有: P 439(1891), "The Architecture of Theories"; P 474 (1892), "The Doctrine of Necessity Examined"; P 477(1892), "The Law of Mind"; P 480(1892), "Man's Glassy Essence"; P 521(1893), "Evolutionary Love"; P 525(1892), "Reply to the Necessitarians"; P 620(1896), "The Regenerated Love"; and P 637(1897), "The Logic of Relatives"。

13. Sara Bull, "The Cambridge Conferences," *The Outlook*, August 1897.

14. Mortimer Smith, *The Life of Ole Bull* (Princeton: Princeton University Press, 1943), p. 168.

15. 参看 *Lewis G. Janes* (Boston: James H. West Company, 1902)。这是简斯的许多朋友撰写的纪念文集。希金森(Thomas Wentworth Higginson)在描写简斯的剑桥讲坛主席一职时,(第 53 页)提到了大量"具体课程或演讲人",其中包括"查尔斯·桑德斯·皮尔士先生,著名数学家,八讲课程班'推理及万物逻辑'"。

16. 皮尔士此前在一篇论文中刚刚建立了一种新型的图式逻辑系统。在临死前不久,他曾说这篇论文在他所曾撰写过的东西中属于"最为明晰和重要的"。这篇论文保留下来的手稿为 MS 482。
17. 我们很容易轻视皮尔士这里的一些说辞(而且有些学者已经倾向于这样做)，认为那不过是一位隐士所表达的愤愤不平。但是，皮尔士并没有遁世。借助于其他一些人所提供的消息，他的见识很广。参议员亨利·卡波特·劳奇(Henry Cabot Lodge)是他的亲戚。他的哥哥赫伯特是派驻俄国宫廷的美国外交官，曾在结束日俄战争的谈判中提供实质性帮助。他还有一位哥哥詹姆斯·米尔斯·皮尔士，是哈佛数学教授、研究生院院长。
18. 参看 George S. Morison, *The New Epoch as Developed by the Manufacture of Power* (Boston: Houghton Mifflin and Company, 1903; Arno reprint 1972)。其中的第六章就是这篇演说，题目为"新时代与大学"。在该书收录的这篇演说稿中，第 2 至 4 节可以非常明显地看到皮尔士的思想。
19. William James, *Philosophical Conceptions and Practical Results* (Berkeley: The University Press, 1898)。
20. Max H. Fisch, "American Pragmatism before and after 1989," in *American Philosophy from Edwards to Quine*, ed. R. W. Shahan and K. R. Merrill (Norman: Oklahoma University Press, 1977)。
21. 记录在哥德尔一篇未发表的短文中。很多年以前，他曾将该文拿给普特南看。
22. 参看 NEM 和 HP。也可参看 Joseph W. Dauben, "Peirce's Place in Mathematics," *Historica Mathematica* 9(1982): 311 – 325。
23. 参看 Abraham Robinson, *Non-Standard Analysis* (Amsterdam: North Holland, 1966)。
24. 皮尔士其实相信存在距离无穷大的点，但那是在射影几何学的意义上，而不是在当代非标准分析的意义上。参看本书第八讲。
25. "似乎"一词是贴切的，因为皮尔士的表述非常简短。皮尔士刻画了阿列夫零基数的系列：阿列夫零的幂集的基数，阿列夫零的幂集的幂集的基数，如此等等。皮尔士认为这些就是本节所谓 Ω 的基数之外全部的无穷基数了。Ω 是我们所谓真类而非集合的基数。皮尔士相信并不存在这些之外的基数集合。这作为事实充分表明：他的集合世界就是本节所描述的那种。它同时还表明：他可以说是当然地接受了广义连续统假说，并没有认识到那是一个独立假说。
26. 参看 Hilary Putnam, "Mathematics without Foundations," in *Mathematics, Matter and Method*, volume 1 of *Philosophical Papers* (Cambridge: Cambridge University Press, 1975)。也可参看 Charles Parsons, *Mathematics in Philosophy* (Ithaca: Cornell University Press, 1983), and Geoffrey Hellman, *Mathematics without Numbers* (Oxford: Clarendon Press, 1989)。

讲稿评注
1. 进一步了解皮尔士思想的这一侧面，可参看斯卡杰斯塔的出色研究成果(Peter Skagestad, *The Road of Inquiry: Charles Peirce's Pragmatic Realism*, New York: Columbia University Press, 1981)。
2. 虽然詹姆斯也是跟皮尔士一样希望最后能找到所有人会聚于此的一套宗教和伦理观点，即"最终意见"，而且他认为：不论结果是否如此，"最终意见"都是一个不可或缺的规范性观念。
3. "伤者的呐喊"出自詹姆斯 1891 年发表的《道德哲学家与道德生活》一文。重印于 Williams James, *The Will to Believe and Other Essays in Popular Philosophy*, Cambridge：Harvard University Press, 1979。

4. 当然，我们的意思是说：皮尔士在本书这些演讲中持有这样的立场。在长久而多产的一生期间，皮尔士经常改变立场。任何既有处理方式到底能在多大程度上刻画皮尔士其他时期的哲学，这个问题我们无法在这里讲。

5. 关于这一点，参看卡维尔（Stanley Cavell）的《校外主题：效果与原因》（*Themes out of School：Effects and Causes*, San Francisco：North Point Press, 1984）以及沃克·珀西（Walker Percy）撰写的小说和文章。珀西的文章大都收集在《瓶中寓意》（*The Message in the Bottle*, New York：Farrar, Straus and Giroux, 1975）和《异乡路标》（*Signposts in a Strange Land*, ed. P. Samway, New York：Farrar, Straus and Giroux, 1991）两书中。

6. Alisdair MacIntyre, *Three Rival Versions of Moral Enquiry*；*Encyclopaedia, Genealogy and Tradition*, Nortre Dame, Indiana：University of Notre Dame Press, 1991, chap. 1.

7. 有关皮尔士在创立现代符号逻辑过程中的核心作用，参看 Hilary Putnam, "Peirce the Logician," in *Realism with a Human Face*, Cambridge：Harvard University Press, 1900。也可参看奎因和迪伯特（Randall R. Dipert）在纪念皮尔士诞辰 150 周年国际会议上的大会发言（Kenneth Laine Ketner, *Peirce and Contemporary Thought：Philosophical Inquiries*, New York：Fordham University Press, 1995）。

8. 与之相对的"狄奥多鲁式"（Diodoran）观点是说："所有 A 都是 B"意味着至少存在一个 A，而当 p 为假时"如果 p 则 q"并非自动为真。"狄奥多鲁派"一直都有一块绊脚石，即，它无法规定在什么标准下"如果 p 则 q"为真。皮尔士的立场是：我们应该约定**每当** p 为假时"如果 p 则 q"**便为真**，不要担心它是否有悖于"日常用法"。这在今天已成为实际上所有逻辑学家的一种立场。

9. 借助于符号逻辑，这可以写作：(x)([x 是在现在这个范围之内的]⊃[x 是银行家⊃x 是胆怯的])。当代的这种记法直接继承自皮尔士所进入的那种记法。（参看以上注释 7 中普特南的那篇论文）

10. 在皮尔士的其他作品中，他经常采用"外展"（abduction）一词来代替我们这里所说的"溯因"。

11. 米塞斯的观点是：特征 π 在序列 M 中"随机"出现，只要 π 在 M 的**每一个**无穷子序列中的频率都是一样的。不难看出，只有当出现类似有穷量的 M 带有 π 或有穷量的 M 带有非 π 时，这样定义才行；因为，在一无穷序列中，其中有无穷多个元素带有 π 并有无穷多个元素不带 π，我们总是可以找到两个无穷子集：在其中之一出现特征 π 的极限相对频率是 1，另一个之中出现特征 π 的极限相对频率是 0。皮尔士本人在第六讲中（采用"可界定关系"概念）给出的"偶发分布"定义接近于现代的"随机"定义（只要我们认识到，其中所涉及的模糊概念"可界定性"，通过将其等同于**递归式的**可界定性，便可以得到精确化）；不过，出于某种考虑，皮尔士似乎把"偶发分布"和"随机性"看做了两个独立概念。很显然，本讲中的"随机性"定义，比起后面讲到的"偶发分布"定义，要逊色得多。

12. 皮尔士本人指出，在无穷总体中，"有 M 是 π 的概率为 1"并不妨碍有不是 π 的 M 存在；这表明：皮尔士的说法"Barbara 是他的第一格概率推理的极端情形"在涉及无穷类时会失效。

13. 在无穷总体的情况下，即便这样也不管用，因为：对于一个无穷总体来说，某一具体场合下选中某一具体 S 的单例概率是 0。皮尔士本人（跟其他的频率论者一样，比如：本世纪的赖兴巴赫）反对单例概率这样的概念。关于这一点，参看皮尔士的"机缘学说"(P 120, *The Popular Science Monthly* of 1878 12：604 - 615, republished in W 3 and CP 2)以及普特南在《实在论的多副面孔》(*The Many Faces of Realism*, LaSalle, Ill.：Open Court Publishing Co., 1987)一书结尾部分的讨论。
14. 不过，要注意第六讲中的"偶发分布"定义（前面注释 11 中提到过）。
15. 需要提及的是，皮尔士在论证中利用了一个事实，即在他的记法中，r 不必是某一个实数，也可以是一个实数集。（严格说来，他需要 r 或者为某一实数，或者为一个**可测度的**实数集。但是，在皮尔士那个时候还没有勒贝格测度［Lebesgue measure］这一概念！）
16. 当然，本世纪的卡尔·波普尔(Karl Popper)一直极力反对这样的观点。不过，对于皮尔士来说，溯因并非科学借以前行的**唯一**策略，尽管它显然是最为重要的一种。此外，可证伪性并非皮尔士"研究的经济性"中需要考虑的唯一因素，尽管在波普尔那里却是唯一因素。
17. 有关皮尔士"研究的经济性"学说的一些背景，可参看第四讲中的注释 10。
18. 最近在《驯服偶然》(*The Taming of Chance*, New York：Cambridge University Press, 1990)一书中，哈金(Ian Hacking)注意到：皮尔士早在 19 世纪 60 年代就有了这种对于内曼-皮尔逊统计理论的预见。
19. 在 19 世纪的最后二十年里，施罗德(Schröder)、怀特海(Whitehead)、策梅罗(Zermelo)和洛文海(Löwenheim)全都从皮尔士那里学到了量化理论；1900 年之前，弗雷格独立（而且略早些）发明的二阶逻辑版本几乎无人知晓，并遭到忽视。有关细节，可参看 Hilary Putnam, "Peirce the Logician," in *Realism with a Human Face*, Cambridge：Harvard University Press, 1900。
20. 参看 Don Roberst, *The Existential Graphs of Charles S. Peirce*, The Hague：Mouton, 1973；也可参看第三讲注释 4 和注释 5 中提到的凯特纳和伯奇(Burch)的著作。
21. 这三条规则出现在 CP 第四卷的第 505 节、第 506 节和第 508 节中。很多人并不知道，皮尔士生前曾公开发表过他对于图式逻辑方法的精彩说明。我们可以在《哲学与心理学辞典》的"符号逻辑"词条("Symbolic Logic," in *Dictionary of Philosophy and Psychology*, vol. 2, ed. James Mark Baldwin, New York：The Macmillan Company, 1902, pp. 645 - 649)中找到（从"如果符号逻辑可以界定为……"开始的部分）。皮尔士［跟莱德-富兰克林(Christine Ladd-Franklin)等人一道］为《哲学与心理学辞典》撰写了许多逻辑词条；与本书讲稿尤其相关的另一词条是"关系项逻辑"（与"符号逻辑"在同一卷，从第 447 页开始）。关于皮尔士向《哲学与心理学辞典》撰稿的所有词条，参看 Kenneth Laine Ketner, *A Comprehensive Bibliography of the Published Works of Charles Sanders Peirce*, 2rd, ed. Bowling Green, Ohio：Philosophy Documentation Center, 1986。
22. 不过，我们在弗雷格未发表的遗作中发现，他晚年收回了这种观点。
23. 精于数学的读者可以了解一下：今天的皮尔士学者主张"逻辑是数学"（而非"数学是逻辑"），有一种方式可能是指出：逻辑上**证明**(proof)概念有一部分是，整个演绎(不论是图表、一系列的线条、证明树,还是其他什么)都是**有穷的**。而"有穷"本质上是一个数学概念,并且我们对于它的"解读"含糊不清。据说,著名逻辑学家杰夫·巴里斯(Jeff Paris)(从事非标准分析的研究)曾做过一个梦。在梦中,上帝问他:"你怎么知道二是有穷的?"巴里斯回答说:"我能证明它是有穷的。"上帝反驳道:"你的证明要用多少条线呢?"

24. 通过批评笛卡尔式的"纸上怀疑",并论证:哲学上"我们必须从我们所在的地方开始"(而不是开始于某个理想的出发点),皮尔士对于笛卡尔发起了一场有力而经典的批判。这最为突出体现在《关于据称人所具有的某些官能的问题》一文中,参看"Questions Concerning Certain Faculties Claimed for Man,"*Journal of Speculative Philosophy* 2(1868): 103-114 (P 26), republished in CP 5 and in W 2。
25. 同样,这也是贯穿于皮尔士一生的一个重要议题。他对《贝克莱文集》所撰写的书评是其中一例,可参看 *The North American Review* 113(1871): 449-472 (P 60), republished in CP 8 and W 2。
26. 参看 Bernard Williams, *Ethics and the Limits of Philosophy*, Cambridge: Harvard University Press, 1985。
27. 参看 David Wiggins, *Needs*, *Values*, *Truth*, London: Basil Blackwell, 1987。
28. 对于杜威观点的介绍,可参看 H. Putnam and R. A. Putnam, "Epistemology as Hypothesis," in *Transactions of the Charles S. Peirce Society*, 26(1990): 407-434。
29. 注意,提到密尔时所称赞的是他对于**演绎法**的阐释;皮尔士认为密尔对于**归纳法**的解释比起惠威尔(Whewell)的观点要逊色得多(无疑皮尔士是对的)。
30. 参看前文我们对于第三讲的评注内容。
31. Philip Kitcher, *The Nature of Mathematical Knowledge*, Oxford: Oxford University Press, 1984。
32. 参看 Saul A. Kripke, *Naming and Necessity*, Cambridge: Harvard University Press, 1972。
33. 关于 Ω 在此处的用法,参看我们在本书导论中对于皮尔士连续观点的讨论。
34. 物理学上,通常都掩盖了这一点。由于对系统之"状态"的界定,在给出任一时间点的"状态"时已经包括给出物体那一时间点的速率,而不仅仅是位置、质量、电荷及其他常量。但是,这样使得某一时间点的"状态"成为了不同时间点状况的**极限**,并没有描述在当时那个时间点的实际情况。
35. 然而,在今天的相对论物理学中就不是这样了!(不过,有时在解读量子力学过程中的确要求有远处的瞬时性作用。)
36. 不过,有些书上提出,量子力学的因果性并非时间可逆的。
37. 至少皮尔士的说法是这样的。认为我们通过内省观察到的心理活动**真**的具有属性:"某一时刻的事态完全而且严格地决定了另外一个时刻的事态",这毫无疑问会让我们有些人感到难以置信。
38. 关于后世对于皮尔士这里所提出的问题的讨论,可参看 Hans Reichenbach, *The Direction of Time*, edited by Maria Reichenbach, Berkeley: University of California Press, 1956。赖兴巴赫将皮尔士称之为"非守恒"的那类过程归因于热力学第二法则。根据这条法则,(封闭系统中的)熵总是在增长。这种解释可追溯至玻尔兹曼;皮尔士在第七讲中不无赞赏地提到了玻尔兹曼(尽管没有提到他的名字),但他大概是认为玻尔兹曼式的解释(尽管本身是正确的)不够用。皮尔士之所以感到不满意,原因暗含在我们本讲评注一开始用作题词的那段话中:玻尔兹曼只是简单地**设定**在过去某个时刻存在一种适当的统计分布。

39. 其他的叫法还有"高斯分布"(Gaussian distribution)和(通俗作品中的)"钟形曲线"(bell-shaped curve)。

40. 然而,皮尔士的说法:"完全的无规律,是唯一不用任何相反理由就可以得到合理解释的东西",或许并不像他所认为的那样能够解释偶发分布的存在。因为,此种分布并非完全无规律的。它要求**相对频率有无穷多个极限**存在,这是因为:属性"彩色"的相对频率的极限不仅要存在于整个序列中,也要存在于所有"可界定的"(即递归的)子序列中。假如分布要是偶发的,所有这些极限都必须一样。皮尔士此处所用的是"机缘"(chance)一词的直观涵义。有人会说:**在完全无规律**的世界,就根本不会有相对频率的极限,因而也就不存在皮尔士意义上的任何"概率"。

41. 康德在他的《自然科学的形而上学基础》一书中主张:物理对象的存在样式,就其作为知识对象而言,在于相互反应(相互影响彼此的运动)。

42. 博什科维奇(Roger Joseph Boscovich, 1711－1787)是"第一位运用点粒(point particles)提出一般物理理论的科学家"。参看《哲学百科全书》(*The Encyclopedia of Philosophy*, vol. 1, General Editor Paul Edwards, New York: Macmillan, 1967)中的"博什科维奇"词条(我们这句话正是出于此处)。

43. 但是,要注意:康德在他的第二组二律悖反中驳斥这个论证,认为那是试图在经验限度之外使用理性。

44. 射影几何研究的图形特性是那些在点射之下保持不变的特性(在第七讲和第八讲中皮尔士用术语"透视几何"[perspective geometry]和"几何光学"[geometric optic]来表示射影几何)。射影几何的一个典型特征是一个被称作"对偶性"的非常简单的特性:如果"点"和"直线"这些词能在某个定理中互换,那么,替换后的结果也是一个定理。(譬如,两个点确定一条直线;两条直线确定一个点——为使后一命题成立,我们可以设想:平行线在一个"无穷远的点"相遇,无穷远的两个点位于一条"无穷远的线"上。)虽然研究射影几何的人今天仍旧崇拜凯莱把度量几何包含在射影几何之下的方法,但应当注意这种方法具有一些缺陷:譬如,任意两个测定点之间的"距离"都会是零!(在某些情形之下,距离也可能是一个虚数。)我们不清楚皮尔士是否意识到了这些缺陷。

45. C. W. O'Hara and D. R. Ward, *An Introduction of Projective Geometry*, Oxford: The Clarendon Press, 1937, p. 226.

46. 这是有一个我们相信是皮尔士有意识做出的经验设定,即在其他条件相等的情况下,处在指定方位的各个质点之间会有更强还是更弱的反应,这一点跟其中涉及的相互反应的**种类**(重力的,或电磁的,等等)并无关系。

47. 皮尔士显然认为时间的度量是内在固有的。

48. 皮尔士的意思是:如果加速度不仅大小而且方向都是一样的,就不会有相对位置的变化,因而也根本不会有反应。

49. 这里,皮尔士似乎运用了空间的各向同性(它内嵌在作为纯粹呈现形式之空间的概念之中)。如果两个相互反应物体任何一个的加速度方向不在连接(吸引或排斥)两物体的那条线上,一定有某种东西从所有与连接两物体的那条线等角的其他方向中挑选了加速度方向;但对于空间本身来说,不可能有这样的东西。或许有人会提出异议：那种挑出优选方向的东西可能是两个物体之一的**非对称性**；因为皮尔士在写到"没有任何东西能阻止粒子对其不同侧面施加各种不同的力"时，他本人允许有这样的可能性。不过，在第七讲中，皮尔士说："就两个原子颗粒的相互作用而言，它们会立即使得那些侧面彼此面对，从而产生最小的潜在能量；而由于缺乏所有的动量，就不会摆到那个点之外。"或许，这里所说的就跟那个难题有关。

50. 参看前面注释 41 中所提到的那本著作。
51. John Dewey, *Experience and Nature*, LaSalle：Open Court, 1926, pp. 407-408.
52. 关于皮尔士心中所想到的那一类事件，一个很好的例子是弗雷德·霍伊尔（Fred Hoyle）（不成功的）"稳态宇宙论"（Steady State Cosmology）假定粒子所具有的那种自发创造。顺便说一下，罕见的机缘事件（自发的"波包塌缩"［collapses of the wave packet］，而不是粒子创造）在里米尼（Rimini）、吉拉迪（Ghirardi）、韦伯（Weber）等三位意大利物理学家新近提出的量子力学理论中扮演一种角色。这些也作为例子很好地说明了那一类令皮尔士基于形而上学理由假定的罕见自发事件。
53. 我们之所以写"据称"是因为：现在，对于此类解释是否能说明所有我们观察到看似不可逆的现象，依然存在争议。关于正方观点的辩护，可参看我们在第六讲评注中所提到的赖兴巴赫的《时间的方向》（*The Direction of Time*）。
54. Reichenbach, *The Rise of Scientific Philosophy*, Berkeley：University of California Press, 1951, pp. 160-161.
55. 更多细节，可参看注释 53 中提到的那本著作。
56. 参校我们的第六讲评注。
57. 参校我们在本书导论部分对于皮尔士连续统理论的讨论。
58. 参看第六讲评注部分的注释 44。
59. 详细的解释，可参看 C. W. O'Hara and D. R. Ward, *An Introduction of Projective Geometry*, Oxford：The Clarendon Press, 1937, chap. 9.
60. 参校奎因《本质》一书中的"数学自恋狂"一章（W. V. Quine, "Mathematosis," in *Quiddities*, Cambridge：Harvard University Press, 1987, pp. 127-129）。
61. 正如我们在上文所解释的那样，玻尔兹曼方法（统计力学）仍旧设定了一种**未加解释**的事实，即"偶发分布"的存在。
62. 参校 Reichenbach, *The Philosophy of Space and Time*, New York：Dover, 1958。
63. 不过，皮尔士的时间概念比赖兴巴赫的更为简单些，因为在皮尔士的物理学中有一些现实的点粒，这些点粒的惯性运动可以界定直线。
64. 普特南后来重新发现了（当时并不知道皮尔士的思想）数学奠基于模态逻辑之上的思想。参校 H. Putnam, "Logic Without Foundations," in *Philosophical Papers*, vol. 1, *Mathematics, Matter and Method*, Cambridge：Cambridge University Press, 1975. 这种观点经过拓展和修改后的版本，参见 Charles Parsons, *Mathematics in Philosophy, Selected Essays*, Ithaca：Cornell University Press, 1983, 尤其是第七章和第十一章。更进一步的发展成果，参见 Geoffrey Hellman, *Mathematics Without Numbers*, Oxford：The Clarendon Press, 1989.

65. CP 6.605.①
66. 1895 年 1 月 28 日皮尔士致詹姆斯的信,转引自 Ralph Barton Perry, *The Thought and Character of William James*, Vol. 2, *Philosophy and Psychology*, Boston: Little, Brown and Company, 1935, p. 416。②
67. 对于可能世界实在性的辩护,参见 David Lewis, *Counterfactuals*, Cambridge: Harvard University Press, 1973, especially pp. 84 – 91。
68. 对于皮尔士处理上帝概念及其他宗教问题的方法的探讨,参见 Donna Orange, *Peirce's Conception of God*, Bloomington: Indiana University Press, 1984; Michael Raposa, *Peirce's Philosophy of Religion*, Bloomington: Indiana University Press, 1989; K. L. Ketner, "The Importance of Religion for Peirce," in *Gedankenzaichen*, ed. R. Claussen and R. Daube-Schackat, Tübingen: Stauffenburg Verlag, 1988。
69. 在整个演讲课程中,皮尔士均在"曲线"(curve)的意义上采用"line"(线条)一词,而不是指狭义的直线概念。
70. 不过,《拓扑学教材》一书(H. Seifert and W. Threfall, *Lehrbuch der Topologie*, Teubner, 1934)将他视作拓扑学的先驱之一。今天,被视作现代拓扑奠基人的通常是黎曼(Riemann)。皮尔士判定黎曼[对于拓扑学]的研究不够,掌握不透彻",这是非常奇怪的。事实上,虽然里斯丁的确界定了几个拓扑学常量(皮尔士称之为里斯丁数),而黎曼作为数学家第一个界定了能够提供二维流形**完整**分类的一组常量(关于三维流形的类似问题,至今仍未解决)。(说起来有点矛盾,这些常量在今天不被称作"黎曼数",而被称为"贝蒂数")在皮尔士撰写讲稿的时候,他的同时代人彭加勒(Poincaré)已经界定了基本群。我们不知道皮尔士是否熟悉贝蒂数或是有关拓扑学群论方法的介绍(但我们猜测他是不知道的)。顺便提及,皮尔士在本讲中说:里斯丁错误地认为空间的第四个里斯丁数为 0 而实际上为 1。皮尔士当时说的射影空间,而里斯丁说的则是普通的欧几里得空间。除此之外,皮尔士还犯了一个数学错误。(从射影空间中移除**任意有穷数目的**点之后,整个空间仍旧是不可坍塌的,这意味着第四个里斯丁数为无穷大。)
71. 为了明白整个空间何以能坍塌到一个点 P 之上,我们来看下列连续的映射:如果该空间中的每一个点 Q 都在时间 r 之内朝着 P 的方向"移动"一段为 rL 的距离(其中 L 为线段 PQ 的长度),那么,在一个时间单位之后,每一 Q 都将"达到" P。注意:假若存在无穷远的点,这就失效了。
72. 同样的错误也出现在 NEM 3: 505("由于空间的 apeiry[第四个里斯丁数]为 1";皮尔士当时谈论的是"线性透视画法下的空间",即射影三维空间)。
73. 如果所指流形的维数为 D,其第二个里斯丁数就是必须移除以防余下的曲线空间中存在**不能**借助于映射连续收缩至空间中所剩一个点的那些 D−1 维"至简可能位置"(即关联的流形)的数目。第三个里斯丁数就是必须移除以防余下的平面空间中存在**不能**借助于映射连续收缩至空间中所剩一条曲线的那些 D−2 维"简单位置"(即关联的流形)的数目。
74. 很显然,这是皮尔士关于射影空间第四个里斯丁数的错误认识的结果。
75. 在今天所谓广义黎曼坐标的意义上。此种坐标并不要求是垂直的,坐标线可以

---

① 此处,原书文献出处标注有误,经重新查证后,已修正。——译者注
② 同上。

多次交叉。

第一讲　哲学与生活处事
本讲手稿为 MS 437。
1. 皮尔士认为,我们猜对的能力依赖于我们的本能。这种研究路径巧妙地呈现在《皮尔士论理性和本能在科学探究中的的地位》一书中,参看 Maryann Ayim, *Peirce's View of the Roles of Reason and Instinct in Scientific Inquiry*, Meerut, India：Anu Prakashan, 1982。
2. 几年后,皮尔士修改了他关于伦理学的立场:伦理学成为了一门规范科学,但仍旧与他在这里以"伦理学"名义讨论的话题有相当大的不同。对于皮尔士规范科学思想的完全阐述,可参看 Vincent Potter, *Charles S. Peirce on Norms and Ideals*, Worcester, Mass.：University of Massachusetts Press, 1967。

第二讲　推理类型
本讲手稿为 MS 441。
1. 在这一节中,皮尔士最初写的是"conjunctive"(联合的),后来整个都替换为了"copulative"。
2. 这篇论文是 P 31,曾于 1867 年 4 月 9 日在美国文理学院大会上宣读,发表在 *Proceedings of the American Academy of Arts and Sciences* 7(1868)：261 - 287。后来重印于 W 2：23 - 48 以及 CP 2. 461 - 516。
3. 皮尔士在 P 637,"The Logic of Relatives," *The Monist*, 7(1897)：161 - 217 对这些概念作了讨论;该文重印于 CP 3. 456 - 552,也可参照 MS 798。
4. P 268, *Studies in Logic, By Members of the Johns Hopkins University*, edited by C. S. Peirce, Boston：Little, Brown and Company, 1883. 重印版为 John Benjamins Company, Amsterdam, 1982。皮尔士为该书撰写的论文同时刊于 W 4。
5. 皮尔士最初写的是"康德主义逻辑学家弗里斯",后来删去了"康德主义"。皮尔士在《论证的自然分类法》一文中讨论了他所谓的论证主导原则概念。
6. 《论证的自然分类法》一文于 1867 年在美国文理学院大会上宣读,发表于 1868 年(参看上文注释 2)。1878 年,"科学逻辑阐释系列"的第六篇也是最后的一篇,皮尔士发表了《演绎、归纳及假说》,即 P123,"Deduction, Induction, and Hypothesis," *Popular Science Monthly* 13(1878)：470 - 482;后来重印于 W 3：323 - 338 及 CP 2. 619 - 644。该系列论文的前两篇为《信念的确定》和《如何使我们的观念明晰》,其中提出了实用主义这一科学方法论准则。

第三讲　关系项逻辑
《第三讲绪言》为 MS 751。从内容上看,似乎应该安插在第二讲和第三讲之间。题目是编者提供的。

我们不能肯定第三讲到底是哪一份文本,但鉴于下列证据,很有可能是 MS 439。首先,MS 439 带有本讲必须有的许多特征,包括对于存在图的初步说明。这似乎符合第四讲第六节中对于第三讲的描述。这份手稿的第十七节——"虽然我无法……"——也似乎把这份文本与剑桥讲坛系列演讲连在了一起。前一讲结尾处的讲话也自然过渡到了这份手稿开头的讲话。另外,也可参考本节的注释 7,其中(是詹姆斯写在这份手稿上的页边注)显示：詹姆斯敦促皮尔士要让"普通大众"能够听懂。最后一点，这份手稿末尾的十五节好像是特别为这个演讲系列所写的。

读者应该能够看出，皮尔士用"Logic of Relatives"（关系项逻辑）所指的意思似乎远比某种以关系为研究对象的形式逻辑系统宽泛，因为他在下面讨论到这个话题时把他的范畴论包括进来了。这似乎是他经常所用的一种别称，用来表达他在提出可谓一整套科学认识论时的所有工作。当然，从狭义上看，这种用语大致可以翻译为当代所谓的"命题函项部分的形式逻辑"。但一定要注意，限定词"大致"在这里很重要。

1. 这里提到"1866 年"可能还是指《论证的自然分类法》一文。所谓"像康德那样"，可参看 P 32, "On a New List of Categories,"（《论新范畴表》）*Proceedings of the American Academy of Arts and Sciences* 7(1868): 261 - 287, republished in CP 1 and in W 2。

2. 文本中的这个地方，皮尔士删去了下面一句话：〈"居间性"(Mediation)一词或许更好一些。〉

3. 这是指《论新范畴表》一文；参看上面的注释 1。

4. 交代一些书目背景，可有助于读者理解这一节内容。罗伯特·莱斯利·埃利斯（Robert Lesli Ellis）可在 W 2：xxxiii 中找到。乔治·布鲁斯·哈尔斯泰德（George Bruce Halsted）是皮尔士的朋友，跟皮尔士有过通信，是德克萨斯大学的一位数学教授。德摩根的报告是指"On the Syllogism, No. IV, and on the Logic of Relations," Transactions of the Cambridge Philosophical Society 10 (1864): 331 - 358(1860 年宣读)。皮尔士本人对于德摩根的评价可参见他在《国家》杂志上发表的讣告，重印于 N 1: 41 and 42, 同时还刊于 W 2: 448 - 450。皮尔士 1870 年的报告是指 P 52, "Description of a Notation for the Logic of Relatives, resulting from an Amplification of the Conceptions of Boole's Calculus of Logic,"（对于一种关系项逻辑记法的描述：源于对布尔逻辑演算有关思想的扩充）*Memoirs of the American Academy of Arts and Sciences* n. s. 9(1870): 317 - 378, 重印于 CP 3 以及 W 2 中。皮尔士提到的 1883 年他自己论二元关系项的论文以及米歇尔的论文，是指《逻辑研究》一书（*Studies in Logic*, P 268, Boston: Little, Brown and Company, 1883）。其中，皮尔士所写的那篇论文题为"注释 B：关系项逻辑"。关于皮尔士实体图和存在图的提出，凯特纳做过一些描述，可参看 "Peirce's 'Most Lucid and Interesting Paper': An Introduction to Cenopythagoreanism," *International Philosophical Quarterly* 25(1986): 375 - 392 以及 "Identifying Peirce's 'Most Lucid and Interesting Paper,'"*Transactions of the Charles S. Peirce Society* 23(1987): 539 - 556。关于皮尔士图式逻辑的简介，可参看 Kenneth Laine Ketner, *Elements of Logic: An Introduction to Peirce's Existential Graphs*, Lubbock: Texas Tech University Press, 1990(其中含有一些计算机程序设计)。

5. 以前，学界不认为皮尔士的化归定理可以被普遍接受。不过，最近伯奇的《皮尔士的化归论题：拓扑学逻辑的根基》一书（Robert W. Burch, *A Peircean Reduction Thesis: The Foundations of Topological Logic*, Lubbock: Texas Tech University Press, 1991)提出了一种强有力的辩护和证明。伯奇同时还表明：与通常所认为的相反，皮尔士的化归论题与奎因或洛文海（Löwenheim）的二价还原论题是一致的。

6. 阿伯特(Francis Ellingwood Abbot)是皮尔士的哈佛 1859 届同班同学,也是他一生的朋友。皮尔士很欣赏他的《有机论的科学哲学:科学有神论》一书(*Organic Scientific Philosophy: Scientific Theism*, Boston: Little, Brown and Company, 1885),并在《国家》杂志上写过书评(参看 N 1: 71 - 74)。

7. 此处,手稿中出现了詹姆斯所写的一个页边注:"这里太过于突兀了。应该让普通大众更容易听懂。——威廉·詹姆斯"

第四讲 逻辑学第一规则

本讲手稿为 MS 442 和 MS 825。

1. 或许是因为时间限制,此处皮尔士删去了下列括号里的内容。
   〈我很高兴地发现,这一点受到一位极具独立性的思想家的重要证实。他就是阿伯特(Francis Ellingwood Abbot)博士,他的认真与周到使得所有他所说过的话都颇受看重。〉

2. 可能是为了节约时间,皮尔士删去了以下括号中的内容。
   〈不过,惠威尔是一位很受人钦佩的推理者。他之所以被评价不高,只是因为他既脱离哲学主流也脱离于科学主流。之所以值得去一趟莱茵高地区,只是因为我们通过当场阅读那本形式简陋但内容极好的《德国教堂笔记》,可以学到一堂推理课。至于《归纳科学史》一书,它几乎代表了哲学著作所能达到的卡罗斯博士所谓的"κτῆμα εἰς ἀεί"(永久财物)。密尔的《逻辑学》就是为驳斥这本书而写的。我当然不会忽略密尔的《逻辑学》,尽管其中的"归纳推理理论"是错误的;但是,惠威尔深刻了解科学的起源,而密尔只是从外部环顾,二者之间的对比通过一点可以得到很好的展示,那就是:惠威尔不论提出什么样的科学推理,都越来越受到"时间"的证实,而密尔在他第一版中挑出来作为成功归纳好样本的每一个例子都早已被完全推翻。〉

3. 可能是为了节省时间,皮尔士删去了以下括号中的内容。
   〈我一直在读大仲马(Alexandre Dumas)令人陶醉的《旅行印象》一书。其中充满了笔误。当他想把佛罗伦萨时却说成了比萨,想指老柯西莫(the Old Cosimo)时却说成了洛伦佐(Lorenzo),想指 13 世纪时却说成了 18 世纪,想指 500 年时却说成了 600 年。我想到了这些新词并把它们替换进去,就像是我读到了它们似的。因为它们说得通,而我看到印在纸上的那些词却说不通。最终,溯因推理使得前提中所涉及的那些具体特征消失掉了,因为它们实际上已包含在该溯因推理所要设定的那些假说之中。但是,随着我们对假说内容的研究越来越深入,该假说一定会逐步呈现出另一种面貌,即便不出现大的变动,也会一点一点得以改动、修正和扩充。〉

4. 可能是为了节省时间,皮尔士删去了以下括号中的内容。
   〈我本人完全算不上一位教师,而只是一位学者;并且,我属于学习者中的后进分子,因为我受到的指责只有一个,即我一直在修改我的学说。为此,当挑选我为你们讲一些至关重要的话题时,只是为了取悦于你们,完全不是为了我本人。对于我来说,再没有什么话题比这更加令人讨厌的了。因为我对于至关重要的事情一无所知。所有我自认为知道的那些东西,我只希望能证明具有一些附属的重要性。至于至关重要性论题,我除了情感之外没什么可讲的。的确,我在理论上是一位情感论者。我相信情感远比科学更加深刻和重要。但是,从我的成长训练来看,我本人只是一位科学人,完全不知道如何谈论至关重要的事情。我之所以尝试来讲,只是因为我渴望满足你们的愿望。但是,我发现那样做起来非常吃力,我没办法完全不去讲一些枯燥的细节。因为,倘若我那样做的话,我将什么也讲不了。〉

5. 正如我们在本书导论中所指出的那样,皮尔士这里的一些思想曾被莫里森在1896 年的哈佛派-贝塔-卡帕(Phi Beta Kappa)演说中"借用"。

6. 可能是为了节省时间,皮尔士删去了以下括号中的内容。
〈实际上,我们要把纯数学作为一种例外。的确,即便它也无法达到具有数学精确度的确定性。不过,纯数学中的定理,正如卡托尔船长(Captain Cuttle)会说的那样,"大体而言",无疑是严格而确定为真的,除非是专门为了逻辑理论研究。然而,纯数学并不是有关现存事物的科学。它纯粹只是关于假说的科学。它与其自身保持一致;而如果它没有声称与任何其他东西相符,它便很好地实现了承诺和自身目的。显然,你在任何一本现代的纯数学著作中都找不到有超出这之外的妄称。但是,数学家们不习惯记录那些他们不准备证明的说法;很有可能,他们对于自己的科学通常持有一种略有不同的观念。我个人熟悉的那些大数学家,他们全都是柏拉图主义者,而且我基本上相信:如果对主流数学杂志的撰稿人做问卷调查,可以发现他们中大多数人都是柏拉图主义者,人数比例远高于其他行业的科学家。我相信他们绝大多数都会认为虚量和黎曼面之类的概念构造属于数学成就,而且他们**那样认为**,并不是因为把那些假说作为研究实量的纯粹工具,而是基于它们本身。他们非常看重它们,远比(比如)《天方夜谭》中的东西有价值。不过,假若那些假说纯粹是些虚构的东西,他们为何要那么看重呢?显然,现代数学概念试图要符合某种东西,但那顶多只是一种艺术理想。真正的问题是他们的努力是否能取得比其他人类工作更大的成功。倘若所追求的只是美,那么数学假说的地位就类似于阿罕布拉宫的装饰,但要逊色于后者——很漂亮,但缺乏灵魂。相反,假若它们是在对于柏拉图世界作尝试描绘,那么我们只能说:它们极其细微而且散乱,很难能让我们理解其中的意向,而且根本看不出有什么精确性可言。〉
〈关于演绎科学的确定性,就讲这么多。至于归纳,表面来看,它只是或然的、近似的。只有在局限于有穷的可列集体时,它才能达到那种完美级别。它只是推算比值,因此,当应用于某种被认为高于可列集的自然类时,任何数量的归纳证据也无法提供**丝毫的理由**来表明——也无法让我们丝毫相信——归纳而来的法则是毫无例外的。实际上,每一位健全之人都很愿意承认:情况就是这样的,只要明确指出所谓法则就只是纯粹的归纳结果。〉

7. 皮尔士删去了以下括号中的内容。
〈谈到溯因法,此类推理不能为任何信念提供逻辑上的辩护,只要我们所理解的信念是指把某一命题视为明确的结论。这里要指出的是,"假说"一词经常被拓展使用,从而导致不正确的用法。〉

8. 接下去的一节在手稿中有删除标记。不过,我们将其放在了正文中,因为有可能是早期的编者(而不是皮尔士)做的标记。我们的假说有一种事实可以得到强化,那就是,若没有这一节,往下的过渡会很突兀。加上这一节后,过渡起来贴切而顺畅。

9. 从这句话开始,文本选自另一篇编号为 825 的手稿。因为它们带有相同的编码标记,很显然,MS 825 最初是属于本讲的主体 MS 442 的。不过,到底 MS 825 应该放在本讲中什么位置,这仍是一个问题。或许皮尔士为节约时间已经将它删去了，但我们不这样认为。我们把它放在这里，可以使得讲稿结尾处更具有雄辩力。
10. 关于"研究的经济性"，皮尔士有着非常值得关注的思想。虽然任何假说都可以试用，但他认为逻辑科学中有一部分应该考察：依据经济因素，应该从事什么样的探究。有关这个话题，他一生中发表的第一篇文章是《研究经济性理论笔记》，参见"Note on the Theory of the Economy of Research"（P 160），重印于 CP 7 以及 W 4；更多文本，可看看 HP。艾西尔在《皮尔士科学哲学和数学哲学研究》一书（Carolyn Eisele, *Studies in the Scientific and Mathematical Philosophy of Charles S. Peirce*, ed. R. M. Martin, The Hague：Mouton, 1979）第 24 章中提供了这个论题的有关背景。莱歇尔（Nicholas Rescher）在《皮尔士的科学哲学》一书（Nicholas Rescher, *Peirce's Philosophy of Science*, Notre Dame, Ind.：University of Notre Dame Press, 1978）中也写过这方面的文字。①

第五讲　推理训练

本讲手稿为 MS 444 和 MS 445。
1. 几乎可以肯定，这是一种自指。因为皮尔士本人在一次游历法国时学习过酿酒术。
2. 从接下来一句开始，所选文本转向了 MS 445。
3. 皮尔士删去了下列括号中的句子。
〈15 年前我才真正发现这一点。当时，在我看来，它是一种极其无用的能力；因为我对色彩的记忆比起大多数那些凭借想象力重现色彩的人都要好；此外，我还认为，强行加入那种成分定会干扰对于图像中关键特征的观察。直到五六年前，我遇到一位女士（顺便说一下，她的思想并非特别精细或特别有文化，而是带有大量的波士顿地区的土气）。她在这方面的能力达到了一种非常高的境界。她通过各式各样的实验让我相信：她在观察心理图像的其他特征方面远比我专业。这促使我开始搜集其他一些例证……〉
4. 皮尔士删去了下列括号中的句子。
〈虽然我自己从未培养这种能力，然而我看到美术家和音乐家们通常都有这方面的能力。这些证据使得我相信它跟其他能力一样也是能够通过练习而得到强化的。〉
5. 皮尔士删去了下列括号中的句子。
〈它唤醒了我，并使得**各种**类型的艰辛努力都变得轻松起来。尤其是，它帮助我摆脱了一种所谓"娇气"（effeminacy）——对于女性的一种非常缺乏根据的定性——的倾向……〉
6. 皮尔士删去了下列括号中的句子。

---

① 莱歇尔还曾专门著书对于皮尔士的"科学研究的经济性"理论做过进一步发展，参看 Nicholas Rescher, *Cognitive Economy：The Economic Dimension of the Theory of Knowledge*, Pittsburgh, Pa.：University of Pittsburgh Press, 1989。关于该论题在当代经济学领域中的发展，可参看 James R Wible, *The Economics of Science：Methodology and Epistemology as If Economics Really Matter*, London and New York：Routledge, 1998。相关汉语文献，可看看张留华：《皮尔士哲学的逻辑面向》，上海人民出版社 2012 年版，第五章。——译者注

〈那些掌握节食术的人发现这很有用处。而任何的担心或思考则会达到正好相反的效果。〉
7. 皮尔士删去了下列括号中的句子。
〈这也可以帮助你们获得表达艺术。未经表达的思想是纯粹的,而且虽然你想要培养思想的高度灵活性,你却不希望情感也有高度的灵活性。好的哲学写作手法应该运用代数学来奠定基础。但是,需要记住,所谓好的推理并不是语词上的事,而是一种图式表达,尽管在规定推理的一般性时有必要用到语词。〉
〈所有这些对于系统、记录和语词的关注,对于增强记忆力也是很重要的。〉

第六讲　因果与力

本讲手稿为 MS 443。

这篇讲稿早期的一个标题为:"时间与因果"。皮尔士删去了下面另外一种的开头方式。

〈我把"时间与因果"放在"至关重要的论题"中,对此我坦承实在找不出有什么正当理由。事情的真相是:我在准备这个演讲课程之前曾答应选定每一讲的题目,但我做得很不够好。当我把其中一篇讲稿定为这个题目时,我还不知道我可能会想到些什么内容。我觉得这个题目在我内心与"至关重要的论题"连在一起,而由于是这样的相似点,我对于二者能讲的东西极少。不过,有一点你们或许能感到宽慰,那就是:这一讲自称拥有的重要性只在于讨论在最脆弱的一门科学中最难以理解的一个话题——我是指"形而上学"。如果你能谅解这个题目不够重要,你会发现我还得履行这门课程的另一项承诺,即尽我所能把讲课内容分成片段。我将尽量让我的论述内容兑现我所选择的这个题目。〉

1. 皮尔士删去了下列括号中的一句话。
〈对于 F,同样可以看紧接着之后会出现什么。〉
2. 这里指的是《关系项逻辑》一文("The Logic of Relatives," *The Monist* 7(1897): 161-217,参见 P 637,重印于 CP 3)的后面几节内容。该文全篇对于研究本书这些演讲是很好的学习参考资料。
3. Hermann Laurent, *Traité du calcul des probabilités*, Paris: Gauthier-Villars, 1873.
4. 要读到这篇著作,英文世界中最好的一个版本或许是 O. E. Meyer, *The Kinetic Theory of Gases*, The second revised edition, translated by Robert E. Baynes, New York: Longmans, Green and Company, 1899. 皮尔士在《国家》杂志上为该书写过书评,参见 The Nation, 71(26 July 1900): 79,重印于 N 2。
5. 皮尔士对于"直觉"(intuition)的使用有两种不同的意义;显然,这里所指的意义与知觉和观察有关,而不是表示"具体的基本知识"的那种意义。
6. 这里,皮尔士删去了下列短语:
〈是"二重性"的问题,并且〉。

第七讲　习惯

本讲手稿为 MS 951 和 MS 440。

1. 有关斯泰罗作品的介绍,可参看 Herbert W. Schneider, *A History of American Philosophy*, New York: Columbia University Press, 1946, p. 417. 皮尔士当时心中所指的可能是斯泰罗的《现代物理学的种种概念和理论》一书(Johann

Bernard Stallo, *The Concepts and Theories of Modern Physics*, New York, 1882)或他在 1873 年至 1874 年间发表于《通俗科学月刊》上的一系列有关物理学的论文。

2. 下段括号内的话(最后有一处未加校正的语法错误),用绿色铅笔划掉了。很可能是皮尔士划掉的。

〈现在我要请你们注意一些事实。首先,我们没有任何理由相信三角形内角和正好等于两个直角;第二,倘若不是这样的,那么任何运动都不会保留那些我们熟悉的与平移相关的特性。譬如,我们认为平移是纯粹的相对运动,因而,两个粒子如果没有任何力作用于其上并且暂时来说相对静止,不论它们相对于其他物体运动有多快或有多慢,它们将永远保持彼此相对静止。但是,在非欧几何中就不是这样的。两个粒子并行运动,[这是不可能的,]除非三角形的内角和正好等于 180°。〉

3. 参看 Ernst Mach, *The Science of Mechanics*, Chicago: Open Court Publishing Company, 1893。皮尔士参与了该书美国版本的翻译;在译者前言中,我们可以找到以下说法。"译者感谢 C. S. 皮尔士先生所提出的大量建议和解释。他在解析力学和物理学历史及逻辑方面的研究非常出名。皮尔士先生读过全部的清样,并且在第八章'单位与测量'中的 8 个地方作了重新表述。那些地方的原文说法无法适用于我们国家,而且有些过时了。"

皮尔士也在《国家》杂志上对马赫著作的这个版本写过书评。参看 *The Nation*, 57(5 October 1893): 251 - 252(P 536);重印于 N 1。

4. 这些所指的是 J. B. 里斯丁所用过的一些拓扑学概念;参看 NEM 第二卷以及本书第八讲。

5. 下段括号的文字被皮尔士删去了。

〈我现在准备粗略考察一下心理作用力法则,以便弄清楚它到底具有守恒意义上的动力学特征还是遵循因果关系法则。我将采用英国联结论者过去用过的那套术语。根据我所规定的术语学规则,我必须接受那套术语;而且我认为它在精确性上要优于现代的德国术语。上个世纪中的那些英国联结论者,譬如,盖伊和哈特利。〉

6. 有可能在这个地方皮尔士向演讲听众宣读了他的术语学规则。这些规则可以在他早期讲稿的一篇草稿(MS 440)中找到。正文中接下去所复制的正是草稿中的那几段文字。有关"术语伦理学"在皮尔士体系中的重要性的讨论,参看 Ketner, "Perice's Ethics of Terminology," *Transactions of the Charles S. Peirce Society* 17(1981): 327 - 347。

7. 皮尔士在此处删去了下列内容。

〈根据实验可以表明:像这样的对照是可以做出的,并带有一定程度的恒定性。〉

8. 皮尔士无疑想到了他与他在约翰·霍普金斯大学时的学生约瑟夫·贾斯特罗(Joseph Jastrow)合写的那篇文章《论感知上的细微差异》。参看 C. S. Peirce and Joseph Jastrow, "On Small Differences of Sensation," *Memoirs of the National Academy of Sciences*, 1884 (Washington, D. C.: Government Printing Office, 1885), pp. 73 - 83 (P 303);重印于 CP 7。

9. 有关这些思想的背景的补充介绍,可参看 Carolyn Eisele, "The Correspondence with Simon Newcomb," in *Studies in the Scientific and Mathematical Philosophy of C. S. Peirce*, The Hague: Mouton, 1979, pp. 52 - 93。

第八讲 连续性逻辑

本讲手稿为 MS 948。

1. 这次讲演题目为"连续主义"(Synechism)，或者也可能是"连续性"(Continuity)，是皮尔士受邀在 1892 年 5 月 21 日为哈佛大学研究生哲学学会所做的演讲(P 470)。曾经有人认为,这次演讲存留下来的笔记是 MS 955,但新近的研究已经清楚表明：当时,皮尔士宣读的是另一篇论文《心灵法则》(参看 P 477,重印于 CP 6)。该文在两个月之后发表于《一元论者》杂志上("The Law of Mind," *The Monist*, 2：553 - 559)。然而,MS 955 对于皮尔士的剑桥讲坛系列演讲具有很强的相关性,值得仔细研究。

2. 里斯丁所撰写的文章包括："Vorstudien zur Topologie," *Göttinger Studien* 2 (1847)：811 - 875；"Der Census räumlicher Complexe, oder Verallgemeinerung des Euler'schen Satzes von den Polyëdern," *Abhandlungen der Königlichen Gesellschaft der Wissenschaften zu Göttingen* 10(1862)：97 - 182。里斯丁对于皮尔士的影响很大(参看 NEM)。也可参看 Robert W. Burch, *A Peircean Reduction Thesis：The Foundations of Topological Logic*, Lubbock：Texas Tech University Press, 1991。

3. 赫尔巴特(Johann Friedrich Herbart, 1776 - 1841)是一位多产的著作家。皮尔士当时所指的到底是他的哪一部作品,并不清楚。有关赫尔巴特作品以及有关他的研究作品的完整清单,参看 *Dictionary of Philosophy and Psychology*, ed. James Mark Baldwin, New York：The Macmillan Company, 1905, vol. 3, pp. 253 f. 。

索引①

姓名拼写或身份无法查实的,用[?]标出

Abbot, Francis Ellingwood, 5, 161, 282n 6, 283n 1 阿伯特

Abduction (or retroduction), 56, 60, 62, 66, 78, 141, 142, 145, 146, 168, 170, 176, 180, 193 - 194, 285n7. See also Hypotheses; Instincts; Sentiment 外展/溯因法,也可参看"假说""本能""情感"。

Abelard, Peter, 171 阿伯拉尔

Abnumerable. See Nondenumerable (or abnumerable)② 非可数的,参看"不可列的/非可数的"

"Absolute," 82, 92, 101, 120, 214 绝对者

Absolute assertion, 179 绝对断言

Acnodes, 189 - 190 孤点

Actuality, 49, 54, 76 - 77, 163, 215 现实性

Addams, Jane, 18 简·亚当斯

Aggregates, 50, 247 聚合体

Algebra of logic, 150 逻辑代数

American Society for Psychical Research, 271 - 272n7 美国通灵研究学会

Analogy, argument from, 141 类比论证

Animals: 动物

    reasoning by, 110, 111; 动物的推理

    instincts of, 112, 113, 173; 动物的本能

    as purposive organisms, 119; 动物之作为有意图的机体

    as unerring, 217 动物永不出错

Apellicon, 140 阿佩利孔

Applied philosophy, 55 应用哲学

---

① "索引"部分的页码均代表英文原版中的页码,即本书中的页边码。——译者注

② 原版中"denumerable (or abnumerable)"明显有误,中译本中校为"Nondenumerable (or abnumerable)"。相应地,词条"Nondenumerable (or abnumerable)"位置由"D"开头的一组后移至"N"开头的一组。——译者注

Argument from analogy, 141 类比论证

Arguments. *See* Abduction; Classification of the Sciences; Deduction; Induction 论证, 也可参看"外展""科学分类法""演绎法""归纳法"

Arisbe (CSP's homestead near Milford, Pennsylvania), 6, 7, 8, 28 阿瑞斯堡：皮尔士在宾州米尔福德附近的家园

Aristotle, 39, 59, 106 – 107, 114, 115, 118, 123, 133, 139, 140 – 141, 150, 165, 169, 193, 197. *See also* Geometrical line, Aristotelian view of 亚里士多德, 也可参看"关于几何线的亚里士多德观点"

Artiad, 251 偶价的

Arts: 技艺

and ethics, 116; 技艺与伦理学

as applied sciences, 117; 技艺之作为应用科学

and discriminating perception, 187, 286n4 技艺与鉴别性知觉

Association, types of, 234 – 236 联结力的类型

Associationism, 232, 235, 287 – 288n5 联结主义

Association of ideas. *See* Ideas, association of 观念联结力, 参看"观念的联结"

Averrhoes, 178 阿威罗伊

Babbitt, Irving, 18 白璧德

Barbara (syllogistic form), 62, 132 – 133 Barbara 格式的三段论

Bardilis [Bardilli, Christoph Gottfried], 231 巴蒂里斯

Bayes, Thomas, 78 托马斯·贝叶斯

Baynes, Spencer (editor of ninth edition of *Encyclopedia Brittanica*), 58 贝恩斯：第九版《不列颠百科全书》的编者

Being, 175 存在

Belief, theory of, 9, 16, 112, 176, 177 信念理论

Beneke, Friedrich Eduard, 181 贝内克

Bentley, Arthur F., 193 本特利

Bernoulli's Thoerem (Law of Large Numbers), 64, 66, 67, 237 伯努利定理/大数法则

Betti numbers, 99, 279 – 280n70 贝蒂数

Bog metaphor, 73, 176 沼泽之喻

Boltzmann, Ludwig, 88 – 89, 277n38 玻尔兹曼

Boole, George, 129, 150 乔治·布尔

Boschovich. *See* Boscovich, Roger Joseph 博什科维奇, 参看"罗吉尔·约瑟夫·博什科维奇"

Boscovich, Roger Joseph, 81, 86, 115, 212, 224 罗吉尔·约瑟夫·博什科

维奇

Boyle's law, 210　波义耳法则

Brandis [Brannis, Christlieb Julius?], 106　布兰迪斯

Brooke (baron of Beauchamp Court), 118　布鲁克男爵

Brouwer, L. E. J., 50, 53　布劳威尔

Browning, Robert, 118　勃朗宁

Brujsch [Brugsch, Heinrich Karl?], 128　卜路希

Buddha (Gautama Booda), 9, 11　佛陀

Buddhism, 10　佛教

Bull, Ole, 18　奥利·布尔

Bull, Sara, 18　莎拉·布尔

Burch, Robert W., 282n5　伯奇

Cambridge Conferences：剑桥讲坛

　publication of CSP's lectures at, 1-2, 36；皮尔士在剑桥讲坛上的系列演讲的发表

　lectures by CSP proposed by James, 2, 3, 12, 15, 16-18；詹姆斯提议由皮尔士在剑桥讲坛演讲

　proposed topics for CSP's lectures at, 17, 19, 24-35；皮尔士剑桥讲坛演讲的推荐议题

　program for 1897-1898 lectures at, 20-23；1897年至1898年剑桥讲坛演讲活动日程表

　presentation of CSP's lectures at, 35-36；皮尔士在剑桥讲坛的演讲报告情况

　impact of CSP's lectures at, 36　皮尔士剑桥讲坛系列演讲的影响

Cantor, Georg, 45-46, 78, 158, 242　康托尔

Cardinality, 46, 49　基数/势

Carnap, Rudolf, 61　卡尔纳普

Carus, Paul, 12, 15, 16, 17, 36, 78, 79, 112, 178, 194-196, 197, 283n2　卡罗斯

Categorical propositions, 60, 124, 127, 128, 130, 144　直言命题

Categories, metaphysical, 146-147, 148-149. See also Firstness; Fourthness; Secondness; Thirdness　形而上学范畴，也可参看"第一性""第四性""第二性""第三性"

Cattell, James McKeen, 17　卡特尔

Causation, 28, 33, 79-81, 87, 91, 197-199, 220, 227. See also Conservative forces; Nonconservative forces　因果/因果关系，也可参看"守恒力""非守恒力"

　association by, 235-236　因果联结力

"Causation and Force" (Lecture Six)：第六讲"因果与力"

　Putnam's comments on, 78-84；普

特南对于本讲的评注

and randomness, 207, 274 - 275n11 本讲与随机性

Cavell, Stanley, 274n5　卡维尔

Cayley, Arthur, 82, 92, 101, 120, 171, 214, 246　凯莱

Centrifugal force, 218 - 219　离心力

Century Dictionary, 33　《世纪词典》

Chance, 80 - 81, 84, 89, 93, 98, 204, 207, 216, 220　机缘

Charles Sanders Peirce Sesquicentennial International Congress at Harvard, 8　哈佛大学召开的皮尔士诞辰 150 周年国际大会

Chasles, Michel, 244 - 245　沙勒

Chorisis, 254　离分度

Christianity: as Buddhism, 10　基督教之作为佛教

Church, Alonzo, 61, 80　邱奇

Cicero, Marcus Tullius, 106, 125, 139　西塞罗

Civic War, 4　内战

Clairvoyance, 185　未卜先知

Classes, 156　类

Classification of the sciences, 58 - 59, 116 - 120, 123　科学分类法

Classificatory sciences, 116 - 117, 119 - 120　分类型科学

Clifford, William Kingdon, 171, 243　克利福德

Coast survey, U. S., 4, 5, 6　美国海岸测量局

Cognition, 121　认知

Cognitivism, 55　认知主义

Collected Papers of Charles Sanders Peirce：《皮尔士文集》

delivered lectures in, 1 - 2；发表在该文集中的讲稿

draft lectures in, 1 - 2　发表在该文集中的讲演草稿

Colligation, 168 - 170　综合法

Comte, Auguste, 114, 179　孔德

Conditional propositions, 124 - 126, 130, 152　条件命题

Conduct, 9　行事

Conjunctive propositions, 281n1. See Copulative propositions　联合命题，参看"联言命题"

Consequences of Mathematics, *The*: as proposed title for Cambridge Conferences lectures, 1 - 3　提议作为剑桥讲坛系列演讲题目的"数学之后承"

Consequentia, 125, 131　后承式

Consequentia simplex de inesse, 125　此在简单后承式

Conservatism, 57, 111　保守主义

Conservative forces, 88, 90, 93, 202 -

203,210,211-212,220-221,223 守恒力

Construction,52,53 构造

Contiguity, association by, 234, 235-236 临近结合力

Continuity (continuum), 31,33,37,72,76,89-90,94,96,98,159,160,162-163,242,246-247,254; 连续性/连续统

 and generality, 77, 83, 95, 99, 163, 189-190,258,261-262; 连续性与一般性

 and transitoriness, 115,118,121 连续性与短暂性

Continuum. See continuity (continuum) 连续统,参看"连续性/连续统"

Contradiction,97,223 矛盾

Contrast, association by, 235 对比联结力

Convergence,38 收敛

Copulas, 128, 130; 系词

 of identity, 130; 同一型系词

 of inclusion, 130 包含型系词

Copulative propositions, 124-125,131,151,152,168 联言命题

Cosmogony, 17,106 天演论

Cratylus, 115 克拉底鲁

Creation,24,163,261 创世

Crunodes,189 结点

Cusps, 189 尖点

Cyclosis, 226,254-256,265 环流度

Darwin, Charles, 89 达尔文

Datum, 190-191 予料

Davies, Sir John, 118 戴维斯

de Candolle, Augustin-Pyrame, 119 德勘多

Dedekind Cut, 39,53 戴德金分割线

Dedekind Cut Theorem, 39,44,48 戴德金分割线定理

Deduction (deductive inference), 60,74,78,138,141,145,146,148,167,168,169,194,284-285n6 演绎法/演绎推理

Democritus, 106 德谟克里特

DeMorgan, Augustus, 126,150 德摩根

Desargues, Gérard, 224-245 笛沙格

Descartes, René, 38,109,123,171,182,198,244,276n24 笛卡尔

Descriptive sciences, 117, 119 描述型科学

"Detached Ideas on Vitally Important Topics" (Peirce), 30 皮尔士《涉及至关重要论题的一些彼此独立的思想》

Development of CSP's Cambridge Conferences Lectures, 8-37 皮尔士剑桥讲坛讲稿的形成过程

Dewey, John, 55,57,73,74,86-87

杜威

Diagrammatic Thought, 2, 68, 71, 72, 262, 267. See also Entitative graphs; Existential Graphs; Graphs, logical 图式思维, 也可参看"实体图""存在图""逻辑图"

"Diodoran" view, 125-126, 128, 274n8 "狄奥多罗斯"观点

Diodorus, 125 狄奥多罗斯

Dogenes Laertius, 105 第欧根尼·拉尔修

Diogenes of Sinope, 106 锡诺普的第欧根尼

Discontinuities and singularities, 76, 159, 160, 250, 264 非连续性与奇点

Discrete individuals, collections of, 46, 47 由离散个体组成的集体

Discrimination in perception, 183-184 知觉中的鉴别力

Disjunctive propositions, 124-125, 152 选言命题

Doubt and inquiry, 70, 73, 170, 172, 176-180 怀疑与探究

Dresslor [Dressler, Johann Gottlieb], 181 德雷斯勒

Duns Scotus, John, 19, 123, 125, 129, 146, 178 邓斯·司各脱

Dyads, 154 二元谓动词

Economy of Research, 66, 142, 178, 275n16 研究的经济性

Education, 4, 171, 181. See also University, definition of; Will to learn 教育, 也可参看"大学的定义""学习的意志"

Ego, 111, 190 自我

Einstein, Albert, 91 爱因斯坦

Elian, 106 伊利安

Eliot, Charles, 6, 11 查尔斯·艾略特

Eliot, George, 184 乔治·艾略特

Ellis, Helen Huntington Peirce (sister), 4 皮尔士的妹妹: 海伦·亨廷顿·皮尔士·埃利斯

Ellis, Robert Leslie, 150 罗伯特·莱斯利·埃利斯

Entitative graphs, 151 实体图

Enumerable, 206 可数的

Epicurus, 123 伊壁鸠鲁

Errors, possibility of, 74-75, 112, 165. See also infallibility; Self-correcting method 出错的可能性, 也可参看"不可错性""自我修正性方法"

Established truths, 57, 112, 178 固定真理

Ethics, 55, 56, 108, 115-116 伦理学

Ethics of terminology, 87, 93, 229-231 术语伦理学

Euclid, 40, 43, 167, 179, 194, 243-244,

254 欧几里得

Evolution, 10 - 11, 24, 93, 97, 161, 240, 258 - 260; 进化

    of natural laws, 87, 240 - 241; 自然法则的进化

    from vague to definite, 96, 97 - 98, 258 由模糊到明确的进化

Evolutionary cosmology, 81 进化的宇宙论

Exactitude, 2 精确性

Existential graphs, 60, 68 - 71, 151, 168 存在图

Experimentation, 168, 182, 187 - 189 实验

Facts, 198 事实

Faith, 9 信仰

Fallacies, types of, 78, 192 - 196 谬误的类型

Figures of the syllogism, 60, 61 - 62, 132 - 136 三段论的格

Final opinion, 274n2 最终意见

Finiosity, 220, 221 - 222, 223 - 224 终结性

Finite, notion of, 276n23 有穷概念

Finite multitudes, 46 有穷多个

Firstness, 68, 77, 86, 98, 147, 190, 259, 260, 261 第一性

First order logic, 68 一阶逻辑

First rule of logic, 73, 165 - 180 passim 逻辑学第一规则

"First Rule of Logic, The"（Lecture Four）：第四讲"逻辑学第一规则"

    and scientific inference, 61; 本讲与科学推理

    Putnam's comments on, 72 - 75 普特南对于本讲的评注

Fiske, John, 5 费斯克

Formal logic, 19, 25, 71 - 72, 109, 110, 123 - 124, 126, 146 形式逻辑

Formal Logic（DeMorgan）, 150 德摩根《形式逻辑》

Fornix, fornices, 251 穹

Fortuitous distribution, 78 - 79, 80, 89, 205 - 211, 217, 274 - 275n11 偶发分布

Fourthness, 155 第四性

Frankel, A. A., 46 弗兰克尔

Franklin, Mrs. *See* Ladd-Franklin, Christine 富兰克林夫人, 参看"莱德-富兰克林"

Frege, Gottlob, 68, 71 - 72, 75 弗雷格

Frequentism, 61, 63 频率论

Fries, Jakob Friedrich, 131 弗里斯

Glileo, 111, 176 伽利略

Galton, Sir Francis, 119 高尔顿

Gay, Rev. Mr. John, 235 盖伊

索 引 323

General algebra of logic, 150 通用逻辑代数

Generality, 77,83,95,99,157,163,189-190,258,261-262 一般性

Generalized Continuum Hypothesis, 273n25 广义连续统假说

Generalizing tendency, 94,99,241 一般化趋势

General relativity, 81,91 广义相对论

Generative relation, 157,205,206 生成关系

Geometrical line: 几何线

    definition of, 28-29; 几何线的定义

    Aristotelian view of, 29-40,41,47-48,49,52; 关于几何线的亚里士多德观点

    endpoints of, 40-41,48-49,53,99-100,159-160; 几何线的端点

    affine properties of, 41 几何线的仿射属性

Ghirardi, G. C., 278n52 吉拉迪

Gilman, Daniel Coit, 5 吉尔曼

God, 98,175. See also Mind of God 上帝, 也可参看"上帝的心"

Gödel, Kurt, 38,39,61 哥德尔

Goethe, Johann Wolfgang von, 184 歌德

Graphical notation, 68 图式记法

Graphs, logical, 19,25,26,68-72. See also Entitative graphs; Existential graphs 逻辑图, 也可参看"实体图""存在图"

Gravimetric research, 4-5,6 重力测量

Green, Nicholas St. John, 5 格林

Greville, Falke, 118 格雷维尔

Gurney, Edmund, 167 盖尼

"Habit" (Lecture Seven): Putnam's comments on, 85-94 第七讲"习惯": 普特南对于本讲的评注

Habit, habituation, 76,77,95,182,189-192 习惯/惯常化

Hacking, Ian, 275n18 哈金

Haecceity (thisness), 91,129-130 此性/这

Hals, Franz, 185 弗兰斯·哈尔斯

Halsted, George Bruce, 150 哈尔斯泰德

Haphazardness, 62,65,137 偶然性

Hartley, David, 235 哈特利

Harvard University: 哈佛大学

    Peirce family association with, 3-4; 皮尔士家族与哈佛大学的联系

    CSP's attack on educational policy at, 27 皮尔士对于哈佛大学教育政策的批评

Hegel, Georg Wilhelm Friedrich, 24,89,97,117,123,157,168,187,230-231,

240 黑格尔

Heraclitus, 106, 115, 118, 121 赫拉克利特

Herbart, Johann Friedrich, 267 赫尔巴特

Herder, Johann Gottfried von, 185 赫尔德

Here and now (*hic et nunc*). See Now (the present) 此时此刻/此在性，参看"现在/当下"

Herschel, Sir William, 119 赫歇尔

Hic et nunc (here and now). See Now (the present) 此在性/此时此刻，参看"现在/当下"

Higginson, Thomas Wentworth, 18 希金斯

Hilbert, David, 86 希尔伯特

Holmes, Oliver Wendell, Jr., 5 小霍尔姆斯

Hoppe, Georg, 45 霍庇

Houdin, Robert, 186 霍当

Howe, Julia Ward, 18 豪

Hoyle, Fred, 278n52 霍伊尔

Hugo, Victor, 9 雨果

Hultsch, Friedrich Otto, 193 赫尔茨

Hume, David, 67 休谟

Hypotheses: *See also* Abduction 假说，也可参看"外展"

    deducing observable consequences of, 2; 推演出假说的可观察结果

    testing of improbable ones, 10, 142; 对于可能性不大的假说进行检验

    and inductive method, 19, 67 假说与归纳方法

Hypothetico-deductive reasoning, 60. *See also* Abduction (or retroduction) 假说演绎推理，也可参看"外展/溯因法"

Idealism, 77, 97 唯心主义

Ideas：观念

    and brain anatomy, 24; 观念与大脑解剖

    association of, 93, 191-192, 236-238 观念的联结

Identity, 42, 43; 同一性/等词

    loss of individual, 49, 91-92, 95, 158, 159, 160; 个体身份的丧失

    lines of, 68-69, 71, 153, 155 同一线

Immensity, 257 广度

Incest, 111 乱伦

Independence, 205, 216 独立性

Individuality, 113. *See also* Welding of identities 个体性，也可参看"身份融合"

Induction (inductive inference), 56, 60, 62, 65-67, 74, 78, 139-140, 141-142, 145, 146, 148, 167, 168, 169, 175-

176,194-196,184-285n6； 归纳法/归纳推理

question as start of，73,171-172　疑问之作为归纳法的开端

Infallibility，111,165. *See also* Errors, possibility of　不可错性，也可参看"出错的可能性"

Infinite cardinals，45-46,50　无穷基数

Infinitesimal distance，51-52　无穷小距离

Infinitesimals，43-44,48,78,89,174　无穷小

Infinity, points at，44,90,99-100,255-256　无穷远的点

Inner and outer worlds，116,220　内部世界与外部世界

Inquiry. *See* Doubt and inquiry　探究，参看"怀疑与探究"

Instincts，110-113,121,238. *See also* Conservatism; Sentiments　本能，也可参看"保守主义"、"情感"

Intensity，233　强度

Introspection，186　内省

Intuition，212　直觉

Intuitionism，50　直觉主义

Irreversibility，80,81,84,87-89,93,96, 199,203,220-221　不可逆性

Iteration，74　重写法

James，William： 詹姆斯

course of lectures proposed by，2,3, 12,15,16-18； 詹姆斯提议的演讲课程

in Metaphysical Club，5； 形而上学俱乐部中的詹姆斯

and pension for CSP，7； 詹姆斯与给予皮尔士的养老金

correspondence with CSP，8-36 passim； 詹姆斯与皮尔士的通信

at salon of Sara Bull，18； 莎拉·布尔沙龙上的詹姆斯

and reasoning，56-57； 詹姆斯与推理

and scientific method，57-58,74； 詹姆斯与科学方法

and revisability of all knowledge，73； 詹姆斯与所有知识的可修正性

and philosophy in sciences，86； 詹姆斯与科学中的哲学

interest in American Society for Psychical Reseach，271-272n7　詹姆斯对于美国通灵研究学会的兴趣

James，works： 詹姆斯的作品

"Will to Believe，The," 8,56；《相信的意志》

"Moral Philosopher and the Moral Life，The," 58；《道德哲学家与道德生活》

Principles of Psychology, 93 《心理学原理》

Janes, Lewis George, 19, 30, 33 简斯

Jastrow, Joseph, 288n8 贾斯特罗

Jevons, William Stanley, 182 耶芳斯

Johns Hopkins University, 5 约翰·霍普金斯大学

Josephine de Beauharnais (empress of France), 11 法国皇后：约瑟芬

Kant, Immanuel, 49, 72, 81, 84, 123, 124, 133, 146, 152, 160, 191, 230, 277n43 康德

Kempe, Alfred Bray, 150 坎普

Kitcher, Philip, 75 凯彻

Klein, Christian Felix, 120, 243 克莱恩

Kripke, Saul, 75 克里普克

Laboratory procedures: in mathematics, 3 数学中的实验室程序

La Bruyére, Jean de, 184 拉布吕耶尔

Ladd-Franklin, Christine, 130, 275–276n21 莱德·富兰克林

Lamarck, Jean-Baptiste-Pierre-Antoine de Monet de, 89 拉马克

Language: 语言

and logic, 60; 语言与逻辑

natural versus artificial, 73, 145; 自然语言与人工语言之分

of propositions, 127–128; 命题语言

vernacular versus scientific, 229–232 日常语言与科学语言之分

Laplace, Pierre-Simon de, 180 拉普拉斯

Laurent, Hermann, 207 劳伦特

Lavater, Johann Kaspar, 184–185 拉瓦特

Lawlike statement, 67 类法则命题

Law of Large Numbers (Bernoulli's Theorem), 64, 66, 67, 237 大数法则/伯努利定理

Leading principle of an argument, 131–132 论证的主导原则

Learning. *See* Will to learn 学习，参看"学习的意志"

Lebesgue measure, 275n15 勒贝格测度

Lewis, David, 52, 97 大卫·刘易斯

Lillie, Arthur, 272n8 利利

Line, in geometry, 37–38. *See also* Continuity (continuum); Geometrical line; Synechism 几何学上的线，也可参看"连续性/连续统""几何线""连续主义"

Listing, Johann Benedict, 99, 121, 172, 246, 254, 257 里斯丁

Listing numbers, 99, 100–101, 172, 227, 254–257, 264–265 里斯丁数

Little, Arthur, 18 利特尔

Lobatchevsky, Nikolay Ivanovich, 85 罗巴切夫斯基

Locke, John, 123, 171, 182 洛克

Lodge, Henry Cabot, 273n17 劳奇

Logic (Renouvier), 12 雷诺维叶《逻辑学》

Logic: 逻辑

 definition of, 115, 116, 143; 逻辑的定义

 algebra of, 150; 逻辑代数

 notation, 274n9 逻辑记法

Logic, the Theory of Inquiry (Dewey), 74 杜威《逻辑学——探究的理论》

Logical principle, 132 逻辑原则

Logica Utens, 109 本能逻辑

Logic of Chance (Venn), 204 文恩《机缘的逻辑》

"Logic of Continuity, The" (Lecture Eight): 第八讲《连续性逻辑》

 and potentiality, 50, 248; 本讲与潜在性

 and aggregate versus distinct individuality, 51, 247; 本讲与聚合体和独立个体之分

 reasoning in, 56; 本讲之中的推理

 and scientific inference, 60; 本讲与科学推理

 Putnam's comments on, 94 - 102 普特南对于本讲的评注

Logic of events: proposed project on, 1, 2, 19, 32 - 33 所提出的"事件逻辑"研究计划

Logic of nature, 17 大自然的逻辑

Logic of relations, 95 - 96 关系逻辑

Logic of relatives, 19, 56, 110, 118; 关系项逻辑

 development of, 68, 150; 关系项逻辑的发展

 notations for, 68 关系项逻辑的记法

"Logic of Relatives, The" (Lecture Three): 第三讲"关系项逻辑"

 alledged contradictory point in, 41 - 43, 45; 本讲中被认为存在矛盾的地方

 and geometrical lines, 41 - 43, 49; 本讲与几何线

 and infinitesimals, 45; 本讲与无穷小

 and symbolic logic, 59; 本讲与符号逻辑

 and existential graphs, 60, 151; 本讲与存在图

 Putnam's comments on, 68 - 72; 普特南对于本讲的评注

 exordium for, 143 - 145; 本讲绪言

 attribution of, 281 - 282 本讲的归属问题

Longfellow, Alice, 18 朗费罗

Lowell Institute, 7　洛厄尔学院

Löwenheim, Leopold, 275n19, 282n5　洛文海

Lucian, 106　卢锡安

Lucretius, 260　卢克莱修

lume naturale, *il*, 111, 176　自然之光

Lying, 73　撒谎

Mach, Ernst, 90 - 91, 225 - 226　马赫

Machian physics, 91, 92　马赫物理学

MacIntyre, Alisdair, 58 - 59　麦金太尔

Magic, 186　魔术

Mapping, one-to-one correspondence, 40, 41, 53　映射/一一对应

Mathematical Platonism, 115　数学柏拉图主义

Mathematics：数学

　applied to philosophy, 2, 25；应用于哲学之中的数学

　as an experimental science, 2 - 3；数学之作为一门实验科学

　as quasi-empirical, 74 - 75；数学之作为准经验科学

　as abstractest of sciences, 114；数学之作为最抽象科学

　as prior to logic, 114 - 115；数学只作为先于逻辑的科学

　and reasoning, 116；数学与推理

　purpose of, 120 - 122　数学的意图

Maupassant, Guy de, 184　莫泊桑

Maxwell, Clerk, 85　麦克斯韦尔

Medads, 154　零元谓动词

Memory, 286n7　记忆

Mendeléef (Mendeleyev), Dmitry Ivanovich, 120, 239　门捷列夫

Metaphysical categories, 146 - 147, 148 - 149. *See also* Firstness；Fourthness；Secondness；Thirdness　形而上学范畴，也可参看"第一性""第四性""第二性""第三性"

Metaphysical Club, 5, 36　形而上学俱乐部

Metaphysical realism, 73　形而上学实在论

Metaphysics, 115, 116 - 117, 118；形而上学

　of possibility, 38　关于可能性的形而上学

Methodology, 2　方法论

Metric-gauge conic, 82, 92　量规椎体

Meyer, Oscar Emile, 211　迈耶

Mill, John Stuart, 72, 74 - 75, 139, 140, 168, 198, 283n2　密尔

Mills, Elijah Hunt (grandfather), 4　皮尔士的外祖父：伊莱贾·汉特·米尔斯

Mind of God, 52, 98, 259　上帝的心

Misery, 9, 12, 28　悲惨

Mises, Richard von. *See* von Mises, Richard 米塞斯,参看"冯米塞斯"

Mitchell, O. H., 68, 130, 150 米歇尔

Modal logic, 50, 96 模态逻辑

Models and modeling relations, 2 模型及建模关系

Monads, 44, 45, 47, 50, 52–53, 154 一元谓动词

Monge, Gaspard, 243 蒙日

Monism, 203–204 一元论

Monist, The, 15, 19, 36, 206 《一元论者》

Moral conduct, 108, 114. *See also* Ethics 道德操守,也可参看"伦理学"

Morality, 10–11 道德

"Moral Philosopher and the Moral Life, The" (James), 58 詹姆斯《道德哲学家与道德生活》

Morison, George Shattuck, 33, 284n5 莫里森

Morphy, Paul Charles, 175 墨菲

Multitudes, 41, 49, 50–51, 157–159, 246–248, 254 数目/数量

Mumford, Lewis, 7 芒福德

Munsterberg, Hugo, 18 芒斯特伯格

Napoleon Bonaparte, 11, 176 拿破仑·波拿马

National Academy of Sciences, 7 国家科学院

Nature, 161, 177 大自然

Nature, and the truth, 73–74 大自然与真

Necessary law, 78, 211 必然法则

Necessary reasoning, 111, 116, 167 必然推理

Newton, Sir Issac, 85, 171, 172, 176, 221, 225–226 牛顿

Newtonian physics, 79, 85, 88–89, 90–91, 101 牛顿物理学

Newton's law, 83–84, 199 牛顿法则

Neymann-Perason statistical sampling theory, 67 内曼-皮尔逊统计抽样理论

Nominalism, 10, 28, 149, 154, 156–157, 160–161, 219 唯名论

Nomological sciences, 116, 120 法则型科学

Nonconservative forces, 88, 89, 91, 203, 204, 215–216, 220–222, 223 非守恒力

Nondenumerable (or abnumerable), 46, 77, 257–158, 205, 246–247 不可列的/非可数的

Nonstandard analysis, 44, 47, 48, 89–90 非标准分析

Nonstandard points, 47 非标准点

Now (the present; here and now; *hic et*

nunc), 81, 87, 96, 125, 129, 212, 260 现在/当下/此时此刻/此在性

Objective Idealism, 77, 97　客观唯心主义

Objective logic, 24, 108　客观逻辑

Objectivity：客观性

　in deduction, 24；演绎法中的客观性

　in induction, 24　归纳法中的客观性

Observation, 168, 170, 182-187　观察

Ockham, William of, 150　奥康的威廉

"On the Natural Classification of Arguments" (Peirce), 126, 128, 131, 281n6, 282n1　皮尔士《论证的自然分类法》

Opinion, 112　意见

Other, 190　他者

Outer and inner worlds. *See* Inner and outer worlds　外部与内部世界，参看"内部与外部世界"

Paris, Jeff, 276n23　杰夫·巴里斯

Paulus Venetus, 150　威尼斯的保罗

Pedagogy, 4, 171, 181　教育学

Peirce, Benjamin (grandfather), 3　皮尔士的祖父：本杰明·皮尔士

Peirce, Benjamin, Jr. (father), 3-4, 6, 222, 227　皮尔士的父亲：小本杰明·皮尔士

Peirce, Benjamin Mills (brother), 4　皮尔士的弟弟：本杰明·米尔斯·皮尔士

Peirce, Charles Sanders, 3-8；皮尔士
　education of, 4；皮尔士的教育
　health of, 5, 7, 28, 29, 30；皮尔士的健康
　photograph of, 6；皮尔士的照片
　writings of, 7；皮尔士的作品
　metaphysical speculations by, 37, 79；皮尔士的形而上学猜想
　classification of the sciences by, 58-59　皮尔士的科学分类法

Peirce, Helen Huntington (sister). *See* Ellis, Helen Huntington Peirce (sister)　皮尔士的妹妹：海伦·亨廷顿·皮尔士，参看"皮尔士的妹妹：海伦·亨廷顿·皮尔士·埃利斯"

Peirce, Herbert Henry Davis (brother), 4, 273n17　皮尔士的弟弟：赫伯特·亨利

Peirce, James Mills (brother), 4, 26　皮尔士的哥哥：詹姆斯·米尔斯

Peirce, Juliette Froissy (second wife), 5, 6, 15-16, 25, 28, 29, 30, 31, 33-34, 35　皮尔士的第二任妻子：朱丽叶

Peirce, Melusina Fay (first wife), 4-5　皮尔士的第一任妻子费伊

Peirce, Sarah Hunt Mills (mother), 4　皮尔士的母亲萨拉

Percy, Walker, 3, 5, 274n5 沃克·珀西

Periphraxis, 226, 257 迂回度

Perissid, 251 奇价的

Pessimism, 10 悲观主义

"Phantasms of the Living" (Gurney, Myers, and Podmore), 10 盖尼、迈耶斯和波德莫尔《活人的幽灵》

Phi Beta Kappa orations, 33, 284n5 派-贝塔-卡帕演说

Philo, 125 斐洛

"Philonian" view, 59-60, 125-126, 128 "斐洛式"观点

Philosophy: 哲学

 application of mathematics to, 2, 25; 数学应用于哲学

 as one of the sciences, 86, 107-108, 115, 117; 哲学作为科学之一

 Greek practitioners of, 105-107; 古希腊做哲学的人

 versus practice, 105-109, 112, 113-114 哲学与实践之分

"Philosophy and the Conduct of Life" (Lecture One): 第一讲"哲学与生活处事"

 Published erroneously as "Vitally Important Topics," 1; 本讲曾错误地作为"至关重要的论题"发表

 Putnam's comments on, 55-59 普特南对于本讲的评注

Pierce, President Franklin, 4 皮尔斯

Plants, as purposive organisms, 119 植物之作为有意图的机体

Plato, 33, 105, 106, 109, 114-115, 117-119, 169 柏拉图

Platonic world, 52, 75, 98, 99, 258, 263, 284-285n6 柏拉图世界

Pliny, 106 普林尼

Plutarch, 106 普鲁塔克

Poetry, philosophical, 118 哲理诗

Poincaré, Jules-Henri, 279-280n70 彭加勒

Point parts, 47-48 点部

Points: 点

 standard, 44-45; 标准点

 at infinity, 44, 90, 99-100, 255-256 无穷远的点

Pope, Alexander, 118 蒲柏

Popper, Sir Karl, 57, 275n16 波普尔

Port Royalists, 181 波尔·罗亚尔学派

Possibility, 50, 51, 53-54, 76-77, 95 可能性

Possible worlds, 52, 53, 77, 95, 96, 97 可能世界

Potentiality, 49-51, 52, 96, 99, 258-259, 261, 262 潜在性

Potential point parts, 47-48 潜在的点部

Pragmatic maxim, 2 实用主义准则

Pragmatism, 2, 5, 36, 55, 56, 73　实用主义

Predesignation, 73, 171　预先标示

Predicate calculus, 42, 43, 72, 75, 96　谓词演算

Principia Mathematica（Whitehead and Russell）, 38　怀特海和罗素《数学原理》

Principles of Philosophy（Peirce）：皮尔士《哲学原理》

　plans for publication of, 12；本书的出版计划

　prospectus for, 13-15　本书的海报

Principles of Psychology（James）, 93　詹姆斯《心理学原理》

Probability, 10, 61, 78, 111, 136, 142, 193, 207　概率

Probability inference, 56, 60, 62-65, 66　概率推理

Problem of Christianity, The（Royce）, 36　罗伊斯《基督教问题》

Procreation, 113, 173　繁殖

Projective geometry, 82, 90, 94, 99-100, 243-246　射影几何

Pronouns, 129, 155　代词

Proper classes, 46　真类

Propositions, 57, 112, 124-126, 144-145, 198　命题

Prout's law, 222　普劳特法则

Psychology, 93；心理学

　and logic, 124, 143　心理学与逻辑学

Putnam, Hilary, 50, 279n64　普特南

Pyrrho, 106　皮浪

Pythagoras, 123, 193-194　毕达哥拉斯

Quantification theory, 68, 71. *See also* Logic of relatives　量化理论，也可参看"关系项逻辑"

Quantifiers, 68　量词

"Questions Concerning Certain Faculties Claimed for Man"（Peirce）, 276n24　皮尔士《关于据称人所具有的某些官能的问题》

Quiddities（Quine）, 93　奎因《本质》

Quine, Willard V., 7, 93, 282n5　奎因

Randomness, 61, 62-63, 67, 80, 136-137, 207　随机性

Ranks, 46　阶

Rational numbers, 38　有理数

Reaction, 81, 82-83, 101, 212　反应

Realism, 10, 28, 154, 160-161, 162, 229-230, 231　实在论

Real numbers, 38, 45, 46　实数

Reasoning, 26, 33, 108-110, 121；推理

　and ethics, 55-57；推理与伦理学

　types of, 59, 111, 123-142 passim；推理类型

　training in, 181-196 passim　推理

训练

Recordkeeping, systematic, 188, 192 系统记账法

Recursion theory, 61 递归论

Reichenbach, Hans, 88, 94, 275n13, 277n38, 279n53 赖兴巴赫

Reid, Thomas, 190 里德

Religion, 10, 108 宗教

Rembrandt van Rijin, 185 伦勃朗

Renouf, LePay [?], 128 雷诺夫

Renouvier, Charles-Bernard, 12, 17 雷诺维叶

Resemblance, association by, 234-235 相似联结力

Retroduction, 141. See also Abduction (or retroduction) 溯因法,也可参看"外展/溯因"

Riddles of the Sphinx (Schiller), 12 席勒《斯芬克斯之谜》

Riemann, Georg Friedrich Bernard, 85, 102, 121, 246, 254, 279-280n70, 284-285n6 黎曼

Right sentiment, 111-112 正当的情感

Rimini, A., 278n52 里米尼

Robinson, Abraham, 44, 89-90 罗宾逊

Royce, Josiah, 7, 18, 19, 25, 30, 35, 36 罗伊斯

Rule of double negation, 69, 70 双重否定规则

Russell, Bertrand, 46, 60 罗素

Santayana, George, 18-19 桑塔亚那

Schelling, Friedrich Wilhelm Joseph von, 77, 97 谢林

Schiller, Ferdinand Canning Scott, 12 席勒

Scholastic realism, 73. See also Metaphysical realism 经院实在论,也可参看"形而上学实在论"

Schröder, Ernst, 150, 151, 275n19 施罗德

Science of Mechanics (Mach), 226 马赫《力学科学》

Science, history of: and increasing abstraction, 119-120 科学史以及不断上升的抽象过程

Scientific method: 科学方法

search for unified theory of, 7; 寻求统一的科学方法理论

and ethics, 55; 科学方法与伦理学

and revision of conclusions, 57, 112, 177-178; 科学方法与结论修正

in philosophy, 57-58; 哲学上的科学方法

question as start of, 73, 176; 疑问之作为科学方法的开端

as self-correcting activity, 74, 165-

170 科学方法之作为自我修正性活动

Second Law of Motion, 199 第二运动法则

Second Law of Thermodynamics, 88 热力学第二法则

Secondness, 68, 77, 83, 86, 91, 92, 93, 101, 118, 118, 147 - 148, 157, 190, 227, 261 第二性

Second-order logic, 275n19 二阶逻辑

Selkirk, Alexander, 268 塞尔扣克

Semeiotic, 2 指号学

Senebier, Jean, 182 塞内比尔

Seneca, Lucius Annaeus, 106 塞内卡

Sense qualities, 97, 101, 183, 258 - 259, 264 - 265 感官性质

Sentiment, 32, 57, 110 - 112, 121, 283 - 284n4. See also Conservatism; Instincts 情感，也可参看"保守主义""本能"

Set theory, 38, 46 - 47, 50 集合论

Signs, 146, 156 指号

Singularities and discontinuities, 76, 159, 160, 250, 264 奇点与非连续性

Smith, Mortimer, 18 莫蒂默·史密斯

Smith, William Benjamin, 272n8 威廉·史密斯

Socrates, 115, 169 苏格拉底

Space, 81 - 84, 90 - 92, 101 102, 115, 161, 212 - 215, 225 - 227; 空间

as non-Euclidian, 85, 87, 90, 213; 非欧空间

measurement of, 130, 226, 266 - 267 对于空间的测量

Spencer, Herbert, 89, 258 斯宾塞

Spiritual and spirituality, 9 精神上的东西与灵性

Stallo, Johann Bernard, 220 斯泰罗

Standard points, 44045 标准点

Stein, Gertrude, 18 斯坦

Steinitz, William, 175 斯坦尼茨

Suicide, 10 自杀

Swedenborgianism, 19 斯韦登博格

Syllabus of Logic（DeMorgan）, 126 德摩根《逻辑学纲要》

Syllogisms, 60, 61 - 62, 132 - 136 三段论

Sylvester, James Joseph, 171 西尔维斯特

Symbolic logic, 5, 56, 59. See also Logic of relatives 符号逻辑，也可参看"关系项逻辑"

"Symbolic Logic"（Peirce）, 275 - 276n21 皮尔士"符号逻辑"

Synechism, 11, 17, 26, 30, 31, 37 连续主义

"Synechism"（Peirce）, 288n1 皮尔士"连续主义"

Systems, 156　系统

Terminology, 87, 93, 229 - 231. See also Logic notation　术语学, 也可参看"逻辑记法"

Thales, 105　泰勒斯

Theophrastus, 184　西奥弗拉斯托斯

Theory, versus practice, 113 - 114　理论与实践之分

Thirdness, 68, 77, 83, 86, 91, 101, 118, 147, 148 - 149, 157, 162, 190, 191, 199, 226, 227, 261　第三性

Thisness, 91, 129 - 130, 226　这

Thorp, Amelia Chapman, 18　索普

Thought, 32　思想

Time, 28, 33, 81, 84, 92, 96, 98, 99, 115, 161, 162, 212, 216 - 217, 225 - 226, 264　时间

Timon of Phlius, 106　弗里奥斯的提蒙

Topical geometry. See Topology　拓扑几何, 参看"拓扑学"

Topics of vital importance. See Vitally important topics　具有至关重要性的论题, 参看"至关重要的论题"

Topology, 94, 99, 116, 246 - 253　拓扑学

"Training in Reasoning" (Lecture Five)：第五讲"推理训练"

and infinitesimals, 43 - 44；本讲与无穷小理论

Putnam's comments on, 76 - 78　普特南对于本讲的评注

Transfer Principle, 48 - 49　转移原则

Translation, 225 - 226　平移

Trendelenburg, Friedrich Adolf, 230　特伦德伦堡

Triads, 154　三元谓动词

Truth：真理

knowledge of, 73 - 74；真理知识

established propositions as, 112, 115, 144 - 145, 178　作为真理的固定命题

Turning, Alan Mathison, 61　图灵

Tychism, 11, 17, 26, 30, 31, 260 - 261　偶成论

"Types of Reasoning" (Lecture Two)：第二讲"推理类型"

theories of inference in, 56, 60 - 67, 78, 130 - 142；本讲中的推理理论

Putnam's comments on, 59 - 67　普特南对于本讲的评注

Über die falsche Spitzfindigkeit der vier syllogistischen Figuren (Kant), 133　康德《四格三段论之间的虚假区分》

Uniformity, 78　齐一性

United States Coat and Geodetic Survey, 4, 5, 6　美国海岸与地质测量局

University, definition of, 33, 171-172 大学的定义

Venn, John, 204 文恩

Vitally important topics, 25, 26, 27-28, 108, 121-122, 283-284n4 至关重要的论题

"Vitally Important Topics" (Peirce), 1 皮尔士"至关重要的论题"

Vivekananda, 18 辨喜

Vividness, 233-234, 236-237 鲜明度

Vivisectionism, 107 活体解剖

von Mises, Richard, 61 冯米塞斯

von Neumann, John, 46 冯诺伊曼

Warner, John Bangs, 5 华纳

Watson, John, 210 沃森

Watts, [?], 182 沃茨

Weber, T., 278n52 韦伯

Weierstrass, Karl Theodor, 38 维尔斯特拉斯

Welding of identities, 49, 91-92, 95, 158, 159, 160 身份融合

Whateley, Richard, 170 维特利

Whewell, William, 168, 276n29, 283n2 惠威尔

Whitehead, Alfred North, 275n19 怀特海

Wiggins, David, 73 威金斯

Williams, Bernard, 73 威廉姆斯

Williamson, Alexander William, 120 威廉姆森

"Will to Believe, The" (James), 8, 56 詹姆斯《相信的意志》

Will to learn, 170-171 学习的意志

Wittgenstein, Ludwig Johann Josef, 75 维特根斯坦

Wright, Chauncey, 5 赖特

Wylie, Dr. Gill, 16 怀利

Zeller, Edouard, 105-106, 193 策勒

Zeno, 109, 170 芝诺

Zermelo, Ernst, 46, 275n19 策梅罗

译后记

这本书的翻译,缘起于我在撰写硕士论文期间与凯特纳教授的通信。在论文涉及皮尔士的文献获取和疑难解答上,他给予了我莫大帮助。后来,他把自己的几本新书寄给我,其中一本就是他编辑的《推理及万物逻辑》。他问我有没有兴趣将其翻译为中文,那时是在2003年。我很乐意做这件事!之后我开始阅读和钻研此书,并尝试着翻译了其中一部分。然而,由于当时没能找到有意向的出版社,再加上我个人时间大都被其他事情占据了,翻译工作一度搁置。直到2014年,我在美国波士顿召开的皮尔士逝世百年国际纪念大会上遇到了凯特纳教授本人,我们再次提起此事,当时决定要把该书中文版尽快完成。接下来有整整一年的时间,我恰好在美国印第安纳波利斯的皮尔士编辑中心(Peirce Edition Project, IUPUI)访学,这使得我有相对集中的时间专心完成全书翻译。其间,我还主动向国内的陈亚军教授自荐该书中译本的出版,他很快应允把这本书列为他正在组织策划的实用主义译丛。

在向陈亚军教授推荐该书时,我曾提到四点可以广而告之的"推介语":(1)本书是美国历史上最博学而又神秘的哲学家、实用主义创立人皮尔士对于自身思想体系的唯一一次全面呈现,读者有机会在一本二三百页的著作中较为透彻地认识皮尔士哲学的整体面貌;(2)在演讲赞助人詹姆斯的督促下,皮尔士1898年的演讲采用了尽量通俗的语言,非专业的普通读者也有可能理解皮尔士一向被认为复杂艰深的思想体系;

(3)本书涉及数学哲学、逻辑理论、知识论、科学哲学、心灵哲学、形而上学等诸多主题,是一本展现实用主义多维相关性的分析哲学读本;(4)本书由著名皮尔士学者凯特纳教授编辑并撰写导读,著名分析哲学家普特南教授评注,为读者提供了许多重要的历史背景和理论语境。如今,该书中文版终于与读者见面了。关于皮尔士剑桥讲演内容的更多介绍,读者现在可以直接去看本书前半部分的"导论"和"评注"。无论是对于不太熟知皮尔士或对皮尔士仅有一般性了解的读者,还是对于打算从皮尔士系列讲演中获取更多资源的学者,凯特纳和普特南的这些导读都是很有必要的参考。

  面向中文读者,除了凯特纳和普特南写下的那些文字,我觉得还有必要结合国内语境解释一下"万物逻辑"(the logic of things)或"事件逻辑"(logic of events)这些提法。因为,依照当前大学教科书的理解,逻辑仅仅涉及我们人的思想和言语层面,是无关现实世界的,即:不论现实世界如何发展,甚至不论处在什么样的可能世界,逻辑似乎是永远不变的普遍法则,是纯粹形式上的东西。与此相对照,皮尔士所谓"万物逻辑"或"事件逻辑"作为对于"世界"或"内容"的一种哲学谈论,似乎显得有点奇怪,由此可能让人觉得皮尔士的"逻辑"不够"现代",甚至可能是"反现代"的。对于这种担忧,首先想提请读者注意的是:皮尔士是现代逻辑的重要奠基人之一。这一点,凯特纳和普特南在本书中已经提到,中文世界最近出版的一些相关著作中也有大量讨论。① 因此,我们不能简单地认为皮尔士的"万物逻辑"跟现代意义上的"形式逻辑"毫无关联。另外我想进一步指出的是:鉴于弗雷格和罗素之后现代逻辑发展的多元化格局,尤其是大量"非经典""非标准"逻辑类型的涌现以及它们与经典逻辑的并存竞争,当代逻辑哲学家们正在重新思考形式与内容之间、逻

---

① 参看张留华:《皮尔士哲学的逻辑面向》,上海人民出版社 2012 年版;刘新文:《图式逻辑》,中国社会科学出版社 2012 年版。

辑与非逻辑之间的关系;而依据新近的一些研究成果,即便是从现代逻辑的精神来看,"形式逻辑"与"万物逻辑"之间的区分已并非如早前很多人想象的那么大。对此,我可以从以下三个方面简要说明:

第一,正如命题逻辑可以视作对于我们日常语言中"如果""或者""而且"等联结词之用法的一种系统刻画,谓词逻辑可以视作对于日常语言中量词之用法的一种系统刻画,模态逻辑、时态逻辑、认知逻辑等等则可以视作我们对于"必然"/"可能""过去"/"将来""知道"等日常概念的一种系统刻画。顺着这个思路,我们还可以构造所谓的"生物学的逻辑",也可以有所谓的"市场的逻辑""强盗的逻辑"等等。① 再往下去,"万物逻辑"之作为一种对于形而上学的逻辑呈现方式,也就不再显得那么难以设想了。当然,与标准意义上的命题逻辑和谓词逻辑相比,后面这些"逻辑"系统在特意凸显某些逻辑关系的同时可能会失去一些数学特性(如可判定性、完全性、一致性等等)。但是,如果我们从建模论的视角来看,这些各种不同的"逻辑"都是在以逻辑学家独有的方式试着刻画我们人类在某一领域的认知方式,或者说,都是在为之建构一种可用的或合乎特定目的的模型而已。②

第二,假若有人说所谓"万物逻辑"是在研究"自然",那么,由于"自然"含有"本来如此"之意,这种"自然"研究与"逻辑"研究往往也很难分得开。对此,金岳霖作为把现代逻辑引入中国的人,其实讲得很清楚。他曾在一篇英文论文中写道:"逻辑属于自然还是思想,这根据我们的观点差别并不大。……中文中的'自然'……严格说来意思为'本来如此'

---

① 所谓"生物学的逻辑"是当代逻辑学家明确提出的一种可能性(参看 A. N. Prior, "What Is Logic?", in *Papers in Logic and Ethics*, edited by P. T. Geach and A. J. Kenny, Amherst: University of Massachusetts Press, 1976, pp. 122 - 9),至于"市场的逻辑""强盗的逻辑"等等,逻辑学家似乎未曾有人提到,但它们在日常生活中以及很多理论讨论中的确经常被我们使用。

② 关于逻辑建模论的一些观点和讨论,可参看张留华:《论"逻辑分析"》,《学术月刊》2019 年第 3 期。

(itself-so)。这个词暗示一种客观性，即：如果一个事物本来如此，它并不依赖于任何外力刻意令它如此或刻意令它不如此。它还暗示关系的不可变易及其路线的刚性，也就是说，任何其他关系或任何其他路线都跟其前件是不相容的。换言之，它暗示有一种先定性。但是，先定性并非自然事件，严格说来它是一种逻辑关系。一个事件之预先决定于其前件，绝不会像结论之预先决定其前提那样刚性。虽然'本身如此'意指'自然的'，但它却暗示了那种属于逻辑上的东西。自然与逻辑乃同样一种东西，只是由思想强制分开了，这决不是不可能的。"①

第三，逻辑作为我们借以理解世界的一种工具或学问，从历史长河来看，它本身可能会随着我们的世界一同进化。有当代逻辑哲学家已经明确表示：逻辑，一方面根植于世界，另一方面奠基于心灵。②如果我们承认逻辑与语言相伴相生的话，考虑到目前已经发现的大量关于人类语言进化的一些事实，一种合理的假说似乎是：寄生于语言之中的逻辑（包括其所认可的有效思维形式）也并非一成不变，尽管很可能是悄无声息地以一种极其保守的方式在渐进地改变。就特定的时代和社会而言，我们的逻辑更像是一种"所与"(the given)，是一种自然而然的进化结果。或许正因为如此，不论"形式逻辑"，还是"万物逻辑"，都无法基于纯粹先验上的理由得以证成，而必须诉诸我们的生活世界，寻找"实践上的理由"。

以上三点，很多时候被归为自然主义路线，以区别于早期弗雷格等人的柏拉图主义逻辑观。此种自然主义的一个核心命题是：逻辑与自然科学、社会科学以及其他学科所研究的对象是连续的，它们在方法论上也是连续的。这种"连续性"无意否认逻辑与这些学科之间的一些可见差别，但它更强调以一种交叉互动的态度来看待"形式逻辑"与"万物逻

---

① 金岳霖：《Prolegomena》，《金岳霖文集》第一卷，甘肃人民出版社 1995 年版，第 272 页。
② 参看陈波、吉拉·谢尔：《一种新的逻辑哲学——陈波与吉拉·谢尔的对话》，徐召清译，《逻辑学研究》2018 年第 2 期。

辑"之间的联系。

  本书的初稿及一些重要修订，都是在美国皮尔士编辑中心完成的。那里是国际上著名的皮尔士研究和出版重镇，有着世界上最齐全的皮尔士研究资料。感谢该中心主任德田纳（André De Tienne）教授在该书翻译期间给予的支持和帮助。

  同时要感谢由陈亚军教授领衔的复旦大学杜威研究中心大力支持本书的翻译和出版。那是国内最有实力和影响力的实用主义研究中心。

张留华

2019 年 12 月 15 日

实用主义与美国思想文化研究

丛书主编：刘放桐　陈亚军

《杜威哲学的现代意义》

刘放桐　主编，复旦大学出版社，2017年1月

《匹兹堡问学录——围绕〈使之清晰〉与布兰顿的对谈》

陈亚军　访谈　周　靖　整理，复旦大学出版社，2017年1月

《实用主义的研究历程》

刘放桐　著，复旦大学出版社，2018年3月

《匹兹堡学派研究——塞拉斯、麦克道威尔、布兰顿》

孙　宁　著，复旦大学出版社，2018年8月

《真理论层面下的杜威实用主义》

马　荣　著，复旦大学出版社，2018年8月

《"世界"的失落与重拾——一个分析实用主义的探讨》

周　靖　著，复旦大学出版社，2019年7月

《后现代政治话语——新实用主义与后马克思主义》

董山民　著，复旦大学出版社，2019年8月

《罗伊斯的绝对实用主义》

杨兴凤　著，复旦大学出版社，2019年9月

……

实用主义与美国思想文化译丛

丛书主编：陈亚军

《三重绳索：心灵、身体与世界》
　　　　希拉里·普特南　著，孙　宁　译，复旦大学出版社，2017年1月
《经验主义与心灵哲学》
　　　　威尔弗里德·塞拉斯　著，王　玮　译，复旦大学出版社，2017年1月
《将世界纳入视野：论康德、黑格尔和塞拉斯》
　　　　约翰·麦克道威尔　著，孙　宁　译，复旦大学出版社，2018年8月
《自然主义与存在论：1974年约翰·杜威讲座》
　　　　威尔弗里德·塞拉斯　著，王　玮　译，复旦大学出版社，2019年9月
《阐明理由：推论主义导论》
　　　　罗伯特·B.布兰顿　著，陈亚军　译，复旦大学出版社，2020年2月
《推理及万物逻辑：皮尔士1898年剑桥讲坛系列演讲》
　　　　查尔斯·桑德斯·皮尔士　著，张留华　译，复旦大学出版社，2020年5月
……

复旦大学出版社　　　复旦社
天猫旗舰店　　　　　陪你阅读这个世界

图书在版编目(CIP)数据

推理及万物逻辑：皮尔士1898年剑桥讲坛系列演讲/(美)查尔斯·桑德斯·皮尔士著；(美)凯尼斯·莱恩·凯特纳编；张留华译. —上海：复旦大学出版社，2020.5
（实用主义与美国思想文化译丛）
书名原文：Reasoning and the Logic of Things
ISBN 978-7-309-14601-1

Ⅰ.①推… Ⅱ.①查… ②凯… ③张… Ⅲ.①皮尔斯(Peirce, Charles Sanders 1839 – 1914)-哲学思想-文集 Ⅳ.①B712.43-53

中国版本图书馆 CIP 数据核字(2020)第 082262 号

REASONING AND THE LOGIC OF THINGS: The Cambridge Conferences Lectures of 1898 by Charles Sanders Peirce, edited by Kenneth Laine Ketner with an Introduction by Kenneth Laine Ketner and Hilary Putnam
Copyright © 1992 by the President and Fellows of Harvard College
Published by arrangement with Harvard University Press
through Bardon-Chinese Media Agency
Simplified Chinese translation copyright © 2020
by Fudan University Press Co., Ltd.
ALL RIGHTS RESERVED

上海市版权局著作权合同登记号：09-2020-338

推理及万物逻辑：皮尔士1898年剑桥讲坛系列演讲
[美]查尔斯·桑德斯·皮尔士　著
[美]凯尼斯·莱恩·凯特纳　编
张留华　译
责任编辑/方尚芩

复旦大学出版社有限公司出版发行
上海市国权路579号　邮编：200433
网址：fupnet@fudanpress.com　　http://www.fudanpress.com
门市零售：86-21-65102580　　　团体订购：86-21-65104505
外埠邮购：86-21-65642846　　　出版部电话：86-21-65642845
常熟市华顺印刷有限公司

开本787×960　1/16　印张22.25　字数277千
2020年5月第1版第1次印刷

ISBN 978-7-309-14601-1/B · 712
定价：68.00元

如有印装质量问题，请向复旦大学出版社有限公司出版部调换。
版权所有　　侵权必究